KB271854

형태 통어 제약 원리

형태 통어 제약 원리

형태 통어 제약 원리

조오현 · 벌로마

역락

책을 내며

한국어의 구조를 살피다 보면, 하나의 형태소가 다른 형태소와 결합하여 새로운 형태소를 만들 때 어떤 형태소끼리는 결합이 자연스럽기도 하고 결합이 제약되기도 하는 것을 볼 수 있다. 이러한 현상은 이어진 문장에서도 나타나서 앞마디와 뒷마디를 이어주는 이음씨끝에 따라 뒷마디의 형태소를 제약하기도 하고 자연스럽게 호응하기도 한다. 제약의 이유를 밝히는 일은 단순히 제약 현상을 설명하는 데에 그치지 않고 형태소의 의미 특성을 객관화하고, 문법의 원리를 정밀화하는 데에도 크게 도움이 될 것이라 생각한다.

그런데도 제약의 원리에 대해서는 개별 형태소 연구에서 일부 논의된 바 있으나 전체적이고 본격적으로 연구되지 않고 있다. 그런데 이번에 건국대학교에서 박사학위논문으로 제출한 벌로마의 논문은 한국어 도움토씨의 형태·통어 제약 관계를 비교적 자세히 다루었다. 매일 연구실에서 밤늦게까지 같이 고민하고 해결하는 과정에서 연구 결과가 비교적 객관적이고 타당하다는 생각을 가지게 되었다. 그런데 이 논문은 한국어 도움토씨와 몽골어 도움토씨를 대비하려는 목적으로 썼기 때문에 한국어를 연구하는 사람들에게 연구 결과를 알리기에는 한계가 있었다. 어떻게든지 한국의 독자에게 연구 결과를 알려야 한다는 생각은 간절한데, 발췌한 내용만으로는 한 권의 책으로 출판하기가 양이 부족하고, 논문

전체를 책으로 만들면 한국어 연구자들의 눈에 띄지 않을 것이 분명하여 보였다.

그러던 가운데 조오현의 박사학위 논문 가운데 제약에 대한 내용을 가려 뽑아서 벌로마의 논문 가운데 한국어 도움토씨의 제약 내용과 합치면 주제도 일치하고 부피도 한 권의 책으로 엮기에 적당할 것이라는 생각을 하게 되었다. 그리하여 벌로마와 공저로 출판하기로 하고 두 논문을 발췌하여 『형태 통어 제약 원리』라는 책으로 출판한다.

이 책의 1부는 「현대 국어의 이유구문에 관한 연구(조오현(1990), 건국대학교 박사학위 논문)」 가운데 제약과 관련된 내용을 발췌한 것이며, 2부는 「한국어와 몽골어의 도움토씨 대비 연구(벌로마(2012), 건국대학교 박사학위 논문)」 가운데 한국어 도움토씨의 제약 원리만을 발췌하여 1부에 맞게 용어를 수정한 것이다. 학계에 소개해야 한다는 생각으로 서둘러 책으로 출판하였지만 막상 교정을 마치고 머리말을 쓰다 보니 두려운 마음 금할 수 없다.

요즈음 출판계가 어렵다는 이야기를 많이 들었다. 어려운 여건 속에서도 기꺼이 출판을 맡아주신 역락의 이대현 사장님, 그리고 책을 읽기 편하고 모양 나게 꾸며주신 박선주 대리님께 고마운 마음을 전한다.

2012년 8월
지은이

차례

• 책을 내며

1부 이유씨끝의 제약 원리

<u>02</u> 이유씨끝의 통어 제약 원리 [|] 53

<u>02</u> 도움토씨의 통어 제약 원리 | 215

1부
이유씨끝의 제약 원리

01

이유씨끝의 형태 제약 원리

1.0. 개관

이음씨끝은 이음월의 앞마디 풀이씨에 결합되어 있는데, 앞마디 풀이씨의 형태론적 구성은 다음과 같다.

[풀이씨의 줄기+(안맺음씨끝)+이음씨끝+(도움토씨)]

이와 같이 이음씨끝은 앞마디 풀이씨의 형태론적 구성에 관여한다. 이음씨끝에 따라 앞마디의 풀이말을 제약하기도 하고, 안맺음씨끝이나 도움토씨의 결합을 제약하기도 한다. 이음씨끝이 풀이말의 줄기, 안맺음씨끝, 도움토씨 등의 결합을 제약하는 것은, 그 형태소들의 상 바탕[1] 이나 뜻 바탕이 이음씨끝의 상 바탕이나 뜻 바탕과 호응되지 않기 때문이다. 이 장에서는 이유씨끝의 상적·의미적 특성을 밝히기 위해서, 이유

---

1) 상이란 말은 원래 슬라브 제어에서 활용의 완료와 미완의 구별을 지칭하기 위해 처음으로 쓴 말인데(남기심, 1985 ㄴ : 7), 여기서 말하는 상바탕은 의미 성분 가운데서 특히 시제에 관여하는 성분(정문수, 1984 : 51)으로 [±상태성], [±순간성], [±완료성], [±결과성] 등을 일컫는 말이다.

의 이음씨끝에 의한 앞마디의 풀이말 제약, 안맺음씨끝의 결합 제약, 도움토씨의 결합 제약을 살피기로 한다.

1.1. 이유씨끝의 형태 분석

1.1.1. 형태 분석의 기준과 이유씨끝의 체계

씨끝은 형태 분석을 통해서 문법 기술을 체계화할 수 있고, 의미의 객관화를 이룰 수 있다. 그러나 형태 분석의 기준이 마련되어 있지 않으면, 같은 말도 분석하는 이에 따라 형태소 분석이 달라지는 경우가 있다. 이 연구의 한 대상이기도 한 '-느라고'만 보아도, 분석하는 이에 따라 '-느라고 '를 단일 형태소로 보기도 하고, '-느라'와 '-고'를 나누어서 두 개의 형태소로 인정하려는 견해도 있다.[2] 이렇게 형태 분석에 대한 객관적인 기준이 없이, 분석하는 사람의 주관에 따라 분석하게 됨으로써, 문법 기술의 체계화에 어려움이 있다. 따라서 객관적이고 보편적인 형태 분석의 기준이 필요하다.

하나의 구성 요소가 형태소로서의 자격을 갖기 위해서는 의미론적으로나 형태론적으로나 다른 형태소와 경계를 분명히 하여 독자적인 기능을 가져야 한다고 생각한다. 이미 구성 요소 사이에 가지고 있던 경계가 소멸한 것까지 역사적 흔적을 근거로 형태소로 인정할 경우 문법의 체계화에 어려움이 있고, 공시문법이 늘 통시 문법에 종속되어 나타나는

---

2) '-느라고'에 대한 형태소 분석의 견해는 다음과 같다. 단일 형태소로 보는 견
   해 : 권재일 (1985)
   '-느라'+ '-고'로 보는 견해 : 백봉자(1980)

결과가 된다. 공시 언어학과 통시 언어학은 서로 긴밀한 관계를 가지면서도 뒤섞여서는 안 되는 성격을 가지고 있다. 또한, 공시 언어학은 통시 언어학의 도움을 받지 않고서도 독자적으로 연구될 수 있으나, 통시 언어학은 공시 언어학의 도움을 받을 수 없는 상황에 놓일 수는 없다(허웅, 1975 : 84). 이렇게 볼 때 공시 언어학은 통시 언어학에 언제나 앞서야 한다. 따라서 본고에서는 공시 언어학의 관점에서 연구하므로, 의미론적·형태론적으로 다른 형태소와 경계를 분명히 하여 독자적인 기능을 갖는 것만 형태소로 인정하고, 구성 요소 사이에 있던 경계가 소멸하여 하나의 씨끝으로 녹아 붙은 것은 형태 분석의 대상에 넣지 않는다.

첫째, 형태 분석은 형태론적 구성의 특성을 고려하여 확인한다. 풀이씨의 형태론적 구성은 [①풀이씨의 줄기+(②안맺음씨끝)+③맺음씨끝+(④도움토씨)]로 구성된다. 이 가운데 구성소 ②가 형태소(안맺음씨끝)로서의 자격을 유지하기 위해서는 ②를 분석했을 때 [풀이씨의 줄기+맺음씨끝] 의 형태(이하 '-ø-형태'라 함)가 존재해야만 한다. 만일 통시적인 방법에 의해서는 분석할 수 있다고 하더라도 현대 국어에서 ②를 분석하고 남은 -ø-형태가 존재하지 않는다면, ②는 경계 변화하여 화석화한 것이다. 따라서 이때의 ②는 형태소로서의 자격을 상실한 화석형태소(2.1.2 참조)이므로 분석해서는 안 된다.

    (1) ㄱ. 꽃은 피더라도 봄은 아직 멀었다.
        ㄴ. 닭의 목을 조르더라도 새벽은 온다.

    (2) ㄱ. * 꽃이 피ø라도 봄은 아직 멀었다.
        ㄴ. * 닭의 목을 조르ø라도 새벽은 온다.

(1ㄱ-ㄴ)에서 '-더-'는 형태나 의미로 볼 때 회상의 안맺음씨끝으로 가정된다. 이를 확인하기 위하여서는 '-더'를 생략한 -ø-형태가 존재해야 한다. 그러나 (2ㄱ-ㄴ)에서 보듯이 -ø-형태인 *'피라도', *'조르라도'는 존재하지 않는다. 그러므로 이때의 '-더-'는 형태소로서의 자격을 상실한 채 하나의 씨끝으로 녹아 붙은 것(화석형)으로, 분석할 수 없으며, '-더라도'는 전형적인 씨끝으로 보아야 한다.[3]

둘째, 형태소 분석은 의미론적 특성은 고려한다.

두 개 이상의 형태소가 결합되어 이루어진 복합씨끝 AB에서, A와 B가 모두 형태소로서의 자격을 유지하려면, 두 형태소 A와 B는 모두 결합 이전의 의미를 지니고 있어야 한다. 만약 둘 이상의 구성 요소는 확인되나 둘 가운데 어느 하나라도 결합 이전의 의미를 상실했다면 경계 변화하여 화석화한 것이거나, 아니면 본래부터 관련을 찾을 수 없는 다른 씨끝으로 봄이 타당하다.

    (3) ㄱ. 포니를 끌다가 쏘나타로 바꿨다.
       ㄴ. 손수레를 끌다가 허리를 다쳤다.

    (4) ㄱ. 포니를 끌어다가 운동장에 놓았다.
       ㄴ. 손수레를 끌어다가 운동장에 놓았다.

(4ㄱ-ㄴ)의 '-어다가'는 형태상으로 볼 때 이음씨끝 '-어'에 전환의 이음씨끝 '-다가'가 결합된 것처럼 생각된다. 그러나 '-어다가'는 '-다가'에서 나타나는 [전환·중단]의 뜻은 찾을 수 없어서 의미론적인 관련성을 찾을 수 없다. 그러므로 두 씨끝은 모두 역사를 달리하는 별개의

---

3) '화석형'에 대해서는 17~18쪽을 참조

씨끝으로 봄이 타당하다.

반면, 두 개 이상의 형태소로 이루어진 복합씨끝[4]은 그 중 한 형태소가 생략될 경우 생략된 형태소의 의미도 생략되어야 한다. 만일 어떤 구성 요소가 생략되었는데도 낱말의 기본 의미에 변화가 없으면, 화석화된 것으로 보아야 한다.

어떤 구성 요소가 생략되었는데도 기본 의미에 변화가 없다면, 생략된 요소는 그 낱말 내에서 기본 의미를 상실한 채 잉여적 의미로만 쓰였을 것이므로 형태소의 자격은 상실된다. '-으므로서', '-기로서니'에서 '-서'나 '-서니'가 생략된 '-으므로 ', '-기로'는 '-으므로서', '-기로서니'와 [이유]라는 기본 의미에 차이가 없으므로, '-서'와 '-서니'는 [강조]라는 잉여적 의미밖에 갖지 못하므로 화석형으로 봄이 타당하다.

셋째, 복합씨끝은 결합 이전의 각 형태소의 형태와 의미가 확인되어야 한다. 두 개의 구성 요소 A, B의 결합으로 이루어진 낱말 AB에서 구성소 A와 B가 형태소의 자격을 갖기 위해서는 A와 B는 결합 이전의 형태소로서의 자격이 확인되어야 한다. A의 형태는 확인되나 B의 형태는 확인이 안 된다든가, B의 형태는 확인되나 A의 형태는 확인이 안 되면, 두 구성 요소의 결합체 AB는 복합씨끝으로 보지 않고, 단순씨끝으로 봄이 타당하다. 즉 '-으니까'에서 '-으니'는 형태소가 확인되지만, '-까'에 대한 형태는 확인되지 않으므로, '-까'는 형태소의 자격을 갖지 못하고, 결국 '-으니까'는 단순씨끝으로 보아야 한다.

위와 같은 논의로 '이유의 이음씨끝'을 (5)와 같이 체계화한다.

---

4) 구현정(1989 : 12)은 씨끝을 다음과 같이 체계화 했다.

    ┌ '렁'꼴 − 롱 → 5꼴
    └ '어'꼴 − 어 → 9꼴 ┌ 합성씨끝 : 씨끝+씨끝
                                 └ 파생씨끝 : 씨끝+다른 낱말(토씨)

(5) 이유의 이음씨끝 체계
① 전형적인 씨끝 : 하나의 구성소로 이루어졌거나, 두 개 이상의 구성
　　소가 결합되었다 하더라도 구성 요소끼리의 경계가 소멸하여 하나
　　의 씨끝으로 녹아 붙은 것.
② 씨끝화 : 이름씨끝에 씨끝 이외의 형태소(토씨 등)가 결합되어 이음
　　씨끝의 기능을 하는 것.

이유의 이음씨끝을 (5)의 체계에 따라 분류하면 (6)과 같다.

(6) 이유씨끝의 체계
① 전형적 씨끝 : -어, -어서, -으니, -으니까, -느라고.
② 씨끝화 : -으므로, -기로, -기에.

1.1.2. 화석 형태소의 분석

　'화석'이란, 역사적인 방법에 의하여 두 개 이상의 형태로 이루어졌음
을 확인할 수 있으나, 각 형태소 사이의 경계가 소멸하거나 변화하여 다
른 형태소에 녹아 붙은 것을 일컫는 이름이다(허웅, 1975 : 278, 1981 : 72).
화석형에는 다음과 같은 것들이 있다.

　'딘/듸' : 원래 '득/드'에 토씨 '익/의'가 연결된 것인데 매인이름씨로
　　　　　굳어져 버렸다(허웅, 1975 : 278 참조).
　'입때' : '입때'는 '이'와 '때'가 합성된 '때'의 [ㅂ]이 화석형으로 남은
　　　　　것이다(허웅, 1981 : 72 참조).
　'수컷' : '수컷'은 '수ㅎ'와 '것'이 합성된 것인데, [ㅎ]이 화석형으로
　　　　　남은 것이다(허웅, 1981 : 72 참조).

      '-어서' : '-어서'는 '-어'에 도움토씨 '-셔'가 결합하여 하나의 씨끝으
로 녹아붙은 것이다(허웅, 1989 : 196 참조).

    김승곤(1978 : 3)은 '-어서'의 의미를 분석하면서 '-어서'에 [완료지속]의
뜻이 있는데, 이는 '-어'에 [완료]의 뜻이 있고, '이시어'에 [상태유지]의
뜻이 있기 때문이라고 밝히고 있다.

    공시태의 연구와 통시태의 연구는 서로 기대고 있기는 하지마는, 만
일 이 두 관점을 구별하지 못하고 서로 뒤섞어 놓으면, 언어 사실을 기
술하고 설명하는 데 잘못을 범하기 쉽다(허웅, 1981 : 80). 그러나 공시문
법에서 통시문법에 기대지 않을 수 없는 경우가 있는데, 사실의 유래나
이유를 설명하기 위해서는 통시 언어학에 기대지 않으면 안 되는 일이
많다(허웅, 1981 : 71).

    '-어서'에 [지속]의 뜻이 있음은 통시적인 방법에 기대지 않고는 설명
하기 어려운 일이다. 즉 '-어서'가, '-어'와 '-이시어'의 축약형인 '-셔'
가 한 개의 씨끝으로 녹아 붙은 것을 확인함으로써만 가능하다. 이와 같
이 씨끝은 그것을 이루는 요소를 철저히 분석함으로써만 의미나 문법
체계의 정밀화를 이룰 수 있다. 그러나 공시문법에서 통시문법에 기대야
하는 경우 화석형에 대한 분석으로 확인된 구성 요소에 대한 명칭이 없
어서, 설명의 어려움이 있다. 그래서 역사적인 방법에 의해서 그 구성
요소를 분석할 수 있으나, 구성 요소 사이의 경계가 소멸하여 형태소의
자격을 상실한 것에 이름을 붙이되, 화석화한 형태소라는 측면에서 '화
석형태소'라 하기로 한다. 화석형태소를 분석함으로써 씨끝의 통어적 특
성을 객관적으로 설명할 수 있다고 본다. 또한 화석형태소를 설정함으로
써 공시태가 통시태의 도움을 받아야 하는 경우에 놓이던 어려움이 없
어질 것으로 본다.

1.1.2.1. '-어', '-어서'

'-어서'는 씨끝 '-어'와 [상태유지]의 도움토씨 '-서'가 녹아 붙은 것인데, '-서'는 '-이시-'와 '-어'로 분석 가능하다(허웅, 1981 : 376~377). 다시 말하면 화석형태소 '-이시-'와 '-어'가 결합하여 화석화한 도움토씨 '-셔'가 씨끝 '-어'에 녹아 붙은 것이다.[5]

'-어'와 '-어서'는 서로 다른 씨끝으로 보려는 견해도 있고,[6] '-어'를 '-어서'와 같은 씨끝으로 보아 '-어서'에서 '-서'가 생략된 형태로 보는 견해도 있다.[7]

'-어'와 '-어서'를 서로 다른 씨끝으로 보기 위해서는 두 씨끝 사이에 의미나 통어적 특성이 달라야 하는데, 두 씨끝 사이에 기본 의미의 차이는 발견되지 않는다. 상황이나 문맥에 따라 하나의 낱말도 많은 맥락적 의미를 가지는데, 상황이나 맥락적 의미가 다를 때마다 서로 다른 씨끝으로 잡는다면, 결국 무한수의 동음이의어를 만들어서 문법에 지나친 부담을 주게 되므로, 문법 형태의 뜻은 상황이나 맥락적 의미가 아닌 기본 의미에 의해 정의되어야 한다. 그런데 '-어서'와 '-어'에 대한 기본 의미에는 차이를 발견할 수 없다. '-서'가 있음으로 뜻을 더 분명히 하기는 하나, 이는 기본 의미의 차이가 아닌 잉여적 표현으로 뜻을 분명하게 하는 강조적 표현에 불과한 것이다.

'-어서'는 형태론적인 환경에 따라 '-여서', '-러서', '-라서'로 변동된다. '하-' 뒤에서 '-여서'로 바뀌고, '이르-, 푸르-, 누르-(빛깔)'에서

---

5) 김승곤(1978 : 3)은 '-어서'를 [완료]의 '-어'에 [정지·지속]의 낱말인 '이시어'가 줄어서 된 '-서'가 합하여 된 것으로 형태 분석하고, 기본 의미를 [완료지속]으로 보았다.

6) 정인승(1956).

7) 최현배(1982), 허웅(1983), 권재일(1985).

는 ‘-러서’로 바뀌며8) ‘이름씨+이-’ 뒤에서는 ‘-라서’로 변동된다. ‘-여서’와 ‘-러서’는 필수적으로 변동되나, ‘이름씨+이다’의 경우는 수의적으로 ‘-라서’, ‘-어서’로 변동된다.

(7) ㄱ. 노란 꽃이 [?-어서 / -라서] 예쁘다.

ㄴ. 노란 꽃이 [-어서 / -라서] 예쁜가 보다.

(8) ㄱ. 조생종이 [?-어서 / -라서] 일찍 핀다.

ㄴ. 조생종이 [-어서 / -라서] 일찍 피나 보다.

(7ㄱ)과 (8ㄱ)은 앞마디 풀이말이 ‘임자씨+이다’이고 뒷마디 풀이말이 [확정], [단언]을 나타나는데, ‘-어서’의 쓰임은 비문은 아니나 어색하다. 그러나 뒷마디가 (7ㄴ), (8ㄴ)과 같이 [추정]의 뜻이면, ‘-라서’와 ‘-어서’의 쓰임이 모두 자연스럽다. 이로 보아 풀이말 ‘임자씨+이다’에 결합하는 ‘-어서’는 뒷마디의 풀이말이 [단언]이나 [확정]이면 ‘-라서’로 변동되는 것이 자연스럽고, 뒷마디가 [추정]이면 ‘-라서’와 ‘-어서’ 모두 자연스럽다.

‘-어서’와 ‘-어’를 별개의 씨끝으로 볼 수 있는 근거는 (9ㄱ-ㄴ)뿐이다.

(9) ㄱ. ? 철수가 와 어머니께서 좋아하신다.

---

8) 허웅(1981 : 231)참조.

ㄴ. [?]해가 떠 밝다.

ㄷ. [*]노란 꽃이어 예쁘다.

(10) ㄱ. 노란 꽃이라 예쁘다.

ㄴ. 얼굴이 검어 흑인일 줄 알았다.

ㄷ. 키가 커 싱거워 보인다.

'-어서'는 '-여서', '-러서', '-라서'로 변동되는 곳이 아니면, 앞마디 풀이씨 줄기와의 결합을 제약하지 않는다. 그러나 '-어'는 '임자씨+이다' 뒤에 결합하면 비문이 되고(9ㄷ), 홀소리로 끝나는 움직씨에 결합하면 어색한 문이 된다(9ㄱ-ㄴ). 따라서 '-어'와 '-어서'는 별개의 씨끝으로 보아야 한다. 다만 '-어'와 '-어서'는 앞에서 설명한 차이점 이외에는 형태론적으로나 통어론적으로나 구별되지 않으므로, 이 논문에서는 '-어서'만을 대상으로 연구하기로 한다.

1.1.2.2. '-으니', '-으니까'

'-으니'는 '-으니까'와 별개의 씨끝으로 보기도 하고, '-으니까'에서 '-까'가 생략된 것으로 보기도 한다.

'-으니'를 '-으니까'와 별개의 씨끝으로 보는 첫 번째 근거는 두 씨끝의 형태론적 특성의 차이점인 안맺음씨끝 결합의 차이점으로 설명할 수 있다.

'-으니'는 회상의 안맺음씨끝 '-더-'의 결합이 가능하나, '-으니까'는 결합이 제약된다.

(11) ㄱ. 나이가 젊으니 잘 견디어 내겠지요.
　　 ㄴ. 밥을 먹었더니 배부르다.

(12) ㄱ. 나이가 젊으니까 잘 견디어 내겠지요.[9]
　　 ㄴ. *밥을 먹었더니까 배부르다.

　'-으니'는 들을이 높임의 안맺음씨끝[10] '-사오-'의 결합이 가능하나, '-으니까'는 '-사오-'의 결합을 제약한다.

(13) ㄱ. 밥을 먹(었)으니 걱정하지 마십시오.
　　 ㄴ. 밥을 먹(었)사오니 걱정하지 마십시오.

(14) ㄱ. 밥을 먹(었)으니까 걱정하지 마십시오.
　　 ㄴ. *밥을 먹(었)사오니 걱정하지 마십시오.

　Chomsky(1965 : 44~45)는 회복 가능한 구성만 생략이 가능하다고 했다. '-으니'가 '-으니까'의 생략형이라면, (11ㄴ)은 (12ㄴ)으로 회복 가능해야 하고, (13ㄴ)은 (14ㄴ)으로 회복 가능해야 하는데, 회복이 되지 않는다. 그러므로 '-으니'와 '-으니까'는 서로 다른 씨끝으로 보아야 한다.
　'-으니'와 '-으니까'를 별개의 씨끝으로 보는 두 번째 근거는 통어론적 차이로도 설명이 가능하다.
　'-으니'와 '-으니까'는 대체로 같은 구조에 자연스럽게 나타난다. 그러나 '-으니'를 써서 어색하게 느껴지는 것도 있다.

---

9) (11ㄱ), (12ㄴ), (13ㄱ), (14ㄱ) 등은 비문은 아니지만 실제로 입말에서 쓰이지는 않는다.
10) 허웅(1983 : 241) 참조.

(15) ㄱ. 아직 나이가 젊으니(까) 견디어 내겠지요.
　　　ㄴ. 돈은 가지고 올 테니(까) 싸 두게.
　　　ㄷ. 나도 괭이처럼 얌전해질 테니(까) 너무 신경을 쓰지 마라.
　　　ㄹ. 내가 잘 알고 있으니(까) 훗날 얘기해 주마.
　　　ㅁ. 모레가 인산날이니(까) 오늘이 대목이겠군.

(16) ㄱ. ?철수는 순희가 오니 좋아한다.
　　　ㄴ. ?철수는 순희가 붙잡으니 안 떠난다.
　　　ㄷ. ?철수는 순희가 사랑하니 안 떠날 것이다.
　　　ㄹ. ?철수는 순희가 떠나니 좋아한다.

앞마디의 풀이말이 그림씨이거나 '이름씨＋이다'인 (15ㄱ-ㅁ)은 '-으니', '-으니까'가 모두 자연스럽다. 그러나 (16ㄱ-ㄹ)에서와 같이 앞마디의 풀이말이 움직씨이고 앞마디의 임자말이 '＋유정물'인 경우, '-으니'는 어색하게 느껴진다.

그러나 앞마디의 풀이말이 움직씨라도 임자말이 '-유정물'이면, '-으니'는 자연스럽다(17ㄱ-ㄹ).

(17) ㄱ. 비가 오니 신경통이 도지는구나.
　　　ㄴ. 날씨가 개니 기분이 상쾌하다.
　　　ㄷ. 바람이 부니 나뭇잎이 떨어진다.
　　　ㄹ. 가을이 되니 온 세상이 풍요롭게 보인다.

'-으니'와 '-으니까'는 [이유]라는 기본 의미에는 차이가 없으나 상황 의미에는 차이가 심한 듯하다. '-으니'는 [설명]의 뜻이 강하고, '-으니까'는 [조건]의 뜻이 더 강하다.

'-으니까'를 '-으니'와 '-까'로 분석해서, '-까'를 도움토씨로 볼 가능

성이 크다. 그러나 '-까'는 독립구성성분(unique-constituent)[11]으로 분석했
을 경우 다른 어떤 형에서도 나타나지 않으므로 분석해서 안 된다. '-으
니'에 결합되어 화석화한 것으로 가정되는 '-까'는 형태론적 근거가 확
인되지 않는다. 다만, '-으니'의 형태가 확인되는 만큼 별도의 구성 요
소로 보아야겠으나, 물음법의 씨끝 '-까' 이외에는 흔적을 찾을 수 없다.
그러나 물음법의 씨끝과는 의미의 관련을 찾을 수 없는 점으로 보아, 여
기에서 온 것은 아닌 듯하다. 또 하나의 가능성은 '-까'를 현대 국어에
서 첨가된 것으로 가정하는 일이다. '-으니까'가 문헌에 처음으로 나타
난 시기는 19세기 말엽이다.[12] 중세 문헌이나 근세 문헌에서 '-으니'는
나타나나 '-으니까'는 나타나지 않는다는 점에서, 이 가능성은 상당히
근거를 갖는 듯하다. 그러나 이 경우도 '-까'의 원래 형태를 확인할 수
없다는 점과 안맺음씨끝의 결합이 상이하다는 점에서 현대 국어에서 첨
가됐다는 가설은 설득력을 잃는다.[13] 그러나 '-으니'와 '-으니까'는 위
에서 설명한 안맺음씨끝의 결합 제약 특성 이외에 두 씨끝의 차이점을
발견할 수 없다. 오히려 이 두 씨끝은 의미적 특성이나 통어 구조로 볼
때 같은 씨끝처럼 느껴진다. 이런 점에서 이 논문에서는 '-으니까'만을
대상으로 연구한다.

---

11) cranberry에 있어서의 cran-과 같이, 분석했을 때 그 복합형(complex from)의 일부
　　로서 나타나지만, 기타 다른 어떤 형태에서도 나타나지 않는 요소를 말한다
　　(Bloomfield, 1933 : 61 참조).
12) 리의도(1990 : 162, 197)는 '-으니까'가 나타난 시기를 19세기 말엽으로 보고,
　　<독립신문>에서 쓰이는 예를 들었다.
13) '-으니'와 '-으니까'는 원래부터 모두 있었으나 나타나는 환경이 달라서 중세어
　　나 근세어에서는 '-으니'만 보이고, '-으니까'는 나타나지 않았던 것으로 보인
　　다. 문헌자료에 의하면 '-으니까'는 설명문, 논설문 등 글말에서는 전혀 나타나
　　지 않고, 희곡, 시나리오, 소설의 대사 부분과 신문의 담화(토론) 등 글말에서는
　　자연스럽게 나타난다. 그런데 중세어나 근세어의 문헌자료는 모두 문어체로 되
　　어 있다. 따라서 입말에만 쓰이던 '-으니까'는 그 흔적이 보이지 않다가 구어체
　　가 활발히 쓰이기 시작한 19세기 문헌에서부터 자료에 나타난 것으로 추정된다.

  '-으니까'는 [심리적 조건의 완료]에 의해 어쩔 수 없이 행하게 되는 [필연의 이유]를 나타나는데 다음의 방법으로 확인할 수 있다.

  (18) ㄱ. 순희가 오니까 철수가 좋아한다.
      ㄴ. 순희가 떠나니까 철수가 슬퍼한다.
      ㄷ. 순희가 노래하니까 철수가 안 떠난다.

  (18ㄱ-ㄷ)의 '-으니까'는 [이유]의 뜻으로 사용된 예인데 행위자인 철수의 심리를 고려할 때 (19ㄱ-ㄴ)으로 바꿀 수 있다.

  (19) ㄱ. 철수는 안 좋아하더니(또는, 시무룩해 하더니) 순희가 오니 좋
         아한다.
      ㄴ. 철수는 안 슬퍼하더니(또는, 좋아하더니) 순희가 떠나니까 슬
         퍼한다.
      ㄷ. 철수는 떠나려고 하더니 순희가 노래하니까 안 떠난다.

  앞마디(조건)가 실현되기 전의 행위(또는, 심리)가, 실현된 후의 행위(또는, 심리)와 [대립]됨을 볼 수 있다. (19ㄱ)에서 보면 철수가 시무룩해 하던 이유는, 순희가 오지 않는 데에 있었다는 것을 유추할 수 있다. 즉 시무룩하던 철수는 순희가 오므로 [심리적 조건이 충족]되고 그로 인해서 좋아하게 되는 것이다. 이를 확인하기 위해 앞마디에는 '어떻게 해도'를, 뒷마디에는 '비로소'를 삽입시켜 본다.

  (20) ㄱ. 철수는 어떻게 해도 안 좋아하더니 순희가 오니까, 비로소 좋
         아한다.
      ㄴ. 철수는 어떻게 해도 안 슬퍼하더니 순희가 떠나니까, 비로소
         슬퍼한다.

ㄷ. 철수는 어떻게 해도 떠나려고 하더니 순희가 노래하니까 비로
   소 안 떠난다.

‘-으니’는 행위자의 [심리적 조건의 충족]이 [이유]로 나타남을 보인
다. 즉 ‘-으니’는 [심리적 조건 충족의 이유]의 뜻이 있다.

1.1.2.3. ‘-느라고’

‘-느라고’를 형태 분석하는 방법으로는 여러 가지 방법이 있다, 즉 ‘-느-’
+‘-라’+‘-고’로 분석하는 방법이 있고, ‘-느라’+‘-고’로 분석하는 입장
이 있으며, ‘-느라고’를 하나의 형태소를 보는 입장도 있을 수 있다(이영
숙, 1988 : 446).

‘-느’와 ‘-라’를 형태소로 분석할 수 없는 것은 형태론적 특성에 어긋
나기 때문이다. 국어의 풀이씨는 ‘줄기+(안맺음씨끝)+맺음씨끝+(도움
토씨)’로 구성되어 있다. 그리고 안맺음씨끝은 [줄기+맺음씨끝(-ø-형
태)]의 형태가 존재하는 경우에만 결합 가능하다. 그런데 ‘-느-’를 안맺
음씨끝(형태소)으로 분석할 경우, -ø-형태가 존재하지 않는다.

(21) ㄱ. 걸어오느라고 늦었어요.
     ㄴ. *걸어오øø라고 늦었어요.

(21ㄱ)에서 ‘-느-’를 분석한 것이 (21ㄴ)인데 ‘-라고’에 [이유]의 뜻도
없으며, 비문이다. 따라서 ‘-느-’를 형태소로 분석할 수 없다.

다음은 ‘-느라고’를 단일 형태소로 보느냐 ‘-느라-’와 ‘-고’ 두 개의

형태소로 분석하느냐 하는 문제다. 이를 검증하기 위해서는 '-고'에 대한 통어론적, 의미론적인 검토가 필요하다. 국어의 씨끝 중 끝음절에 '-고'를 갖는 것은 씨끝 결합형과 토씨 결합형으로 나눌 수 있다.

① 토씨 결합형 : -라고, -으라고, -ㄴ다고, -다고[14)
② 씨끝 결합형 : -느라고, -으려고

토씨의 '-고'는 마침씨끝 뒤에서 인용의 기능을 하는데 반해, 씨끝의 '-고'는 이음씨끝 뒤에서 앞마디를 [미완결]의 상태로 뒷마디에 이어주는 기능을 한다. 또 토씨는 생략될 수 없는데(형태소이기 때문) 씨끝은 생략 가능하다.

(22) ㄱ. 공부를 하느라고 정신이 없다.
ㄴ. 공부를 하느라 정신이 없다.

(22ㄱ-ㄴ)에서 보듯이 '-느라고'의 '-고'는 잉여적 의미로 쓰이므로 하나의 형태소로 녹아 붙은 것으로 보아야 한다.

'-느라고'는 화석형태소 '-느-'와 '-오-'와 '-라'가 녹아붙은 것으로 '-오-'는 1인칭법에서 온 것인데(허웅, 1975 : 744), 19세기에 와서 '-고'가 첨가된 형태인 '노라고'가 보이며, 또 같은 시기에 '-느라고'도 보인다 (리의도, 1990 : 183). '-느라고'와 '-으려고'에서 '-고'가 생략 가능한 것은 '-고'가 이후에 붙은 것으로('-노라'와 '-으려'는 15세기부터 사용되었으나, '-노라고', '-으려고'는 19세기에 나타났다.[15)) 잉여적 요소이기 때문으로 보인다.

---

14) '-라고'와 '-으라고'를 다른 씨끝으로 잡은 것은 통어론적 의미론적 특성이 다르기 때문이다. '-라고'의 '-라-'는 '임자씨+이다' 뒤에 붙어서 서술의 뜻으로 쓰이지만, '-으라고'의 '-으라-'는 움직씨 뒤에 붙어서 시킴의 뜻으로 쓰인다.

1.1.2.4. '-으므로', '-으매', '-기에', '-기로'

'-으므로', '-으매', '-기에', '-기로'는 이름법의 씨끝 '-음', '-기'와 [이유]의 토씨 '-에/애', '-으로'로 형태 분석된다.

'-음'과 '-기'에 대해서는 많은 연구가 있다. 채완(1979 : 98~102)은 18 세기에 '-기'의 분포가 '-음'의 분포보다 더 넓은 자리를 차지하게 되었다고 밝히고 있다.

현대 국어에서 '-음'과 '-기'의 뜻 바탕에 대한 연구는 장석진(1966), 임홍빈(1974), 채완(1979), 심재기(1982), 최현배(1982) 등이 있다.

임홍빈(1974)은 '-음'과 '-기'를 [+존재], [+대상화]와 [-존재], [-대상화]로 설정했고, 채완(1979)은 '-기'가 계속적, 반복적인, 일반화된 개념(구체적인 사건이 아니라)을 나타내거나 또는 아직 일어나지 않은 기대상을 나타낸다고 했고, 심재기(1982)는 '-음'은 [+결정성], [완료상], [+실체성]으로 인식되고 '-기'는 [-결정성], [미정상], [-실체성]으로 인식된다고 하여 '-음'을 [확정·완료]의 뜻으로, '-기'를 [미정·서술]의 뜻으로 정리했다. 또한 최현배(1982)는 '-음'을 관념적으로 가리키는 것으로, '-기'를 나아감(진행 또는 과정)을 가리키는 이름꼴이라 정의하였다. 임홍빈(1974), 채완(1979), 심재기(1982), 최현배(1982)의 공통적인 인식은 '-기'에 [미정·진행]의 뜻이 있음을 밝히고 있다.

반면 '-에'와 '-으로'는 [이유]라는 공통의 의미를 지니면서도 [정태성], [피동성], [변화성], [능동성]이라는 대립된 의미로 나타난다.[16]

'-으므로'는 입말에서는 잘 나타나지 아니하고 설명문, 논설문 등의 글말에서 논리적으로 차곡차곡 따져서 결과를 이끌어내는 씨끝으로 [17]

---

15) 리의도(1990 : 43, 183) 참조.
16) 심재기(1982 : 407~409) 참조.

앞마디는 확정된 현상의 [이유]이고, 뒷마디는 말할이의 주관에 의한 능동적 결과이다. 자료 분석에 의하면 '-으므로'는 소설, 희곡, 시나리오 등 대사를 필요로 하는 글에서는 쓰이는 예를 거의 찾을 수 없고, 설명이나 논증의 글에서만 자주 나타나는데, 이는 확정된 현상을 가지고 능동적·객관적으로 원리를 세우는 설명문, 논설문과 의미적으로 부합하기 때문으로 보인다.

[서술성·미완결성]을 뜻 바탕으로 가지고 있는 '-기에', '-기로'는 '-에'와 '-으로'에 의해 뜻이 구별되는데, '-기에'는 제3자의 행위에 의해 어쩔 수 없이 행하게 될 때 쓴다. '-기에'가 관여하는 이음월이 평서문인 경우 앞마디의 임자말은 상대이거나 제3자이고, 뒷마디의 임자말은 대체로 1인칭인데, 그 이유는 '-에'에 나타나는 '피동성'에서 기인하는 것으로, 앞마디의 내용(상대나 제3자의 행위·말) 때문에 어쩔 수 없이 했다는 자기 행동에 대한 [해명의 이유]가 된다.

반면 '-기로'는 나의 행동이나 말씨, 또는 자연 현상이 상대의 행위의 이유가 될 수 없는데도 상대방이 행한 점을 질책하는 뜻으로 상대의 행위에 대한 이유의 부적절함을 나타내는 말이다. 따라서 앞마디의 임자말은 2인칭이 제약되고, 뒷마디의 임자말은 2인칭이며 물음법으로 나타나는 것이 보편적이다.

이유씨끝을 형태 분석한 위의 내용을 정리하면 이유의 씨끝은 더 이상 형태 분석할 수 없는 전형적인 씨끝과 이름씨끝에 토씨가 결합된 것으로 나눌 수 있다.

전형적인 씨끝 : '-어', '-어서', '-으니', '-으니까', '-느라고'
씨끝화한 것 : '-으므로', '-기에', '-기로'

----

17) 김승곤(1978 : 11)참조.

전형적인 씨끝도 본래는 두 개 이상의 형태소로 이루어졌었으나 형태소 사이에 존재하던 경계가 소멸하여 하나의 형태소로 굳어졌는데, 이와 같이 본래는 형태소의 자격을 가지고 있었으나 오늘날에 와서 형태소의 자격을 상실한 것을 '화석형태소'라 하였다. 화석형태소를 분석함으로써 씨끝의 의미나 통어적 특성을 객관화할 수 있다.

전형적인 씨끝은 다음과 같은 화석형태소로 이루어졌다.

① '-어서'는 이음씨끝 '-어'와 도움토씨 '-서'가 한 개의 형태소로 녹아서 화석화한 것인데, '-서'는 '-이시어'의 축약형이다.

② '-으니'와 '-으니까'는 서로 다른 씨끝으로 '-으니'는 입말과 글말에서 모두 쓰이고, '-으니까'는 주로 입말에서 쓰인다. '-으니'와 '-으니까'가 별개의 씨끝임은 시상의 씨끝의 결합 제약에 의해 확인할 수 있다.

③ '-느라고'는 화석형태소 '-느-', '-오-', '-라'가 경계 변화하여 '-노라'로 실현된 것인데, 19세기에 와서 '-고'가 결합된 '-노라고'가 보이며, 이 시기부터 '-느라고'가 '-노라고'의 자리를 대신하기 시작한다. '-느라'와 '-고'로 분석할 수 없는 이유는, '-고'가 이후에 붙은 것으로 잉여적 의미로만 쓰이기 때문이다.

④ '-으므로'는 '-음'과 '-으로'로 분석되는데 주로 논설문, 설명문 등 글말에서만 나타난다.

⑤ '-기에'는 '-기'와 '-에'로 분석되는데, 자신의 행위에 대한 [이유]를 제3자나 자연 현상 등, 자기 이외의 곳에서 찾아서 자신의 행위를 정당화할 때 쓴다.

⑥ '-기로'는 '-기'와 '-로'로 분석되는데, 행위자의 행위가 충분한 [이유]를 갖지 못했음을 질책하거나 원망할 때 쓰는 말로 뒷마디

의 임자말은 1인칭이 올 수 없다.

1.2. 앞마디 풀이씨 줄기와의 결합 제약

이음씨끝의 앞마디 풀이씨 줄기의 결합을 제약하는 것은 씨끝의 뜻 바탕과 상 바탕이 풀이말의 뜻 바탕과 상 바탕에 서로 호응되지 않기 때문인 것으로 추정되는데, 이 관계를 밝히기 위하여 앞마디 풀이씨 줄기와의 결합 제약을 살피기로 한다.

이음씨끝의 풀이씨 줄기에 대한 제약은 전통적으로 씨갈에 따른 방법으로 연구하여 왔다. 이 연구도 전통적인 방법에 의해 풀이말을 씨갈에 따라 움직씨, 그림씨, '이름씨＋이다'로 나누어 살피기로 한다. 다만, 이 연구의 목적이 단순히 앞마디 풀이씨 줄기의 제약을 살피려는 데에만 있는 것이 아니고 이음씨끝의 상 바탕과 뜻 바탕을 살피려는 데에 있으므로 풀이말을 상적 특성으로 연구한 것의 도움을 받도록 하겠다. 풀이말을 상적 특성에 따라 가른 이는 유다니(1978), 김영희(1980), 이남순(1981), 이지량(1982), 정문수(1984), 황병순(1986) 등이다.[18] 또 풀이씨의 상적 특성을 물음의 구조로 연구한 이는 박선자(1989)이다. 박선자는 우리말 토박이의 인식 양상에 따라 풀이씨의 갈래를 다음과 같이 분류했다.

풀이씨의 갈래 바탕[19]
　| 이 | ：특정 실체의 존재를 가리켜서 잡아주는 존재 지정의 바탕
　　　　으로, 상 바탕을 가지지 못한다.

---

18) 황병순(1986 : 94~96) 참조.
19) 박선자(1989 : 115~116)에서 인용.

| 있 | : 존재 자체의 유무만을 알려주는 존재여부의 바탕으로 그 자체는 상 바탕을 가지지 못하나 '있다'의 고유 의미에 따라 선행 사태의 상적 속성 유지의 여부를 뜻하므로 상 바탕 실현 형식소로 운용된다('-고/아 있다').

| 어떠하 | : 현상 사태의 속성이나 모습을 뜻하는 바탕으로, 특정 존재에 대하여 그 속성이나 모습을 나타내는 것이므로 대상 존재로서 하나의 임자항만을 가지고 상 바탕을 가진다.

| 어찌하 | : 현상 사태로서의 일을 뜻하는 바탕으로 주체로서의 임자항과 대상으로서 일 자체를 가지고 뜻 짜임새를 이루며 상 바탕을 가진다.

| 되 | : 현상 사태의 속성 변화를 뜻하는 바탕으로, 변화 자체의 특성상 변화의 주체로서 변화되기 이전의 상태와 변화의 결과로서의 상태 자체를 임자항으로 하여 뜻짜임새를 이루며, 의미가 바로 상 바탕 자체이므로 상 형식소로 운용된다.

이 장에서는 박선자(1989)의 풀이씨의 갈래[20]를 가지고 앞마디 풀이씨 줄기와의 결합 제약을 살피기로 한다. 이는 박선자(1989)의 풀이말 체계가 상적·의미적 특성에 따라 체계화한 것이기 때문에, 형태론적 제약 관계를 살펴 이음씨끝의 상적·의미적 특성을 밝히려는 본 연구의 목적과 부합되기 때문이다.

'-어서', '-으니까', '-으므로', '-기에', '-기로'는 앞마디 풀이씨의 줄기를 제약하지 않는다.

(23) ㄱ. 입이 출출하거나 뱃속이 다소 헐렁할 때 마시면 제법 요기가

---

20) 이 연구에서는 '아니다'를 하나 더 넣어 살피기로 한다. 존재 지정의 바탕이란 점에서 '이-'와 같으나, 통어론적·형태론적 특성으로 '어떠하-'의 기능을 하는 '아니다'는 '이-'나 '어떠하-' 어느쪽으로도 잡기 어려우므로, 별도로 잡아 제시하기로 한다.

되는 셈이어서 그렇다.
ㄴ. 갑자기 돈을 푸는 것은 물가 불안 요소가 잠재해 있어서 기대
하기 어렵다는 것이다.
ㄷ. 스스로 좋아서 쓰는 글은 본래 상품이나 매명을 위한 수단은
아니다.
ㄹ. 국상이 나서 온 천지가 발끈 뒤집혔는데 복 입은 학생들이 여
행은 무슨 여행이야.
ㅁ. 약속한 시간이 다 되어서 머물 수 없는 것이 안타까울 뿐이다.
ㅂ. 친한 사이가 아니어서 그런 말을 할 처지가 못 된다.

(24) ㄱ. 모레가 추석이니까 오늘이 대목이겠군.
ㄴ. 눈 오는 길거리에 여러 시간 있으니까 심장이 끊어질 것만 같
다.
ㄷ. 아직 나이가 젊으니까 견디어 내겠지요.
ㄹ. 바람이 부니까 나뭇잎이 떨어진다.
ㅁ. 동생이 부자가 되니까 배가 아파서 어쩔 줄을 몰라 하다가……
ㅂ. 나도 어린이가 아니니까 걱정하지 마십시오.

(25) ㄱ. 상원스님이 생명의 은인이므로 그 은덕에 보답할 길이 없음을
안타까워 했다.
ㄴ. 마음을 잃어 가고 있으므로 생활도 잃어간다.
ㄷ. 꽃이 아름다우므로 마음이 바뀌어서……
ㄹ. 그릇 모양으로 얄팍하게 만들었으므로 질그릇에서 쇳소리가
날 정도이다.
ㅁ. 이 시대에는 차차 농업이 발달하게 되었으므로 먹을 것을 저
장하고 담아 두고 쓰기 위하여 진흙을 빚어서 불에 구운 토기
를 만들게 되었다.
ㅂ. 약품이 아니므로 이런 광고는 과대광고에 해당합니다.

(26) ㄱ. 믿을만한 사람이기에 소개했습니다.

ㄴ. 조금의 돈은 있기에 시장기를 면하려고……
ㄷ. 너무 불쌍하기에 그냥 지나칠 수 없어서……
ㄹ. 그 사람이 떠나기에 이제 모든 것이 끝난 줄로 알고……
ㅁ. 약속한 시간이 되었기에 역에 나가 보았더니……
ㅂ. 가까운 사람이 아니었기에 쓸데없는 말은 할 수 없었다.

(27) ㄱ. 아무리 못된 사람이기로 사람의 두껍을 쓰로……
ㄴ. 억만금이 있기로(서니) 죽은 뒤에야 무슨 소용이 있겠나?
ㄷ. 아무리 예쁘기로 양귀비만이야 할까?
ㄹ. 아무리 못된 짓을 했기로 그도 사람인데 그렇게까지 심하게
할 것이 뭐람?
ㅁ. 네가 아무리 높이 되었기로 나를 괄시하면 되나?
ㅂ. 아무리 사랑하는 사람이 아니기로 사람을 그렇게 대하면 쓰
나?

이유의 이음씨끝 가운데 앞마디 풀이씨의 줄기를 제약하는 것은 '-느
라고'뿐이다.
'-느라고'는 '어찌하-', '되-' 풀이씨의 줄기에는 결합하나, '이-', '어
떠하-', '있-' 풀이씨의 줄기의 결합을 제약한다.

(28) ㄱ. *꽃이느라고,
ㄴ. *밥이 있느라고,
ㄷ. *슬프느라고,
ㄹ. 병간호를 하느라고 너무 지쳐서 그래.
ㅁ. 겨울이 되느라고 날씨가 쌀쌀해진다.

'-느라고'가 '어찌하-', '되-' 이외의 풀이씨의 줄기와 결합하지 않는
것은 화석형태소 '-느-'의 뜻 바탕과 서로 호응되지 않기 때문인 듯하다.

‘-느라고’가 줄기에 ‘이-’를 제약하는 것은, ‘이-’가 [때]에 관한 말이 아니기 때문이다(최현배, 1982 : 495~496, 552). 즉 ‘이-’는 특정 실체의 존재를 가리켜서 잡아주는 존재 지정의 뜻만 갖고 상 바탕을 갖지 못하기 때문에 진행의 ‘-느-’와 같이 쓰일 수 없기 때문이다.

‘이-’는 안맺음씨끝 ‘-느-’가 결합되었거나 ‘-느-’가 녹아 붙어서 화석화한 씨끝의 줄기로 올 수 없다.

(29) ㄱ. 가느니 마느니 야단법석이다.
　　ㄴ. *이것이느니 저것이느니 할 것 없이……
　　ㄷ. 이것이니 저것이니 할 것 없이……

(30) ㄱ. 가는지 마는지 알께 뭐람.
　　ㄴ. *이것이는지 저것이는지 구별이 서지 않는다.
　　ㄷ. 이것인지 저것인지 구별이 서지 않는다.

(31) ㄱ. 가는지라 말리지도 못하고……
　　ㄴ. *꽃이는지라 한 송이 꺾어 왔다.
　　ㄷ. 꽃인지라 한 송이 꺾어 왔다.

(32) ㄱ. 가는데도 말리지 못하고……
　　ㄴ. *꽃이는데도 아름답게 보이지 않는다.
　　ㄷ. 꽃인데도 아름답게 보이지 않는다.

(33) ㄱ. 가는 듯이 서 있다가 숨어 버렸다.
　　ㄴ. *죄인이는 듯이 가만히 앉아 있었다.
　　ㄷ. 죄인인 듯이 가만히 앉아 있었다.

‘-느라고’가 줄기에 ‘어떠하-’를 제약하는 것은, ‘어떠하-’가 현상 사

태의 속성이나 모습을 [유지]하는 상 바탕만 지니기 때문에 [진행]의 뜻
을 지니는 씨끝과 결합할 수 없기 때문이다.21)

      (34) ㄱ. *슬프느니 기쁘느니 하고 떠들어 댄다.
          ㄴ. 슬프니 기쁘니 하고 떠들어 댄다.

      (35) ㄱ. *슬프는지 안 슬프는지 덤덤할 뿐이다.
          ㄴ. 슬픈지 안 슬픈지 덤덤할 뿐이다.

      (36) ㄱ. *슬프는지라 어찌할 바를 모르고……
          ㄴ. 슬픈지라 어찌할 바를 모르고……

      (37) ㄱ. *슬프는데도 꾹 참고 있었다.
          ㄴ. 슬픈데도 꾹 참고 있었다.

      (38) ㄱ. *슬프는 듯이 앉아 있다가 나왔다.
          ㄴ. 슬픈 듯이 앉아 있다가 나왔다.

   '-느라고'가 줄기에 '있-'을 제약하는 것은, '있-'이 존재 자체의 있고
없음만을 알려주는 존재여부 바탕으로만 쓰이고 상 바탕을 갖지 못하기
때문이다. 그러나 '있다'가 때로는 상 바탕을 가질 때가 있다.22)

---

21) '어떠하-'나 '이-'는 [때]에 관한 말이 아니기 때문에 때벌림꼴(-으면서, -으며,
    -고), 뜻함꼴(-으려, -고자), 목적꼴(-으러)과 같이 쓰일 수 없다(최현배, 1982 :
    495~496, 552). *아름다우려고, *슬프려고, *아름다우러, *슬프러, *꽃이러, *꽃
    이려고.
22) 박선자(1989 : 31)는 '있다'의 의미가 때로 '어찌하-'의 뜻을 머금은 경우가 있는
    데 '어찌하-'의 뜻을 머금은 경우 "풀이씨의 바탕이 통어론적으로 결합되는 임
    자말에 따라 필연적일 수 있다"고 설명하고 있다.

(39) ㄱ. *꽃이 있으려고……
     ㄴ. 사람이 있으려고……

(39ㄱ)은 순전히 존재여부만을 가리키는 '있-' 바탕인데 (39ㄴ)은 '어찌하-' 바탕으로도 사용된다. 이와 같이 '있-'이 '어찌하-' 바탕으로 사용되면 '느라고-'와 결합이 가능하다.

(40) 공부하기 위해서 도서관에 있느라고 중대 뉴스를 못 들었다.

(40)에서 '있느라고'는 '머무느라고'의 뜻으로 '어찌하-' 바탕으로 쓰이므로 제약을 받지 않는다.

그러나 '어찌하-' 풀이씨라도 입음움직씨는 '-느라고'와 같이 쓰일 수 없는데 그 이유는 입음움직씨는 [의도·목적]의 수단이 되지 못하기 때문이다.[23]

(41) ㄱ. *소리가 들리느라고,
     ㄴ. *쥐가 잡히느라고,
     ㄷ. *차가 밀리느라고,
     ㄹ. *산이 보이느라고,
     ㅁ. *마음이 놓이느라고,
     ㅂ. *비누가 쓰이느라고,

백봉자(12쪽) 예문 그대로 인용

이상에서 살핀 이유씨끝의 앞마디 풀이씨의 줄기와의 결합 제약 현상을 정리하면 다음과 같다.

---

23) '-느라고'에 [의도·목적]의 뜻이 있음은 백봉자(1980 : 425) 참조.

　　이유씨끝 가운데 앞마디의 풀이씨의 줄기를 제약하는 것은 '-느라고' 뿐인데, 이는 씨끝의 상적·의미적 특성이 풀이씨 줄기의 상적·의미적 특성과 서로 호응되지 않기 때문인 듯하다. 즉 앞마디 풀이씨의 줄기가 움직씨로 쓰일 때만(입음움직씨는 제외됨) 쓰이고, 시제와 관련이 없는 그림씨나 '이름씨＋이다'에서는 제약된다.

　　앞마디 풀이씨 줄기와의 결합 제약은 아래 <표 1>과 같다.

<표 1> 앞마디 풀이씨 줄기와의 결합 제약

(○ : 제약 없음, △ : 부분적으로 제약됨, × : 제약됨)

풀이말바탕 / 씨끝	이다	있다	어떠하다	어찌하다	되다	참고
-어서	○	○	○	○	○	
-으니까	○	○	○	○	○	'어찌하-' 중 입음움직씨는 제약됨
-느라고	×	△	×	△	○	
-으므로	○	○	○	○	○	
-기에	○	○	○	○	○	
-기로	○	○	○	○	○	

1.3. 안맺음씨끝의 결합 제약

1.3.1. 때매김법 제약

　　허웅(1983 : 242~246)에서는 때매김법을 다음과 같이 체계화 했다.

　　(1) 현대 국어의 때매김법 체계
　　〈단순 때매김법〉

㉮ 현실법…… -ø-
어떤 행동이나 상태가 눈앞에 되어 가는 일이나 그렇지 않더라도
눈앞에 되어가고 있는 것으로 생각하고 기술하는 때매김법.
㉯ 회상법…… -더-
과거 어느 때에다 기준을 두고 말할이가 그때에 되어 가던 일.
따라서 현실과는 이미 관련을 끊게 된 일, 또는 그때에 직접 경험
한 일을 기술하는 때매김법.
㉰ 미정법…… -겠-(-으리-)
장차 일어날 일, 곧 일어날 일을 기술하거나 또는 추측적인 사실을
기술하는 때매김법.
㉱ 완결법…… -었-
이미 끝난 일, 또는 끝난 상태를 유지하고 있는 일을 나타내는 것
을 기술하는 때매김법.

〈복합 때매김법〉
㉮ 추정회상법…… -겠더-
㉯ 완결회상법…… -었더-
㉰ 완결추정법…… -었겠-
㉱ 완결추정회상법…… -었겠더-

이 연구는 이유 구문에 관여하는 이음씨끝에 대해 형태론적, 통어론
적, 화용론적 특성에 대한 연구를 통하여 씨끝의 의미를 밝히고, 각 씨
끝이 어떤 때에 나타나는가를 밝히는 것을 목적으로 한다.

씨끝은 '-은, -을, -는, -어서, -느라고, -으려고' 등과 같이 자체적으
로 시제의 뜻을 내포하고 있는 것이 있는가 하면, 자체적으로는 시제의
뜻을 갖지 못하고 때매김 안맺음씨끝에 기대어서 때매김을 나타내는 것
이 있다. 그리고 씨끝의 의미 특성에 시제의 특성이 포함되어 있을 때
때매김씨끝의 결합이 제약된다(권재일, 1985 : 59~60 참조). 그러므로 때매

김씨끝의 결합 제약을 밝히는 것은 씨끝에 내포되어 있을 것으로 가정되는 시제의 뜻을 밝힌다는 점에서 매우 중요하다고 생각한다.

1.3.1.1. '-어서'

'-어서'는 '-았/었-, -더-, -겠-(-으리-), -겠더-, -었더-, -었겠-, -었겠더-' 등의 때매김씨끝을 제약하고, '-겠-'은 제한적으로 결합을 허용한다.

> (41) ㄱ. 철수가 떡을 다 먹어서 나는 못먹었다.
>   ㄴ. *철수가 떡을 다 먹었어서 나는 못먹었다.
>   ㄷ. *철수가 떡을 다 먹더어서 나는 못먹었다.
>   ㄹ. ?철수가 떡을 다 먹겠어서 내가 숨겨놓았다.
>   ㅁ. *철수가 떡을 다 먹겠더서 내가 숨겨놓았다.

씨끝의 의미 특성에 시제의 뜻이 포함되어 있을 때 때매김씨끝은 제약된다(권재일, 1985 : 59~60 참조). '-어서'가 때매김씨끝을 제약하는 이유는 '-어서'에 시제의 뜻이 포함되어 있기 때문이다. 즉 '-어서'는 [완료 지속]이라는 시제의 뜻을 내포하고 있으므로, 다른 때매김씨끝과 결합될 때 시제에 중복 또는 모순이 오기 때문에 결합을 제약한다. '-겠-'이 제한적으로 허용되는 것은, '-겠-'이 단순히 미래라는 시제의 뜻만 가진 것이 아니라 추측이라는 양태적 뜻을 내포하기 때문이며, 실제로 (41ㄹ)에서는 '-추측'의 뜻이 더 강하다.

1.3.1.2. '-으니까', '-으니'

'-으니'는 때매김씨끝에 대한 제약이 없다. 그러나 '-으니까'는 '-더-'를 제약하고, '-겠-'은 부분적으로 허용되는 곳이 있다. 또 복합때매김씨끝 '-겠더-, -었더-, -었겠더-, -었겠-'도 결합 제약된다.

　　　(42) ㄱ. 나이가 젊으니까 견디어 내겠지요.
　　　　　 ㄴ. 나이가 젊었으니까 견디어 내겠지요.
　　　　　 ㄷ. *나이가 젊더니까 견디어 내겠지요.
　　　　　 ㄹ. *나이가 젊겠으니까 견디어 내겠지요.
　　　　　 ㅁ. *높은 분이 오겠으니까 준비해라.
　　　　　 ㅂ. ?높은 분이 오겠으니까 그러는 거지?
　　　　　 ㅅ. *나이가 젊었더니까 견디어 내겠지요.

'-으니까'에는 시작 즉시부터 완료점까지의 시제의 뜻이 들어있다. 그러므로 '-더-' 또는 '-겠-'은 이음씨끝이 가지고 있는 시작 즉시부터 완료 시점까지(현재로 느껴짐)라는 상 바탕에 어긋나는 때매김씨끝을 제약한다.

　　　(43) ㄱ. 철수가 가니까 기다려라.
　　　　　 ㄴ. 철수가 갔으니까 기다려라.
　　　　　 ㄷ. 철수가 가니까 운다.
　　　　　 ㄹ. 철수가 갔으니까 운다.

(43ㄱ)은 '철수가 가기로 결정했으니까 기다려라'는 뜻과 '철수가 가고 있으니까 기다려라'라는 뜻으로 해석되고, (43ㄴ)은 '철수가 출발했으니까 기다려라'라는 뜻이며, (43ㄷ)은 '철수의 출발 즉시(거의 동시적) 운

다'는 뜻이고, (43ㄹ)은 '출발이 완료되고(도착은 아직 안 했음)'라는 뜻이
다. 따라서 '-으니까'는 결정이 완료된 즉시부터 행위완료 때까지만을
뜻하는 시제의 뜻이 내포되므로 '-더-', '-겠-'은 제약된다.

1.3.1.3 '-느라고'

'-느라고'도 모든 때매김씨끝의 결합을 제약한다. '-느라고'가 때매김
씨끝을 제약하는 이유는 화석형태소 '-ㄴ-'에 [현재진행]의 뜻이 내포되
었기 때문이다.

> (44) ㄱ. 여태 날 키워 주시느라고 고생하신 어머니에게 조금이라도 낙
>   을 보여드리고……
>   ㄴ. *여태 날 키워 주셨느라고 고생하신 어머니에게 조금이라도
>   낙을 보여드리고……
>   ㄷ. *여태 날 키워 주시더느라고 고생하신 어머니에게 조금이라도
>   낙을 보여드리고……
>   ㄹ. *여태 날 키워 주시겠느라고 고생하신 어머니에게 조금이라도
>   낙을 보여드리고……
>   ㅁ. *여태 날 키워 주시었더느라고 고생하신 어머니에게 조금이라
>   도 낙을 보여드리고……

'-느라고'와 같이 모든 때매김씨끝의 결합을 제약하는 이유씨끝은 '-으
려고', '-으러', '-ㄴ다고' 등이 있는데, 이들도 매김씨끝 '-을', '-ㄴ'이
미래의 뜻을 지닌 채 통합한 것이기 때문이다.

1.3.1.4. '-으므로'

'-으므로'는 회상의 씨끝 '-더-'와 복합안맺음씨끝 '-겠더-', '-었더-', '-었겠-', '-었겠더-'의 결합을 제약하나 '-었-', '-겠-'은 결합이 가능하다.

(45) ㄱ. 목에 뼈가 걸려 있으므로 뽑아주자 어디론가⋯⋯
　　 ㄴ. *목에 뼈가 걸려 있더므로 뽑아주자 어디론가⋯⋯
　　 ㄷ. *목에 뼈가 걸려 있었더므로 뽑아주자 어디론가⋯⋯
　　 ㄹ. *목에 뼈가 걸려 있겠어므로 뽑아주자 어디론가⋯⋯
　　 ㅁ. 목에 뼈가 걸려 있었겠으므로 뽑아주자 어디론가⋯⋯
　　 ㅂ. 목에 뼈가 걸려 있었겠더므로 뽑아주자 어디론가⋯⋯

(46) ㄱ. 김 화공은 상원스님이 생명의 은인이므로 그 은덕에 보답할
　　　　 길이 없음을 안타까워하며 자꾸 만류하는 것이었다.
　　 ㄴ. 대사가 눈을 뜨고 목 안을 보니 인골이 목에 걸려 있었으므로
　　　　 뽑아 주자 범은 어디론가 사라졌다.
　　 ㄷ. 오후에는 바람이 불고 비가 오겠으므로 해변가에 있는⋯⋯
　　 ㄹ. *오후에는 바람이 불고 비가 오더므로 해변가에 있는⋯⋯

1.3.1.5. '-기에', '-기로'

'-기에', '-기로'도 '-으므로'와 마찬가지로 '-더-'와 복합안맺음씨끝을 제약하고, '-었-', '-겠-'과는 결합이 가능하다.

(47) ㄱ. 철수의 학업 성적이 우수하(-기에/ -였기에/ *-더기에/ *-였더

기에/ *-였겠기에 /*-였겠더기에), 칭찬했더니……

ㄴ. 그 사람만이 일을 잘 하겠기에 시켰더니……

(48) 아무리 일을 잘 하(-기로/ -였기로/ -겠기로/ *-더기로/ *-였더기
로/ *-였겠기로 /*-였겠더기로) 그렇게 많은 봉급을 준다고 할 수
있나?

위의 검토 결과 이음씨끝이 이유 구문에 관여하는 경우 회상의 '-더-'
는 올 수 없다. 또 씨끝이 자체적으로 때매김의 뜻을 가진 경우를 제외
하고 '-었-', '-겠-' 등은 결합이 가능하다.

이상에서 이유씨끝의 때매김씨끝 결합 제약을 살폈다. 이를 정리하면
다음 표와 같다.

〈표 2〉 이유씨끝의 때매김씨끝 결합 제약 관계24)

(○ : 제약 없음, △ : 부분적으로 제약됨, × : 제약됨)

씨끝	-∅-	-었-	-겠-	-더-	-었더-	-겠더-	-었겠-	-었겠더-
-어서	○	×	△	×	×	×	×	×
-으니	○	○	○	○	○	×	×	×
-으니까	○	○	△	×	×	×	×	×
-느라고	○	×	×	×	×	×	×	×
-으므로	○	○	○	×	×	×	×	×
-기에	○	○	○	×	×	×	×	×
-기로	○	○	○	×	×	×	×	×

---

24) 이유씨끝의 때매김씨끝 결합 제약은 최현배(1982 : 372~373)에 제시되어 있다. 그
러나 최현배(1982)는 '-으니'와 '-으니까'를 구분하지 않았고, '-느라고'와 '-기로'
에 대한 설명이 없다.
또 '-으므로'와 '-기로'에 복합안맺음씨끝 '-었겠-'의 제약이 없는 것으로 보았
으나 필자가 조사한 바로는 '-었겠-'을 사용하는 예를 찾을 수 없어서 이 논문
에서 다시 제시하였다.

1.3.2. 높임의 안맺음씨끝의 결합 제약

높임의 안맺음씨끝은 그 월의 임자말로 지시되는 사람(주체)을 높이는데 쓰이는 '-으시-'와 정중한 태도로 들을이를 높이는 '-자오/ 사오/ 으오/ 자옵/ 사옵/ 으옵-' 등이 있다. 후자의 여러 형태는 음운 조건에 따른 변이형태로 같은 씨끝이다. 그리고 후자는 예스런 말씨에 나타나는 형태로 지나치게 정중한 태도를 지닐 때 현대 국어에서도 마침법에 뿐아니라 다른 활용법(이음법, 이름법, 매김법)에도 붙은 일이 있다.

> 예 받으오니, 가오니, 받자오니, 먹사오니, 하옵(이), 듣자옵기(에), 받자
> 온(일) (허웅, 1983 : 239~247 참조).

'-으시-'와 '-자오-'는 때매김씨끝과 겹쳐서 나타나기도 하는데 '-으시-'는 때매김씨끝의 앞에 오고 '-자오-'는 때매김씨끝 '-었-', '-겠-'의 뒤에 온다. 그러나 '-더-'보다는 앞서서 나타난다. 또 '-으시-'와 '-옵-'이 겹쳐나기도 하는데 '-으시-'가 '-옵-'보다 앞선다.

〈안맺음씨끝의 배열 순서〉
-으시- > -었- > -겠- > -사옵- > -더-

이음월 구성에 관여하는 이음씨끝에서 앞마디의 임자말이 말할이보다 연령·지위 등 신분이 높으면, '-으시-'는 제약을 받지 않고 결합한다. 그러나 들을이 높임의 안맺음씨끝의 결합을 제약하기도 한다. 이음씨끝이 들을이 높임의 안맺음씨끝의 결합을 제약하는 것은, 들을이 높임의 안맺음씨끝이 주로 마침법의 씨끝에만 결합하기 때문이다. 그러나 지나

치게 정중한 태도로 들을이에게 대할 때에나 예스런 말에서는 마침법에
뿐 아니라 다른 활용법(이음법, 이름법, 매김법)에도 붙은 일이 있다(허웅,
1983 : 241참조).

    (49) ㄱ. 저는 무사히 있사오니 걱정하지 마시옵소서.
        ㄴ. *저는 무사히 있사오니까 걱정하지 마시옵소서.
        ㄷ. *저는 밥을 먹사오느라고 늦었습니다.
        ㄹ. *선생님께서 말씀하시옵기(에),……
        ㅁ. *제가 떠날 것을 결정하였삽기(로),……

이유의 씨끝 가운데 들을이 높임의 안맺음씨끝의 결합을 제약하지 않
는 것은 '-으니'뿐이다. '-으니까'가 들을이 높임의 안맺음씨끝의 결합
을 제약하는 것은, 들을이 높임의 안맺음씨끝이 주로 마침법에 결합되
고, 이음씨끝에서는 예스런 말이나 문어체에만 결합하는데 '-으니까'는
입말에서만 쓰이기 때문에 제약하는 것으로 보인다. 그러나 '-으니'는
입말이나 글말뿐 아니라 옛글에서도 쓰이기 때문에 결합을 제약하지 않
는다. 또 '-느라고'는 뒷마디 풀이말에 들을이 높임의 안맺음씨끝이 오
는데 앞마디와 뒷마디의 임자말이 같기 때문으로 보인다.

1.4. 도움토씨의 결합 제약

이음씨끝의 도움토씨 결합은 상당히 제약적이어서 ①대부분의 도움토
씨와 결합이 가능한 것, ②부분적으로 가능한 것, ③전혀 불가능한 것
등이 있다(권재일, 1985 : 104~105).

김승곤(1989)은 도움토씨를 지정(-은/는), 각자(마다), 한정(만), 한도(까지), 역시(도), 최종(마저), 추정(조차), 가림(이나, 이든지), 제시(인들, 이라도), 미흡(이나마), 힘줌(이야), 유일(밖에, 뿐), 더불어(더러), 개수(씩, 서), 대로(대로), 출발(부터), 범위(에서부터~까지), 가정(이라면) 등 18개로 분류했다.[25]

이 가운데 이유씨끝과의 결합이 나타나는 것을 골라 다음과 같이 살피기로 한다.

1.4.1. '-어서'

  (50) ㄱ. 바람만 불어서는 절대로 그렇게 되지 않는다.

      ㄴ. 그녀가 억울해서만 그러는 것은 아니다.

      ㄷ. 기분이 나빠서도 못하겠다.

      ㄹ. 돈이 많아서든지 기분이 좋아서든지(간에) 돈은 그렇게 쓰는 것이 아니다.

      ㅁ. 무슨 짓을 해선들 너 하나 못 가르치겠느냐?

      ㅂ. 배가 고파서 빨리 왔겠다.

      ㅅ. 욕먹을 짓인데 좋아서야 했을라고?

---

25) <한국어 조사의 통시적 연구(김승곤 : 1978)>는 이제까지 종합문법서, 또는 개론서의 하위 범주로 부분적으로 연구하여 오던 토씨를 단일 범주로 연구한 최초의 문법서이다. 그러나 이 논문은 토씨에 대한 통시적 연구에 머물러 토씨에 대한 종합 연구서로는 미흡했다. 토씨에 대한 최초의 종합 연구서는 <우리말 토씨 연구(김승곤 : 1989)> 이다. 이 연구서는 <한국어 조사의 통시적 연구>가 통시적 관점에 머물렀던 것을 현대 국어의 토씨에 대한 통어론적, 의미론적, 형태론적 연구까지 곁들여, 토씨의 종합 연구서로 독보적인 위치에 서게 됐다. 도움토씨만을 종합적으로 연구한 것은 <한국어 특수 조사론(홍사만 : 1987)> 이다. 이 책은 이제까지 개별적으로만 연구하여 오던 도움토씨를 의미론적인 입장에서 총괄적으로 연구했다.

1.4.2. '-으니까'

(51) ㄱ. 철수가 없으니까는 한 사람도 얼굴을 안 비친다.

ㄴ. 집에 가니까도 그렇고, 회사에 가니까도 그렇고, 무슨 재미가
있어야지.

1.4.3. '-느라고'

(52) ㄱ. 이곳을 찾느라고는 그렇게 늦지 않는다.

ㄴ. 이익을 추구하느라고만 애쓴다.

ㄷ. 직장일은 물론이고, 내 공부를 하느라고도 자식놈의 성적에
신경 쓸 수 없었다.

ㄹ. 공부를 하느라고든지, 친구를 만나느라고든지(간에) 늦은 이유
가 있을 것 아니냐?

1.4.4. '-기로'

(53) 내가 비록 욕을 했기로서 네가 그럴 수가 있느냐?

<표 3> 도움토씨 결합 관계
(○ : 이유의 뜻 유지, △ : 이유 이외의 뜻으로만 결합, × : 제약됨)

도움토씨 씨끝	는	마다	만	까지	도	마저	조차	이나	이든지	인들	이라도	이야	서
-어서	○	×	○	△	○	△	△	×	○	○	○	○	×
-으니까	○	×	×	×	○	×	×	×	×	×	×	×	×

도움토씨 씨끝	는	마다	만	까지	도	마저	조차	이나	이든지	인들	이라도	이야	서
-으니	×	×	×	×	×	×	×	×	×	×	×	×	×
-느라고	O	×	O	×	O	×	×	×	O	×	×	×	×
-으므로	×	×	×	×	×	×	×	×	×	×	×	×	×
-기(에)	△	×	△	×	△	×	×	×	×	△	×	×	×
-기로	△	×	△	×	△	×	×	×	×	×	×	△	O

02
이유씨끝의 통어 제약 원리

 개관

이유 구문은 다음과 같은 통어론적 구성으로 되어 있다.

〈이유 구문의 통어론적 구성〉
[[임자말+……+풀이씨 줄기] – 이유씨끝, [어찌씨+임자말+……
　　+풀이씨 줄기+의향씨끝]]

위와 같은 통어론적 구성에서 이음씨끝에 따라 임자말을 제약하기도
하고 의향법을 제약하기도 하며 뒷마디의 어찌씨나 뒷마디 풀이씨의 줄
기를 제약하기도 한다. 이 장에서는 이유씨끝의 통사 제약 관계를 살펴
서 이유씨끝 하나하나에 대한 통어론적 특성의 차이를 살피기로 한다.
또 한 월에 두 개의 이유 구문이 겹쳐서 나타나기도 하는데 이유씨끝을
한 월에 두 개의 이유 구문이 겹쳐서 나타날 수 있는 것과 그렇지 않은
것으로 구분하고, 이유 구문끼리 결합할 때 나타나는 구성의 긴밀 관계
를 살피도록 한다.

2.1. 임자말 제약

이음월 구성에서 앞마디와 뒷마디의 임자말은 이음씨끝에 따라 반드시 같게 나타나는 경우도 있고 다르게 나타나는 경우도 있다.

> (1) ㄱ. 나는 공부를 하고자 학교에 갔다.
> ㄴ. 나는 공부를 하러 학교에 갔다.

> (2) 철수가 온다기에 집에 있었다.

(1ㄱ-ㄴ) 의 '-고자'와 '-으러'는 앞마디와 뒷마디의 임자말이 반드시 같게 나타나며 다르게 나타나면 비문이 되는데, 이와 같이 앞마디와 뒷마디의 임자말이 반드시 같게 나타나는 것을 '동일 임자말 제약'이라 하기로 한다. 또 (2)의 '-기에'는 앞마디와 뒷마디의 임자말이 반드시 다르게 나타나는데, 이와 같이 앞마디와 뒷마디의 임자말이 달라야만 하는 제약을 '비동일 임자말 제약'이라 하기로 한다.

또 이음씨끝에 따라서는 뒷마디에 특정 인칭의 임자말만을 필요로 하기도 하고 특정 인칭의 임자말을 제약하기도 한다.

> (3) ㄱ. 철수가 온다기에 (나는) 그를 기다리고 있는 중이다.
> ㄴ. *철수가 온다기에 너는 그를 기다리고 있는 중이다.

(3ㄴ)의 '-기에'는 뒷마디에 2인칭의 임자말을 제약하는데 이와 같이 뒷마디에 특정 인칭의 임자말을 제약하는 것을 '뒷마디 임자말 제약'이라 하기로 한다.[1] 이유 구문의 임자말 제약에 관해서는 이제까지 일부 씨끝을 대상으로 부분적인 연구가 있었다.[2] 그러나 이들은 임자말에 관

련된 통어적 조건을 고려하지 않았기에 체계화에 어려움이 있었다.

통어론을 연구할 때 우선 고려하여야 할 것은 임자말의 특성이나 풀이말의 뜻 바탕 갈래 등 통어적 조건에 대한 검토가 필요하다고 생각한다. 통어적 조건이 다른 것을 한데 뭉뚱그려서 분류할 경우 객관적인 결과가 나올 수 없었기 때문이다. 따라서 임자말의 제약 관계를 살피는 데도 먼저 임자말에 관련된 통어적 조건의 제시가 선행되어야 한다.

임자말에 대한 통어적 조건은 ①임자말에 결합된 토씨와 관련된 형태적 특성과 ②임자말이 의미와 관련된 의미적 특성 등 두 가지 관점으로 나누어서 살펴야 한다고 생각한다.

① 임자말에 결합된 토씨와 관련된 형태적 특성

임자말은 자리토씨나 도움토씨의 결합에 의해 이루어진다.

임자말 ┌ 임자자리토씨에 의한 것 : -이/가
　　　 └ 도움토씨에 의한 것 : -는, -도, -만, -마다, -부터, -까지, -조
　　　　　　　　　　　　　　　 차, -마저, -이야(말로), -이라도, -이나,
　　　　　　　　　　　　　　　 -이나마, -서껀

같은 이음씨끝에 의한 이음월 구성에서도 임자말에 결합된 토씨가 자리토씨나 도움토씨나에 따라 임자말 제약이 달라지는 경우가 있다.

---

1) 앞마디에 특정 인칭의 임자말을 제약하는 것을 '앞마디 임자말 제약'이라 할 수 있으나 국어의 이음씨끝 가운데 그런 씨끝은 없는 듯하다.
2) 이유 구문의 임자말 제약에 관한 연구는 주로 '-어서', '-으니까', '-느라고'를 대상으로 연구된 바 있다. 윤평현(1989), 이숙(1985), 백봉자(1980), 이상복(1978), 남기심(1978, 1983).

(4) ㄱ. *철수가 가서 (철수가) 울었다.[3]
    ㄴ. 철수만 가서 (철수가) 울었다.
    ㄷ. *철수는 가서 (철수가) 울었다.
    ㄹ. 철수도 가서 (철수가) 울었다.

(4ㄱ-ㄹ) 의 '-어서'는 [이유]의 뜻인데 (4ㄱ,ㄷ) 과 같이 앞마디 임자말의 토씨가 임자자리토씨이거나 도움토씨 '-는'이면 앞·뒷마디의 임자말은 반드시 달라야 한다. 그러나 (4ㄴ,ㄹ)과 같이 앞마디 임자말에 도움토씨 '-만', '-도' 등이 결합하면 이 제약은 사라진다.

위와 같이 앞마디와 뒷마디의 임자말 제약은 이음씨끝 이외에 앞마디 임자말의 토씨와도 관련된다. 따라서 임자말 제약 관계는 임자자리토씨와 도움토씨로 나누어서 살핀다.

② 임자말의 의미와 관련된 의미적 특성

임자말 제약을 임자말의 의미적 특성별로 살피려는 견해는 권재일(1985)에서 제시된 바 있다. 권재일은 임자말을 의미적 특성에 따라 다음과 같은 유형으로 나누었다.

㈎ [-유정물] 주어
㈏ [+유정물] 주어

임자말 제약은 임자말이 [+유정물]이냐 [-유정물]이냐에 따라 달라지는 경우가 있다.

---

3) (1ㄱ)와 (1ㄷ)은 실제적으로 비문은 아니나 [이유]의 뜻이 아니므로 비문으로 보았다.

(5) ㄱ. 철수는 공부를 하느라고 중대 뉴스를 보지 못했다.
ㄴ. 비가 오느라고 날씨가 무더웠구나.[4]

(5ㄱ)은 임자말이 [+유정물]인데 동일임자말 제약을 받고 (5ㄴ)은 임자말이 [-유정물]인데 비동일 임자말 제약을 받는다('-느라고' 참조). 이와 같이 같은 씨끝도 임자말의 의미 특성에 따라 임자말 제약 관계가 달라진다. 그러므로 임자말의 의미 특성을 고려해서 살피도록 한다.

2.1.1. '-어서'

'-어서'가 이유 구문에 관여하는 경우 앞마디이든 뒷마디이든 그 풀이말이 그림씨이면 임자말을 제약하지 않는다.

(6) ㄱ. 얼굴이 예뻐서 언니는 좋겠네.
ㄴ. 말을 잘 들어서 귀엽다.
ㄷ. 영신은 사글세 집에 들어 있는 만큼이나 불안스러워서 하루 바
삐 집을 짓고 나가려고……

(7) ㄱ. 철수가 불쌍해서 내가 울었다.
ㄴ. 철수가 떠나서 내가 슬프다.
ㄷ. 철수가 불쌍해서 나는 슬프다.

(6)과 (7)은 풀이말 가운데 하나가 그림씨인 경우인데 (6)은 앞마디와 뒷마디의 임자말이 동일한 예이고 (7)은 임자말에 관한 어떤 제약도 나

---

4) 백봉자(1980 : 80)에서 인용.

타나지 않은 예이다.

그러나 앞마디와 뒷마디의 풀이말이 모두 움직씨이면 앞마디와 뒷마디의 임자말이 반드시 달라야 하는 제약(비동일 임자말 제약)이 있다.

    (8) ㄱ. 철수가 가서 내가 울었다.
       ㄴ. *철수가 가서 (철수가) 울었다.

비동일 임자말 제약은 앞마디 임자말에 결합된 토씨가 자리토씨인 경우에 나타나고, 앞마디의 임자말에 도움토씨가 오면 이러한 제약은 사라진다.

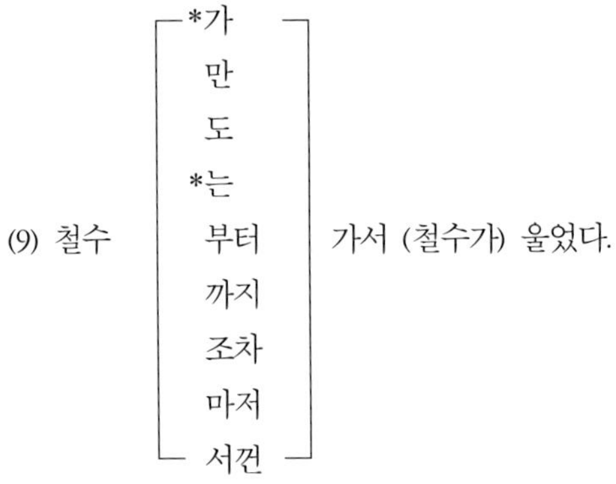

   (9) 철수 [...] 가서 (철수가) 울었다.

앞·뒷마디의 풀이말이 움직씨인 (9)에서 임자말의 토씨가 '-가'이거나 '-는'이면 임자말이 반드시 달라야 하는 제약을 받으나 '-는' 이외의 도움토씨이면 이러한 제약이 사라진다.

도움토씨가 임자토씨로 기능하는 경우 뒷마디의 임자말은 (9)와 같이 유지되기도 하나 (10)과 같이 변형되는 것이 보편적이다.

$$
\text{(10) 철수는 자기}
\begin{bmatrix}
*가 \\
만 \\
도 \\
*는 \\
부터 \\
까지 \\
조차 \\
마저 \\
서껀
\end{bmatrix}
\text{가서 울었다.}
$$

이상과 같이 '-어서'는 이유 구문에서 임자말의 토씨의 특성에 따라 임자말의 제약이 나타나는데 정리하면 다음과 같다.

① 앞마디 임자말의 토씨가 자리토씨이거나 도움토씨 '-는'이면 임자말이 반드시 달라야 하는 제약(비동일 임자말 제약)을 받는다.
② 그러나 앞마디 임자말의 토씨가 '-는' 이외의 도움토씨이면 임자말을 제약하지 않는다.

2.1.2. '-으니까'

'-으니까'는 풀이말의 특성에 따라 임자말이 달라진다.

앞마디와 뒷마디의 풀이말 가운데 그림씨가 들어 있는 경우 : 앞마디의 임자말의 토씨가 자리토씨이면 비동일 임자말 제약을 받고, 도움토씨이면 제약이 사라진다.

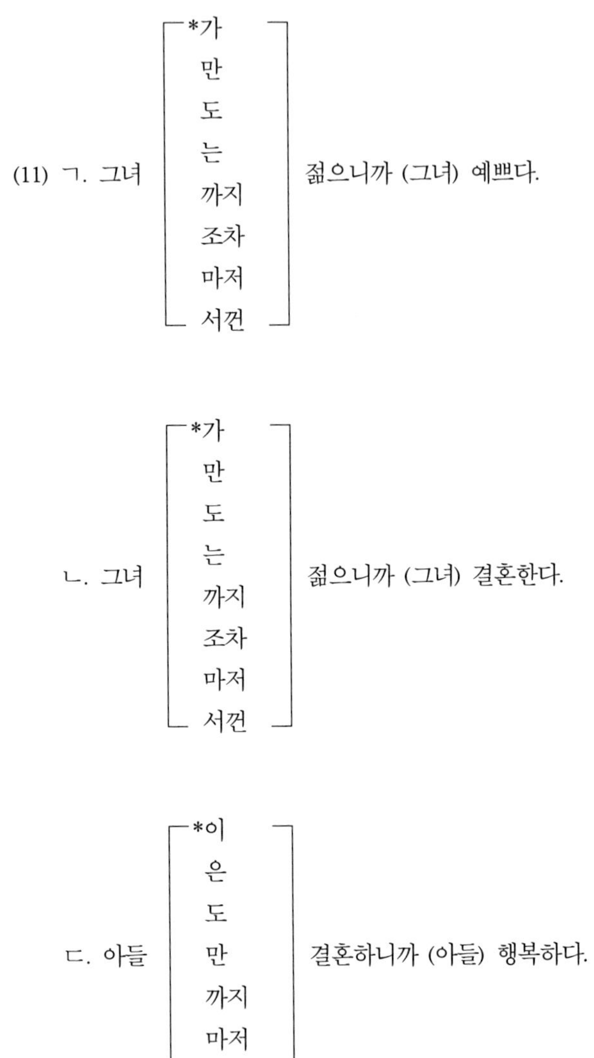

이 경우 뒷마디 임자말은 생략되는 것이 보편적이다. 만약 뒷마디에
임자말을 유지시키려면 뒷마디 임자말의 토씨는 반드시 앞마디의 토씨

와 동일한 도움토씨여야 한다.

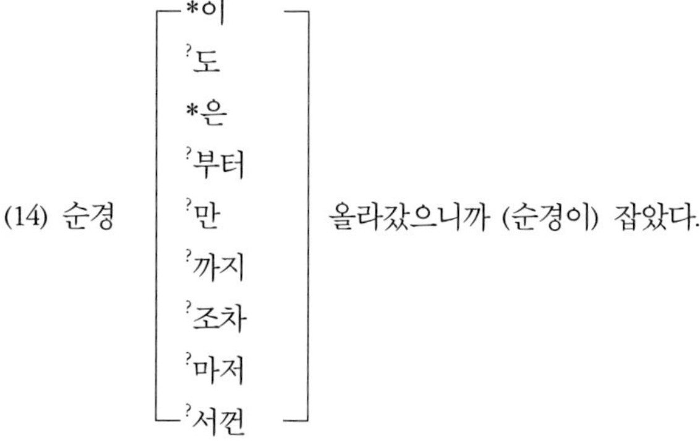

(12) *그녀 ⌈는 / 도 / 만 / 마저⌋ 결혼하니까 (그녀가) 행복하다.

(13) ㄱ. 그녀는 결혼하니까 (그녀는) 행복하다.

ㄴ. 그녀만 결혼하니까 (그녀만) 행복하다.

ㄷ. 그녀도 결혼하니까 (그녀도) 행복하다.

ㄹ. 그녀마저 결혼하니까 (그녀마저) 행복하다.

(12)는 뒷마디 임자말의 토씨가 자리토씨인데 비문이고 (13ㄱ-ㄹ)은 뒷마디 임자말의 토씨가 도움토씨로 앞마디 임자말의 토씨와 일치하는 데 문법적이다.

앞마디와 뒷마디의 풀이말이 모두 움직씨인 경우 : 말할이의 심리적 태도에 불쾌감이 있느냐 없느냐에 따라 달라진다.

(14) 순경 ⌈*이 / ?도 / *은 / ?부터 / ?만 / ?까지 / ?조차 / ?마저 / ?서껀⌋ 올라갔으니까 (순경이) 잡았다.

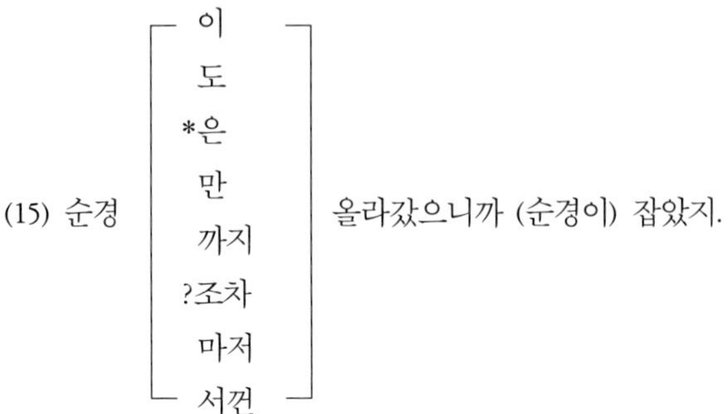

(15) 순경   올라갔으니까 (순경이) 잡았지.

(14)는 말하는 이의 태도에 기분 나쁜 태도가 없으나, (15)는 기분 나쁜 태도가 역력하다. 그런데 불쾌한 감정을 나타내는 (15)에서는 동일 임자말이 자연스럽게 쓰이나 불쾌한 감정이 나타나지 않는 (14)에서는 비동일 일자말 제약을 받는다. 이 경우 뒷마디의 임자말은 유지된다.

이와 같이 '-으니까'가 이유 구문에 관여하는 경우, 풀이말의 의미 특성에 따라 임자말의 제약이 달라지는데 그 내용을 정리하면 다음과 같다.

① 풀이말이 그림씨이면 : 앞마디 임자말이 자리토씨인 경우만 비동일 임자말 제약을 받는다.
② 풀이말이 모두 움직씨이면 : 말할이의 태도에 불쾌한 감정이 나타나지 않으면 모두 비동일 임자말 제약을 받는다.

2.1.3. '-느라고'

'-느라고'는 앞마디 임자말의 의미 특성이 [+유정물]이나 [-유정물]이냐에 따라 임자말의 제약이 달라진다. 앞마디의 임자말이 [+유정물] 임자말이면 동일 임자말 제약을 받는다. (16ㄱ-ㄷ)의 '-느라고'는 일반적으로 [+유정물] 임자말에서 자연스럽게 나타나고, [-유정물] 임자말에서는 잘 나타나지 않는데 이는 '-느라고'에 녹아 붙은 화석형태소 '-오-'가 인칭법(허웅, 1875 : 744)으로 쓰였었기 때문이다.

(16) ㄱ. 난 학교나 졸업한 후 여태 날 키워주시느라고 고생하신 어머니께 조금이라도 낙을 보여드리고……
ㄴ. 나는 달포 전에 남경 교회에서 진기수씨에게 혈서를 바치느라고 내 입으로 살을 물어 뗀 나의 식지를 쳐들었다.
ㄷ. 고인과의 대화, 가보고 또 가 보아 고인의 유유자적을 눈에 담고 마음에 심느라 즐거운 다리품으로 한 달을 보낸 셈이다.

그러나 현대 국어에서는 앞마디 임자말이 [-유정물]인 경우는 생산적이지는 않지만 사용되는 경우가 있는데, 앞마디 임자말이 [-유정물]로 날씨 및 자연 현상과 관련된 것이면 비동일 임자말 제약을 받는다.(17ㄱ-ㄴ)

(17) ㄱ. 비가 오느라고 밖이 소란하다.
ㄴ. 해가 뜨느라고 하늘이 벌겋게 물들었다.

또 앞마디의 임자말이 [-유정물]이라도 일기 변화가 아닌 신체나 자연 현상의 변화를 나타내는 움직씨가 오면 임자말에 대한 제약은 사라진다.

(18) ㄱ. 꽃이 피느라고 산이 붉게 물든다.
ㄴ. 꽃이 피느라고 꽃망울을 터뜨린다.

(19) ㄱ. 몸이 늙느라고 다리가 쑤신다.
ㄴ. 몸이 늙느라고 몸이 자주 아프다.

이상과 같이, '-느라고'가 이유 구문에 관여하는 경우 앞마디 임자말의 의미 특성에 따라 임자말 제약이 달라지는 경향이 있는데, 정리하면 다음과 같다.

① 앞마디 임자말이 [+유정물]이면 동일 임자말 제약을 받는다.
② 앞마디 임자말이 [-유정물]로 일기변화와 관계되면 비동일 임자말 제약을 받는다.
③ 앞마디 임자말이 [-유정물]로 일기변화와 관계없으면 임자말 제약은 없다.

2.1.4. '-기에'

'-기에'의 쓰임은 현대 국어에서 상당히 제약을 받고 있는데 이것은 '-기 때문에'의 쓰임이 보편화되면서 상대적으로 쓰임의 제약을 받은 것으로 생각된다.[5] 그리고 '-기에'의 변이형태로 '-길래'가 있는데 오늘날도 입말에서 가끔 쓰인다(김승곤 : 1985, 52).

'-기에'는 말할이가 자신이 한 행위에 대한 동기(이유)를 해명하는데 쓰는 씨끝인데 뒷마디의 의향 씨끝과 임자말의 의미 특성에 따라 임자말 제약이 달라진다.

뒷마디 임자말이 [+유정물]인 월에서 '-기에'가 [이유]의 뜻으로 쓰이며 뒷마디의 의향법이 서술법이면, 뒷마디의 임자말은 말할이(1인칭)여야 하며 비동일 임자말 제약을 받는다.

---

5) 김승곤(1986 : 51), 권재일(1985 : 102)은 '-기에'를 '-기 때문에'에서 '때문'이 생략된 형태로 보고 있다.

(20) ㄱ. 그때 마침 청운이 중국어를 가르쳐 주려고 왔기에 "저 금불각
이란 게 뭐지?" 하고 아무 것도 아닌 것처럼 물어 보았다.
ㄴ. 철수가 우쭐대기에 콧대를 꺾어 주었다.
ㄷ. 예비지식은 가져야 할 것 같기에 나는 애써 옛 기억들을 긁어
모은 것입니다.
ㄹ. 준비가 되어있지 않았기에 말이 더 잘 풀려나간 것일 겁니다.
ㅁ. 이 사람은 대학 4개년 과정을 수료하고 소정의 학점을 이수했
기에 이 졸업장을 수여함.

'-기에'는 말할이가 자신의 행위에 대한 동기를 밝히거나 해명할 때 쓰는 말로 뒷마디의 임자말은 1인칭으로만 나타나며, 행위의 동기를 자기 이외의 곳에서 찾기 때문에 앞마디의 임자말은 1인칭이 올 수 없다. 따라서 '-기에'는 비동일 임자말 제약을 받는다.

그러나 의향법상 물음법이 올 경우 동일 임자말 제약을 받는다. 또 임자말에 1인칭이 올 수 없다.

(21) ㄱ. 너는 뭘 하기에 지금까지 안 오니?
ㄴ. 너는 뭘 했기에 늦었니?

(21ㄱ-ㄴ)은 물음법인데 앞마디와 뒷마디의 임자말이 같다.

이는 들을이의 행위를 책망하는 뜻이 강한데 주로 과정을 물은 것으로 '-느라고'로 바꾸어도 자연스럽다.

인용문의 경우 뒷마디의 임자말은 모두 3인칭이어야 하는데, 앞·뒷마디의 임자말은 같을 수도 다를 수도 있다.

(22) ㄱ. 남편은 도저히 손해를 보아서는 안 될 처지였기에 친구의 집
에 기숙하면서 시장 옆에 자리를 구해서 사과 소매를 시작했

단다.
ㄴ. 내가 태어난 집안에는 자녀가 드물었기에 나의 조부모님께서
　는 나를 백날동안 해님이나 달님에도 보이지 않으셨단다.

뒷마디 임자말이 [-유정물]인 경우 : 뒷마디 임자말이 [-유정물]이면
임자말 제약은 없다.

(23) ㄱ. 산 너머 남촌에는 누가 살기에 해마다 봄바람이 남으로 오
　　네……
ㄴ. 자연도, 사회도 아무렇게나 움직이며 변화하는 것이 아니기에
　　그의 비법이 무시되면 새로운 창조도 기대할 수 없다.

(20)～(23)을 통해 앞마디에 1인칭의 임자말이 오지 않는 것을 보았다.
이로 보아 자신의 행위의 동기([+유정물] 임자말일 때)나 판단의 기준([-
유정물] 임자말일 때)을 행위자나 판단자의 외부에서 구함을 볼 수 있다.
　이상과 같이 ‘-기에’는 뒷마디 임자말의 의미 특성에 따라 임자말 제
약이 달라지는데 정리하면 다음과 같다.

① 뒷마디 임자말이 [+유정물]인 경우
　ⓐ 서술법 : 뒷마디의 임자말은 대체로 1인칭이며, 비동일 임자말 제
　　　　약을 받는다.
　ⓑ 물음법 : 동일 임자말 제약을 받으며, 1인칭의 임자말이 제약된
　　　　다.
　ⓒ 인용법 : 뒷마디 임자말은 반드시 3인칭이어야 한다.
② 뒷마디 임자말이 [-유정물]이면 임자말 제약이 없다.

2.1.5. '-기로'

'-기로'는 '-기로서니'가 준 형태로 보이는데 임자말에 관한 제약은 없다.

> (24) ㄱ. 내가 비록 그런 말을 했기로(서니) 나한테 그렇게까지 할 수 있느냐?
> ㄴ. 철수가 아무리 가난하기로(서니) 그런 것도 못할 줄 아느냐?
> ㄷ. 이 사람은 품행이 방정하고 학업성적이 우수하기로 이 상장을 줌.
> ㄹ. 네가 그렇게 했기로 누가 널 욕하겠느냐?

'-기로'의 쓰이는 범위는 극히 제한적인데 이는 '-기로'가 '-으므로', '-다고'와 같이 나타나기 때문으로 보인다. 즉 뒷마디가 긍정의 내용이면 '-으므로'로 바뀌어 쓰이는 것이 일반적이고, 뒷마디의 내용이 부정적이면 '-다고'로 바뀌어 쓰인다.

> (25) ㄱ. 내가 비록 그런 말을 했다고 나한테 그렇게까지 할 수 있느냐?
> ㄴ. 철수가 아무리 가난하다고 그런 것도 못할 줄 아느냐?
> ㄷ. 이 사람은 품행이 방정하고 학업성적이 우수하므로 이 상장을 줌.
> ㄹ. 네가 그렇게 했다고 누가 널 욕하겠니?

(25ㄱ,ㄴ,ㄹ)은 (24ㄱ,ㄴ,ㄹ)의 '-기로'를 '-다고'로 바꾼 것인데 의미의 손상이 없이 자연스럽다. 또 (25ㄷ)도 (24ㄷ)의 '-기로'를 '-으므로'로 바꾼 것이데 본래 의미에 변화를 보이지 않고, 자연스럽게 나타난다. 이로 보아 현대 국어에서는 '-기로'보다 '-으므로', '-다고'가 더 생산적임을 알 수 있다.

이상의 논의를 요약하면, 이유씨끝의 임자말 제약은 ①임자말에 결합된 토씨의 특성에 따르는 것과 ②임자말의 의미 특성에 따르는 것으로 나눌 수 있고, 임자말의 의미 특성에 따르는 것은 앞마디 임자말에 따르는 것과 뒷마디 임자말에 따르는 것이 있음을 확인했다. 정리하면 다음과 같다.

① 임자말에 관한 제약이 없는 씨끝 : '-기로'
② 임자말의 의미가 [+유정물]이냐 [-유정물]이냐에 따라 제약이 나타나는 씨끝 :
　ⓐ 앞마디 임자말의 의미에 따라 제약이 나타나는 씨끝 : '-느라고'
　ⓑ 뒷마디 임자말의 의미에 따라 제약이 나타나는 씨끝 : '-기에'
③ 임자말의 토씨에 따라 제약이 나타나는 씨끝 : '-어서', '-으니까'

2.2. 의향법 제약

의향법은 들을이에 대한 말할이의 의향을 나타내는 문법 범주로 의향씨끝에 의해 이루어진다. 이음씨끝이 의향씨끝을 제약하는 경우가 있는데 이를 '의향법 제약'이라 한다. 의향법 제약을 살핌으로 이음씨끝의 통어론적 특성을 밝힘은 물론, 이음씨끝의 의미를 객관화할 수 있고, 화용론적 특성을 밝히는 데도 공헌할 수 있다고 본다.

(Ⅰ) 의향법 체계

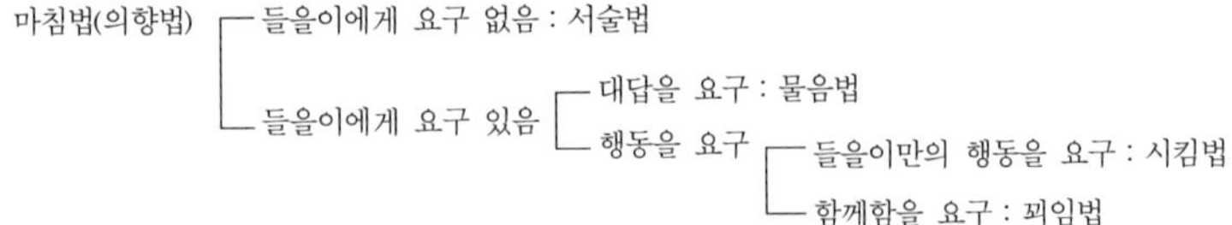

허웅(1983 : 225)에서는 말할이의 들을이에 대한 요구가 있느냐에 따라 앞의 (Ⅰ)과 같이 의향법을 체계화했다.

허웅(1983 : 226~230)은 (Ⅰ)의 의향법 체계에 따라 씨끝을 다음과 같이 제시하였다.

> (Ⅱ) 씨끝 목록
> 서술법 : '-다/라', '-ㄴ다/는다', '-네', '-으이', '-아/어', '-(는)구나',
>   '-으마', '-음세', '-로구나', '-도다/로다', '-(이)르세', '-지',
>   '-으오', '-소'.
> 물음법 : '-어/아', '-지', '-느냐', '-으냐', '(는, 을, 던)가', '-(는, 을,
>   던)고', '-으오', '-소'.
> 시킴법 : '-어라/아라(-거라, -너라, -여라)', '-어/아', '-게', '-으려무
>   나', '-으렴', '-으오', '-소', '-구료', '-소서'.
> 꾀임법 : '-자', '-세', '-아'.

이유씨끝의 의향법 제약에 대한 연구는 상당히 진척되었다.[6] 그러므로 단순히 의향법 제약을 살피는 것보다는 의향법 체계와 관련해서 이유씨끝의 행동수행 특성에 대해서 살피기로 한다. 의향씨끝 가운데 행동수행을 요구하는 것은 시킴법, 꾀임법, 그리고 서술법 가운데 약속의 씨끝이 있다. 이 연구는 이유의 씨끝이 행동 수행을 요구하는 힘이 있느냐 없느냐 하는 점에 연구의 초점을 맞추어 살피도록 한다.

2.2.1. '-어서'

'-어서'가 이음월 구성에서 [이유]의 뜻으로 쓰이면 뒷마디에 시킴이

---

6) 윤평현(1989), 백봉자(1980), 이상복(1981), 이영숙(1989)

나 꾀임을 나타내는 의향씨끝을 제약한다. 또 서술법의 약속의 씨끝도
어색하게 느껴진다.

    (26) ㄱ. 바람이 불어서 갑니다.
        ㄴ. 바람이 불어서 가는군.
        ㄷ. [?]바람이 불어서 가마.
        ㄹ. 바람이 불어서 갑니까?
        ㅁ. *바람이 불어서 가라.
        ㅂ. *바람이 불어서 가세.

'–어서'는 시킴법, 꾀임법, 그리고 서술법의 약속의 씨끝을 제약한다.
이것은 '–어서'에 행동 수행을 요구하는 힘이 없기 때문이 아닐까 한다.
따라서 '–어서'는 뒷마디에 필연을 요구하는 구속력이 약하며 오직 [진
술]의 이유로만 쓰인다.

    '–어서'는 앞마디 풀이말이 '이다'이고 뒷마디 풀이말이 [진술]이 아
닌 [확정]이나 [단언]의 뜻이면 '–라서'로 변동되는데(27ㄱ-ㄴ), 이것도
'–어서'가 [진술의 이유]로만 쓰이기 때문으로 보인다.

    (27) ㄱ. 노란 꽃이 [? –어서 / –라서 / –라] 예쁘다.

        ㄴ. 조생종이 [* –어서 / –라서 / –라] 일찍 핀다.

    그러나 뒷마디가 [확정]이나 [단언]의 뜻이 아닌 [추정(의견 진술)]의
뜻이면 '–어서'는 변동되지 않는다.

(28) ㄱ. 노란 꽃이 $\begin{bmatrix} -어서 \\ -라서 \end{bmatrix}$ 예쁜가 보다.

　　ㄴ. 조생종이 $\begin{bmatrix} -어서 \\ -라서 \end{bmatrix}$ 일찍 피나보다.

(28ㄱ-ㄴ)은 뒷마디에 추측을 나타내는 도움그림씨 '보다'를 결합시킨 것인데 '-라서'와 '-어서'가 모두 자연스럽게 사용된다. 이는 '이다'는 뒷마디에 [확정]이나 [단언]의 뜻이 오면, 그 월은 그대로 [확정]이나 [단언]으로 굳어지는 속성을 지니기 때문에 행동 수행의 힘이 없이 단지 [진술]의 뜻으로만 쓰이는 '-어서'를 제약하기 때문이다.

2.2.2. '-으니까'

'-으니까'는 의향씨끝을 제약하지 않는다. 이는 '-으니까'가 진술, 단언의 [이유]로 쓰일 뿐 아니라, 행동 수행의 힘을 가지고 있어서, 행위 요구, 주장, 제안, 약속의 [이유]로도 쓰이기 때문이다.

(29) ㄱ. 바람이 부니까 $\begin{bmatrix} 갑니다. \\ 간다. \end{bmatrix}$

　　ㄴ. 바람이 부니까 가는구나.

　　ㄷ. 바람이 부니까 가마.

　　ㄹ. 바람이 부니까 $\begin{bmatrix} 갈까요? \\ 갈래? \end{bmatrix}$

　　ㅁ. 바람이 부니까 가라.

　　ㅂ. 바람이 부니까 가세.

(29ㄱ)에서 '갑니다'의 주체는 말할이와 제3자이고, '간다'의 주체는 제3자로, '-으니까'는 자신의 행위 뿐 아니라 제3자의 행위에 대한 진술이 된다. 그러나 (29ㄱ)은 '-어서'로 바꾸면, 주체는 1인칭이 되는 것이 보편적이다.

(30) 바람이 불어서 ┌ 갑니다.
                  └ 간다.

(30)에서 풀이말이 '간다'이든, '갑니다'이든, 모두 임자말은 1인칭이다. 또 (29ㄹ)에서 '갈까요?'의 주체는 말할이 자신이고, '갈래?'의 주체는 들을이로, 말할이와 들을이의 행위에 대한 물음이 된다.

2.2.3. '-느라고'

'-느라고'도 시킴법, 꾀임법과 서술법의 약속의 씨끝을 제약한다.

(31) ㄱ. 공부하느라고 늦게까지 고생한다.
     ㄴ. 공부하느라고 고생하는군.
     ㄷ. *공부하느라고 고생하마.
     ㄹ. 공부하느라고 고생합니까?
     ㅁ. *공부하느라고 고생을 해라.
     ㅂ. *공부하느라고 고생을 하세.

'-느라고'도 '-어서'와 마찬가지로 [진술의 이유]로만 쓰이며, 뒷마디에 대한 행동 수행의 힘을 갖지 못한다.

2.2.4. '-으므로'

'-으므로'는 입말에서는 그 쓰임이 잘 나타나지 아니하고, 설명이나 논증의 월에서 논증이나 설명의 근거를 제시할 때에만 쓰임이 보인다. 즉 담화가 중요한 역할을 하는 시나리오, 희곡, 소설 등에서는 그 용례가 거의 보이지 않으며, 설명문, 사설, 안내문, 학술논문, 소론 등 글말에서는 그 용례가 많이 보인다.[7]

(32) ㄱ. [?]그가 나를 때리려 하므로 나는 달아났다.
     ㄴ. [?]나는 아프므로 결석했다.
     ㄷ. [?]배가 아프므로 집에 있었다.
     ㄹ. [?]해가 지므로 집에 있었다.
     ㅁ. [?]그가 공부하므로 나도 공부하였다.
     ㅂ. [?]나는 이번 고시에 합격해야 하므로 열심히 공부한다.

(33) ㄱ. [?]비가 오므로 집에 있자.
     ㄴ. [?]돈이 많으므로 별짓을 다 한다.
     ㄷ. [?]날이 어두워지므로 새들이 날아든다.

(32ㄱ-ㅂ)과 (33ㄱ-ㄷ)의 '-으므로'는 비문으로 보지는 않으나 사용이 어색하다. 이는 '-으므로'가 논설문이나 설명문 등에서 논거나 서술의 근거(이유)를 밝히는 데에만 쓰이는 것이 보편적인데, (32), (33)에서는 입말에서 행동의 이유로 썼기 때문이다. 담화상 행동의 이유를 설명하는 (32), (33)의 경우 (32ㄱ-ㅂ)의 '-으므로'는 (35ㄱ-ㄷ)의 '-으니까'로 대치시키는 것이 자연스럽다. 그런데 이 경우도 '-어서'로 대치될 수 있는

---

7) 김승곤(1978 : 10~13)은 통계를 근거로 '-으므로'는 글말에서만 사용되고 있다고 밝히고 있다.

(32ㄱ-ㅂ)의 뒷마디 임자말은 모두 1인칭인데, '-으니까'로 대치되는 (33
ㄱ-ㄷ)의 뒷마디 임자말은 모두 제3자이다.

 (34) ㄱ. 그가 나를 때리려 해서 나는 달아났다.
   ㄴ. 나는 아파서 결석했다.
   ㄷ. 배가 아파서 집에 있었다.
   ㄹ. 해가 져서 집에 있었다.
   ㅁ. 그가 공부해서 나도 공부하였다.
   ㅂ. 나는 이번 고시에 합격해야 해서 열심히 공부한다.

 (35) ㄱ. 비가 오니까 집에 있자.
   ㄴ. 돈이 많으니까 별짓을 다 한다.
   ㄷ. 날이 어두워지니까 새들이 날아든다.

 논설문이나 설명문은 자신의 의견을 진술하거나 논거를 들어 주장,
단언을 나타낸다. 따라서 논설문, 설명문 등으로 쓰임이 제한되는 '-으
므로'는 의향법의 제약이 심해, 서술법의 평서의 씨끝과 감탄의 씨끝 이
외의 의향씨끝이 제약된다.

 (36) ㄱ. 사물에 대한 개념의 정리에서는 그저 천재적인 두뇌를 가지고
     있었으므로 나는 그저 감탄을 거듭했다.
   ㄴ. *사물에 대한 개념의 정리에는 그저 천재적인 두뇌를 가지고
     있었으므로 나는 그저 감탄하마.
   ㄷ. 사물에 대한 개념의 정리에는 그저 천재적인 두뇌를 가지고
     있었으므로 나는 그저 감탄했구나.
   ㄹ. *사물에 대한 개념의 정리에는 그저 천재적인 두뇌를 가지고
     있었으므로 나는 그저 감탄하십시오.
   ㅁ. *사물에 대한 개념의 정리에는 그저 천재적인 두뇌를 가지고

있었으므로 나는 그저 감탄하십시오.
ㅂ. *사물에 대한 개념의 정리에는 그저 천재적인 두뇌를 가지고
있었으므로 나는 그저 감탄하세.

(37) ㄱ. △ABC와 △DEF는 합동이므로 △ABC와 △GHI는 합동이다.
ㄴ. △ABC와 △DEF는 합동이므로 △ABC와 △GHI는 합동이구나.
ㄷ. *△ABC와 △DEF는 합동이므로 △ABC와 △GHI는 합동이마.
ㄹ. *△ABC와 △DEF는 합동이므로 △ABC와 △GHI는 합동입니까?
ㅁ. *△ABC와 △DEF는 합동이므로 △ABC와 △GHI는 합동이십
시다.
ㅂ. *△ABC와 △DEF는 합동이므로 △ABC와 △GHI는 합동이세.

2.2.5. '-기에'

'-기로'가 물음의 이유로 쓰이는 데에 반해, '-기에'는 말할이 자신의
행위에 대한 진술의 이유로 쓰인다. 따라서 '-기에'는 서술법 가운데 평
서의 씨끝 이외의 의향씨끝이 제약된다.

(38) ㄱ. 철수가 가기에 따라갔습니다.
ㄴ. *철수가 가기에 따라가는군.
ㄷ. *철수가 가기에 따라가마.
ㄹ. ?철수가 가기에 따라가는가?
ㅁ. *철수가 가기에 따라가라.
ㅂ. *철수가 가기에 따라가세.

(38ㄱ) 평서의 씨끝은 자연스러운데 반해, (38ㄹ)의 물음의 씨끝은 비
문은 아니나 어색하게 느껴진다. 이는 '-기로'가 물음의 씨끝은 자연스

럽고 평서의 씨끝은 어색하게 나타나는 것과 반대 현상이다. 즉 '-기에' 가 이유 구문에 관여하면 뒷마디의 임자말은 1인칭이어야 하는데, 이를 보면 '-기에'는 자신의 행위에 대한 동기를 진술하는 것으로 보인다. 또 뒷마디에 느낌('-는군')이나 꾀임법, 시킴법이 올 수 없는데, 이것도 느낌 이나 꾀임, 시킴의 씨끝이 말할이의 행동이 아닌 들을이나 제3자의 행동 을 진술하기 때문에, 자신의 행위에 대한 동기를 진술하는 '-기에'와 어 긋나기 때문으로 보인다. 그러나 '느낌' 씨끝 가운데 자신의 느낌을 말 하는 '-도다'가 오면 문법적인 문이 된다(39).

(39) 철수가 가기에 따라 갔도다.

2.2.6. '-기로'

'-기로'는 물음의 이유로만 쓰인다. 따라서 물음법의 씨끝 이외의 모 든 의향법을 제약한다. 서술법의 평서의 씨끝을 제약하는 것은 '-기로' 뿐이다.

(40) ㄱ. *내가 비록 욕을 했기로 네가 그럴 수가 있다.
ㄴ. *내가 비록 욕을 했기로 네가 그럴 수가 있구나.
ㄷ. *네가 욕을 했기로 내가 그렇게 하마.
ㄹ. 내가 욕을 했기로 네가 그렇게 할 수가 있나?
ㅁ. *내가 그렇게 했기로 너도 그렇게 해라.
ㅂ. *철수가 그렇게 했기로 우리도 그렇게 합시다.

'-기로'가 이유의 이음월 구성에 관여할 때 앞마디에는 비록, 아무리 등의 어찌말이 결합되는 것이 보편적인데, 반문의 의미를 강조하기 위한 것으로 보인다. 또 이때의 어찌말의 위치는 임자말의 앞이나 뒤에 자유로 이동할 수 있다.

(41) ㄱ. 서울이 아무리 좋기로 고향만이야 하겠나?
　　　ㄴ. 비가 아무리 오기로 여기까지야 물이 차겠나?
　　　ㄷ. 제아무리 날씨가 춥기로 북간도만이야 하겠나?

이상에서, 이유씨끝의 의향법 제약을 행동 수행 요구에 초점을 맞춰서 살펴보았다. 그 결과 '-어서'와 '-느라고'는 시킴법, 꾀임법과 서술법 가운데 약속의 씨끝을 제약하고, '-으니까'는 의향법을 제약하지 않는 것을 확인했다. '-어서'와 '-느라고'가 시킴법, 꾀임법과 서술법 가운데 약속의 씨끝을 제약하는 것은, '-어서'와 '-느라고'가 행동 수행을 요구하는 힘이 없기 때문으로 보이며, '-으니까'는 행동수행의 힘이 있기 때문에 의향법을 제약하지 않는 것으로 보인다. 그리고 설명문, 논설문 등의 글말에서만 쓰이는 예를 찾을 수 있는 '-으므로'는 주로 의견을 진술하거나, 주장하거나, 결과에 대해 단언을 내리는 데 쓰이므로, 서술법의 평서, 감탄의 씨끝에만 호응된다. 또 자기 행동에 대한 동기를 설명하거나 해명하는 데 쓰는 '-기에'는 서술법 가운데 평서의 씨끝에만 나타나고, 상대나 제3자의 행위를 질책하는 '-기로'는 물음의 씨끝에만 호응한다.

<표 4> 이유씨끝의 의향법 제약

(○ : 제약 없음, × : 제약 됨)

의향씨끝 이유씨끝	서술			물음	시킴	꾀임
	평서	감탄	약속			
-어서	○	○	×	○	×	×
-으니까	○	○	○	○	○	○

의향씨끝 이유씨끝	서술			물음	시킴	꾀임
	평서	감탄	약속			
-느라고	○	○	×	○	×	×
-으므로	○	○	×	×	×	×
-기로	?	×	×	○	×	×
-기에	○	×	×	?	×	×

2.3. 뒷마디 어찌씨 제약

이음씨끝이 뒷마디의 어찌씨를 제약하는 경우가 있는데 이를 '어찌씨 제약'이라 하기로 한다.

어찌씨는 풀이씨나 혹은 다른 말의 앞에 놓여서, 그 말의 내용을 어떠하게 꾸미는 낱말이다.(정인승, 1956 : 150)

최현배(1982 : 595)는 어찌씨를 뜻에 따라 다음과 같이 가름했다.

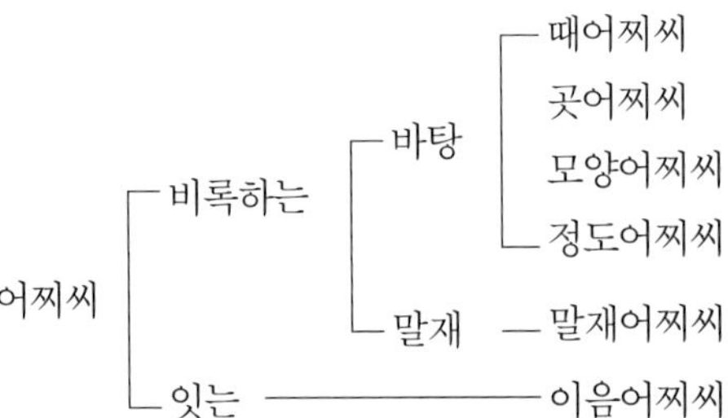

박선자(1983 : 64~107)는 어찌씨를 꾸밈의 바탕별로 풀이 바탕, 월 바탕, 뜻 바탕, 말본 바탕으로 가름했다.

① 풀이바탕 : 빨리, 아주, 무척, 훨씬, ……
② 월바탕 : 설마, 과연, 제발, 차라리, ……
③ 뜻바탕 : ┌ 상태성 풀이말을 꾸미는 것 : 정도어찌씨
         └ 동작성 풀이말을 꾸미는 것 : 모양어찌씨
④ 말본바탕 : 때어찌씨, 말재어찌씨.

박선자의 체계에서 이음씨끝에 따라 제약이 달라지는 어찌씨는 때어찌씨와 말재어찌씨뿐이다. 그런데 어찌씨 가운데는 수행문 설정이 가능한 것이 있고, 설정이 어려운 것도 있다.[8] 때어찌씨 가운데 수행문 설정이 가능한 것은 '비로소', '마침내', '드디어' 등이 있고, 말재어찌씨 가운데 수행문 설정이 가능한 것은 '단연코', '꼭', '반드시', '기필코', '기어이' 등이 있다.

이 연구는 이유씨끝에 대한 통어적 특성을 밝히고, 아울러 의미론적 특성을 밝히는 데에 그 목적이 있으므로, 때어찌씨 가운데 시작이 늦음을 나타내는 어찌씨 '비로소', '마침내', '드디어'와 말재어찌씨 가운데 [당연], [단정], [필연]을 나타내는 어찌씨[9] '단연코', '반드시', '기필코', '기어이' 등을 대상으로 제약 관계를 살피도록 한다.

2.3.1. 때어찌씨 '비로소, 드디어, 마침내'

'비로소, 드디어, 마침내' 등의 어찌씨는 어떤 일이 늦게야 이루어졌음을 나타낼 때 쓰는 말로, 행동 수행의 힘이 있음을 나타내는 말이다.

---

8) 박선자(1983 : 118)
9) 최현배(1982 : 600), 박지홍(1982 : 168) 참조.

따라서 이음월의 뒷마디에 이들의 어찌씨가 자연스럽게 호응하는 것은, 이음씨끝이 행동 수행의 힘을 갖기 때문이다.

또 '비로소, 드디어, 마침내' 등의 어찌말은 시작의 늦음이라는 뜻 바탕을 가지므로, 이러한 어찌말과 호응되는 이유씨끝은 어떤 시점을 기준으로 행위자의 주관적 심리 변화를 나타내는 경우에만 가능하다. 즉 행위자의 심리적 조건이 충족된 시간을 기점으로 행동 수행에 들어감을 나타낸다.

    (42) ㄱ. 철수가 온다니까 비로소 웃는다.
        ㄴ. 철수가 도착하니까 비로소 웃는다.

    (43) ㄱ. 철수가 밥을 먹으니까 비로소 웃는다.
        ㄴ. 철수가 가니까 비로소 웃는다.

(42ㄱ-ㄴ)은 앞마디 행위가 완료된 시점을 기준으로 행위자의 심리적 변화를 일으켜서 웃는 것이고, (43ㄱ-ㄴ)은 앞마디 행위가 시작함과 동시에 심리적 변화를 일으킨 경우와 앞마디 행위가 완료된 시점을 기준으로 심리적 변화를 일으킨 경우 등, 모호한 뜻으로 사용된다. 즉 철수가 밥을 먹기 시작하니까 웃는다는 뜻과 밥을 다 먹고 나니까 웃는다는 뜻으로 모호하게 쓰인다.

(44) ㄱ. 손님이 와서 ⎡ *비로소 / *마침내 / *드디어 ⎤ 음식을 준비한다.

     ㄴ. 네가 해서 ⎡ *비로소 / *마침내 / *드디어 ⎤ (나도) 한다.

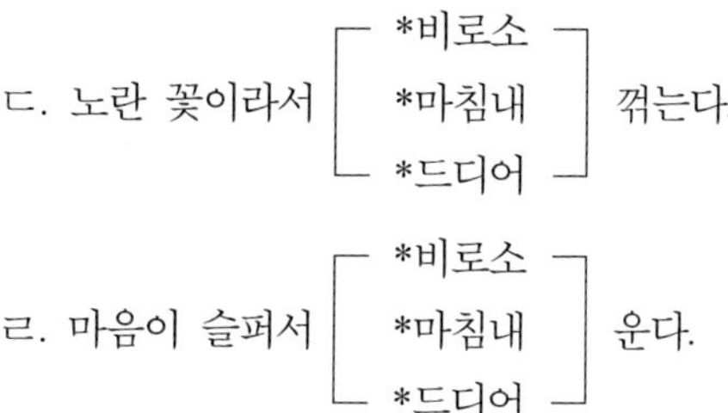

(44ㄱ-ㄹ)은 ‘-어서’에 의한 이유 구문으로 뒷마디가 행위 진술의 뜻으로 이루어졌으나, ‘비로소, 마침내, 드디어’ 등의 어찌말이 제약된다. 이 제약의 이유는 두 가지로 추정할 수 있는데, 그 첫째 이유는 이음씨끝과 어찌씨의 상적 특성에 모순이 오기 때문으로 보인다. 즉 ‘-어서’는 [완료지속]이라는 상적 특성을 갖고 있는데, ‘비로소, 마침내, 드디어’ 등은 심리적 조건의 충족과 동시에 나타나므로, 상적 특성이 서로 어긋나기 때문에 제약되는 것으로 보인다. ‘-어서’가 ‘비로소’ 등의 어찌말을 제약하는 또 하나의 이유는, ‘-어서’가 객관적인 이유를 나타내는 말로 행위자나 말할이의 심리에 영향을 받지 않는데 반해, ‘비로소’ 등의 어찌말은 심리적 변화에 의한 행동 진술을 말하기 때문에 함께 올 수 없는 것으로 보인다.

‘-으므로’도 ‘마침내’, ‘드디어’, ‘비로소’ 등의 어찌말을 제약한다(45ㄱ-ㄹ).

(45) ㄱ. 건강을 회복시키는 데는 상당한 시간이 필요하므로 [*비로소, *마침내, *드디어] 식이요법을 꾸준히 실천하는 것이 중요하다.

　　ㄴ. 소화기 질환이나 감기에 걸렸을 때와 비슷해서 구분하기 힘들므로 [*비로소, *드디어, *마침내] 병원을 찾아 정확한 진단을

해야 한다.

ㄷ. 문장부사어는 부정소의 해석 범위 밖에 있으므로 [*비로소, *드디어, *마침내] 부정문에서 다음과 같이 나타날 수 있다.

ㄹ. 당초의 약속과는 달리 더 이상 그 문제에만 매달릴 수 없으므로 [*비로소, *드디어, *마침내] 연내에 모두 폐기하겠다는 추세로 내달을 조짐이다.

'-으므로'가 '비로소, 마침내, 드디어' 등의 어찌말을 제약하는 이유는, '-으므로'가 논증이나 설명을 나타내는 월에서 논리나 설명의 이유(근거)를 객관적으로 차곡차곡 따져서 결론에 이르는 것인데(김승곤, 1978 : 11) 반해, '비로소, 마침내, 드디어' 등의 어찌말은 행위자나 말할이의 주관(심리)의 변화에 의한 것이기 때문에 함께 나타날 수 없다. 다시 말하면, '-으므로'는 이미 일어난 행위나 현상에 대한 객관적 근거를 제시하는 경우에만 쓰이고, 일어날 일에 대한 구속력을 갖지 못한다.

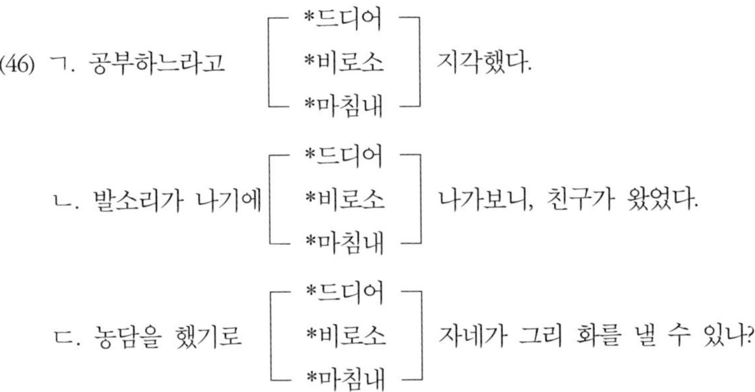

'-느라고', '-기에', '-기로' 등도 뒷마디에 '비로소, 드디어, 마침내' 등의 어찌말을 제약하는데, 이 제약은 씨끝의 상적 특성이 모순되거나

임자말 관계가 잘못됐기 때문에 나타나는 현상이다. 즉 '비로소, 드디어, 마침내' 등의 때어찌씨는 앞마디와 뒷마디의 임자말이 다르고, 뒷마디의 임자말은 반드시 제3자이어야 하며, 어떤 특정 시점을 중심으로 한 행위자의 심리 변화를 일으킬 경우에만 쓰이는 데 반해, '-느라고'는 앞마디와 뒷마디의 임자말이 같아야 하며, 진행성을 지니기 때문에 상적 특성뿐 아니라 임자말 관계에도 모순이 와서 제약된다. 또 '-기에'는 뒷마디의 임자말이 1인칭인 경우에만 나타나기 때문에 임자말 관계에 모순이 와서 제약된다. 즉 '비로소, 드디어, 마침내' 등은 어떤 특정 시점을 기준으로 말할이나 행위자의 심리가 변화를 일으키는 경우에만 결합하는데, '-으니까' 이외의 씨끝은 그 조건에 합당하지 않으므로 결합이 제약된다.

2.3.2. 말재어찌씨 '꼭, 반드시, 기어이, 기필코'

'꼭, 반드시, 기어이, 기필코' 등의 어찌씨는 필연의 의미 특성을 갖는다.[10] 따라서 '꼭, 반드시, 기어이, 기필코' 등의 한정을 받는 풀이말은 반드시 행위나 속성 변화를 나타내는 움직씨에만 결합되고, 행위나 속성 변화의 뜻이 없이 속성을 설명하거나 단정하는 그림씨나 '이다' 등은 필연의 어찌말의 한정을 받을 수 없다.

---

10) 최현배(1982 : 599~601)는 말재어찌씨를 '풀이말의 베풂의 방법을 꾸미어서, 그 풀이말의 나타남에 일정한 재(방식)가 있기를 요구하는 것'으로 설명하고 다음과 같이 체계화 했다.

말재어찌씨	┌ 단정 ──	①강조 ②필연 ③비교 ④부정
	├ 의혹, 가설 ──	①의심스러운 말 요구 ②추측 ③가설, 조건
	└ 바람 ──	①시킴 ②매는

(47) ㄱ. 형은 [꼭, 반드시, 기어이, 기필코] 운동장에 간다.
ㄴ. 형은 [*꼭, *반드시, *기어이, *기필코] 슬프다.
ㄷ. [*꼭, ?반드시, *기어이, ?기필코] 학생이다.

이유 구문에서 뒷마디에 '꼭, 반드시, 기어이, 기필코' 등 필연의 뜻을 가진 어찌씨가 올 수 있는 것은, 이유씨끝이 [필연적 동기]로 이어짐을 보이는 것이고, 필연의 어찌씨의 결합이 제약되는 이유씨끝은 [개연적 동기]로 이어짐을 나타낸다.

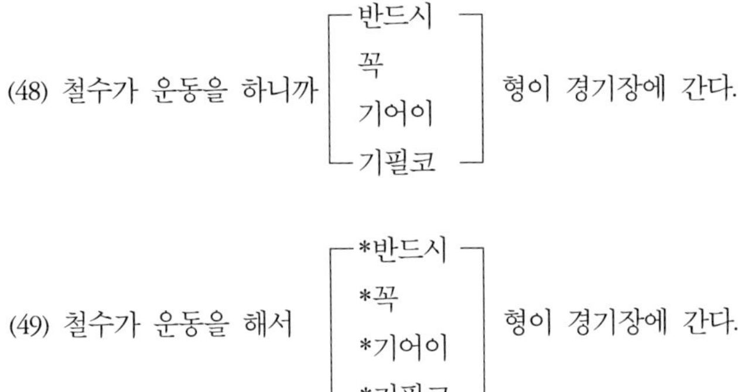

(48)의 '-으니까'는 뒷마디에 반드시와 같은 필연의 어찌씨를 제약하지 않는데, 이는 '-으니까'가 [필연적 동기(이유)]로 이어지기 때문으로 보이며, (49)의 '-으므로'가 뒷마디에 필연의 어찌씨를 제약하는 것은, '-으므로'가 [필연적 동기]의 뜻이 없이 단지 [개연적 동기]로만 쓰이기 때문으로 보인다.[11]

그러나 '-어서'가 [이유] 이외의 뜻으로 사용되면, 필연의 어찌씨에

____

11) 성낙수(1978 : 168)는 '-어서'를 [개연적 동기]로, '-으니까'를 [필연적 동기]로 설명하고 있다.

대한 제약은 사라진다.

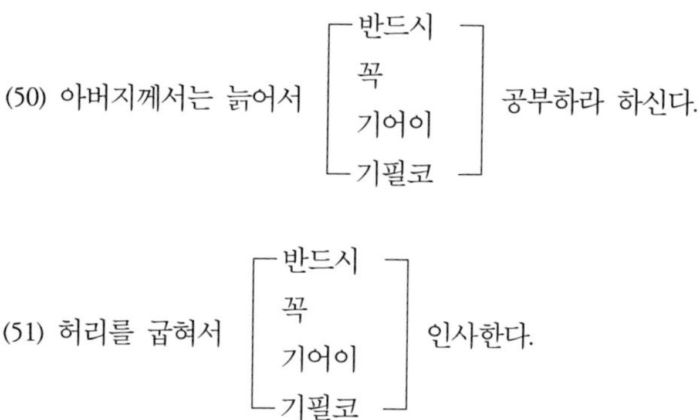

(50) 아버지께서는 늙어서 ┌ 반드시 / 꼭 / 기어이 / 기필코 ┐ 공부하라 하신다.

(51) 허리를 굽혀서 ┌ 반드시 / 꼭 / 기어이 / 기필코 ┐ 인사한다.

(50)은 '-어서'가 [때]의 뜻으로 뒷마디에 이어지고 있고, (51)은 [방법]의 뜻으로 뒷마디에 이어지고 있는데, 모두 [필연]의 어찌씨를 제약하지 않는다. 이로 보아 '-어서'가 뒷마디에 [필연]의 어찌씨를 제약하는 것은 이유 구문에서만 나타나는 현상임을 알 수 있다.

'-으므로'는 뒷마디의 임자말이 제3자인 경우는 '-으니까'로 대치 가능하여 필연적 이유로 쓰이는데(52ㄱ), 이 경우 '반드시, 꼭, 기어이, 기필코' 등 필연을 나타내는 말재어찌씨를 제약하지 않는다. 그러나 뒷마디의 임자말이 말할이로 말할이의 의견 등을 진술하면 '-어서'로 대치 가능한데(52ㄴ-ㄷ), 이 경우는 필연의 말재어찌씨를 제약한다.

(52) ㄱ. 얼굴 경부의 병소에 사용할 경우 피부 위축이 일어나기 쉬우므로 ┌ 반드시 / 꼭 / 기어이 / 기필코 ┐ 단기간 사용해야 합니다.

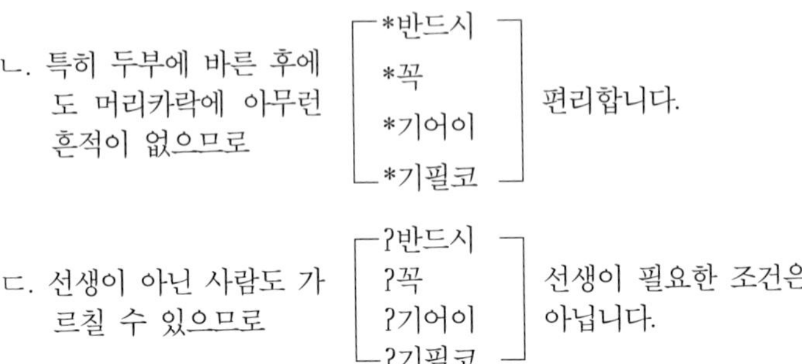

‘-으므로’는 논증이나 설명을 나타내는 월에만 사용하는데, [필연적 이유]와 [개연적 이유]의 뜻을 모두 갖는다. (52ㄱ)은 ‘반드시’와 같은 필연의 어찌씨와 자연스럽게 호응하는데 이 경우 ‘-으므로’는 ‘-으니까’로 대치 가능하고, (52ㄴ)은 ‘반드시’와 같은 필연의 어찌씨를 제약하는데 이 경우 ‘-으므로’는 ‘-어서’로 대치 가능하다. 또 (52ㄷ)은 필연의 어찌씨와 호응될 것도 같고 안 될 것도 같은데, 이 경우의 ‘-으므로’는 ‘-어서’로도 대치 가능하고 ‘-으니까’로도 대치 가능하기 때문이다. 즉 ‘-어서’로 대치하면 ‘으니까’는 ‘필요한’과 호응되기 때문에 필연의 어찌씨에 대한 제약이 모호하게 나타난다.

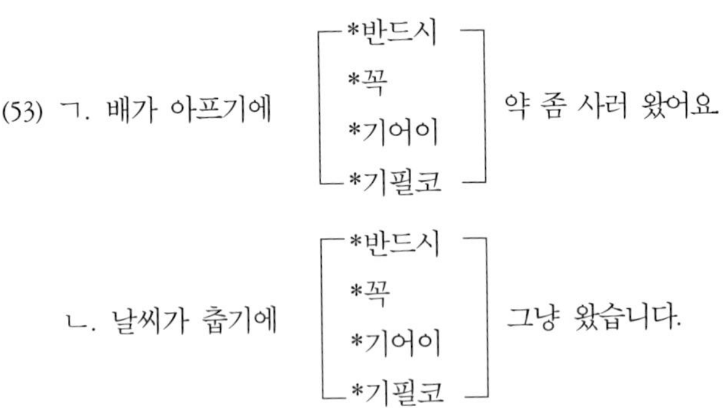

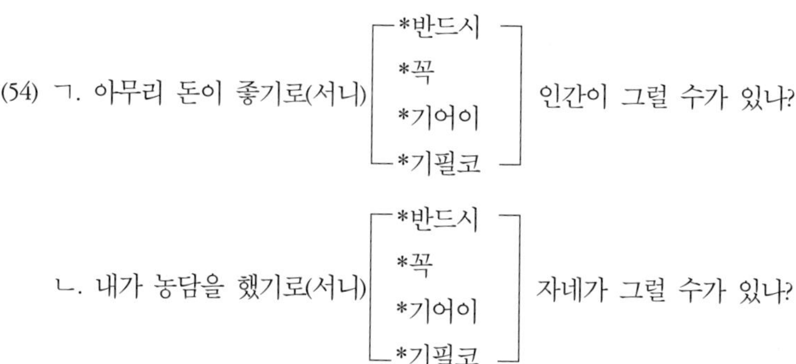

   ㄷ. 나를 좋아하기에 [*반드시 / *꼭 / *기어이 / *기필코] 결혼했습니다.

‘-기에’는 ‘-어서’로 대치 가능하다. 따라서 ‘-기에’는 [개연적 이유]로 행동의 이유만을 밝히기 때문에 뒷마디에 필연의 뜻을 가진 어찌씨를 제약한다. 그렇다고 ‘-어서’와 ‘-기에’의 쓰임이 일치하는 것은 아니다. ‘-어서’가 뒷마디 풀이말에 그림씨나 ‘이다’를 취할 수 있어서 쓰임의 폭이 넓은데 반해 ‘-기에’는 행동의 동기(이유)를 밝히는 데만 쓰인다. 또 ‘-어서’가 [완료지속]이라는 상적 특성을 지니는데 반해 ‘-기에’는 [-완료상]이라는 시상의 뜻이 있다.

(54) ㄱ. 아무리 돈이 좋기로(서니) [*반드시 / *꼭 / *기어이 / *기필코] 인간이 그럴 수가 있나?

     ㄴ. 내가 농담을 했기로(서니) [*반드시 / *꼭 / *기어이 / *기필코] 자네가 그럴 수가 있나?

‘-기에’가 말힐이 자신의 행위에 대한 동기(이유)를 밝히는 씨끝인데, ‘-기로’는 상대나 제3자의 행동이 적절한 이유를 갖지 못함을 들어 상대나 제3자의 행위를 질책, 비판하는 말에 쓰인다. 즉 상대의 행위에 대한 이유가 성립되지 못함을 나타낸다. 따라서 필연의 뜻을 가진 어찌씨를 제약한다.

$$(55) \text{ 공부하느라고} \begin{bmatrix} ?반드시 \\ ?꼭 \\ ?기어이 \\ ?기필코 \end{bmatrix} \text{밤을 새운다.}$$

‘-느라고’도 필연의 어찌씨를 제약한다.

이상에서 논의한 어찌씨의 제약 관계를 정리하면 다음과 같다.

어찌씨 가운데 뒷마디를 말본 바탕으로 꾸미는 것은 말재어찌씨와 때어찌씨이다. 말재어찌씨 가운데 ‘단연코’, ‘꼭’, ‘반드시’, ‘기필코’, ‘기어이’ 등은 꾸밈 받는 말에 행위의 필연성을 부여하는 의미 특성을 지닌다. 또 때어찌씨 ‘비로소’, ‘마침내’, ‘드디어’ 등은 ‘어떤 한계에 이르러서야’의 뜻으로 동작성 풀이말과만 호응하여, 뒷마디의 행위가 어쩔 수 없이 이루어지는 의미 특성을 지닌다. 따라서 이들의 어찌씨가 이음월의 뒷마디에 사용될 경우, 뒷마디에 행동 수행의 힘을 갖는 이음씨끝 뒤에만 결합이 가능하다.

이음씨끝 가운데 뒷마디에 이들의 어찌씨와 호응할 수 있는 것은 ‘-으니까’와 ‘-으므로’뿐이다. ‘-으니까’는 예외 없이 호응되며, ‘-으므로’는 부분적으로만 호응되는데, ‘-으므로’에 호응이 되고 안 되고는 뒷마디의 임자말과 관계가 있다. 즉 뒷마디의 임자말이 3인칭이면 ‘-으므로’는 ‘-으니까’로 대치되고, 뒷마디의 임자말이 말할이이면 ‘-어서’로 대치되는데, ‘-으니까’로 대치되는 경우만 [필연]의 말재어찌씨와 [때늦음]을 나타내는 때어찌씨와 호응하고, 그 이외의 경우는 호응하지 않는다. 이로 보아 ‘-으니까’와 ‘-으므로’는 뒷마디에 행동 수행을 요구하는 [필연적 이유]의 뜻으로 쓰이고, '-어서', '-느라고', '-기에', '-기로' 등은 [개연적 이유]로 쓰임을 알 수 있다.

<표 5> 이유씨끝의 어찌씨 제약

(○ : 제약 없음, △ : 부분적으로 제약됨, × : 제약됨)

어찌씨 / 이유씨끝	때어찌씨 드디어, 비로소, 마침내	말재어찌씨 반드시, 꼭, 기어이, 기필코	
-어서	×	×	개연적 이유
-으니까	○	○	필연적 이유
-느라고	×	×	개연적 이유
-으므로	×	△	개연적, 필연적 이유
-기에	×	×	개연적 이유
-기로	×	×	개연적 이유

2.4. 뒷마디 풀이말 제약

이음월 구성에서 이음씨끝에 따라 뒷마디에 특정의 풀이말을 제약하는 경우가 있다.

(56) ㄱ. 밥을 먹으러 식당에 갔다.
　　 ㄴ. *밥을 먹으러 열심히 공부한다.

(56ㄱ)은 자연스런 월인데 (56ㄴ)이 비문인 것은, '-으러'가 뒷마디의 이동움직씨와만 함께 나타나기 때문이다. 이와 같이 이음씨끝에 따라 뒷마디에 특정의 풀이말을 제약하는 것을 '뒷마디 풀이말 제약'이라 하기로 한다.

문법 연구에서 형태론의 특성은 통어론과 의미론의 정보를 제공하고, 통어론의 특성은 형태론과 통어론과 정보를 제공한다고 생각한다. 따라서 뒷마디 풀이말 제약을 살핌으로써 이음씨끝의 통어규칙을 이끌어낼 수 있고, 씨끝의 상적·의미적 특성을 객관화할 수 있다.

1.2.에서 박선자(1989)의 풀이말 체계에 따라 앞마디 풀이씨의 결합 제약을 살폈다. 그 이유는 이 체계가 이유씨끝의 의미적, 상적 특성을 살피려는 본 연구의 목적에 알맞기 때문이다. 뒷마디 풀이말 제약도 같은 이유로, 이 체계에 따르기로 한다.

박선자(1989)의 풀이말 체계를 다시 정리하면, 다음과 같다.

① | 어떠하 | 바탕
② | 어찌하 | 바탕
③ | 이 | 바탕
④ | 되 | 바탕
⑤ | 있 | 바탕

2.4.1. '-어서', '-으니까', '-으므로'

'-어서', '-으니까', '-으므로' 등은 뒷마디 풀이말을 제약하지 않는다.

(57) ㄱ. 영신은 여간 미안하지 않아서 하루도 몇 번씩 그런 짓을 하지
    말라고 입이 닳도록 타일렀다.
  ㄴ. 이 싸움이 지난 뒤에 여러 군데의 적이 한 번에 씻은 듯이 없
    어져서 일곱 해만에 바다가 처음으로 맑았다.
  ㄷ. 열심히 공부해서 교수가 되었다.
  ㄹ. 부모를 잘 모셔서 효자다.

이유씨끝 가운데 뒷마디의 풀이말을 제약하는 것은 '-느라고', '-기에', '-기로'이다.

2.4.2. '-느라고'

'-느라고'는 뒷마디에 '되다', '이다'를 제약한다.

> (58) ㄱ. 여태 날 키워주시느라고 고생하신 어머님께 조금이라도 낙을
>   보여 드리고……
>   ㄴ. 키가 크느라고 핼쑥하다.
>   ㄷ. *공부하느라고 학생이 되었다.
>   ㄹ. *공부하느라고 학생이다.
>   ㅁ. *손님을 기다리느라고 역에 있었다.
>   ㅂ. *공부하느라고 그럴 여유가 없다.

'-느라고'가 뒷마디에 '되다', '이다'를 제약하는 것은, '되다'와 '이다'의 상적 특성이 '-느라고'의 상적 특성과 어긋나기 때문이다. 즉 '-느라고'는 [+진행상]을 지니기 때문에 뒷마디의 행위가 앞마디와 동시적이어야 하는데, '되다'는 '변화 자체의 특성상 변화의 주체로서 변화되기 이전의 상태와 변화의 결과로서의 상태'(박선자, 1989 : 39)이기 때문에 '-느라고'의 상 바탕과 같이 설 수 없다. 또 '이다'를 제약하는 것은, '이다'가 존재 지정의 바탕으로 상 바탕(시제의 뜻)을 갖지 못하기 때문이다.

2.4.3. '-기에'

'-기에'는 뒷마디에 '어찌하-' 이외의 풀이말을 제약한다.

(59) ㄱ. *눈이 오기에 겨울이다.
ㄴ. *봄이기에 꽃이 있다.
ㄷ. 공부를 했기에 성과가 있다.
ㄹ. *눈이 오기에 아름답다.
ㅁ. *화장을 했기에 아름답다.
ㅂ. 철수가 가기에 나도 간다.
ㅅ. *열심히 공부하기에 판사가 된다.

'-기에'가 뒷마디에 '어찌하-' 이외의 풀이말을 제약하는 것은, '-기'가 [+진행상]으로 [+실체성], [+서술성]을 나타내기 때문에[12] 이미 실체화된 '이다', '있다', '어떠하다' 등은 제약한다. 따라서 (59ㄱ-ㅅ)의 '-기에'는 [+완료상]을 지니는 '-어서'로 대치시키면 문법적인 월이 된다.

2.4.4. '-기로'

'-기로'는 뒷마디에 '이다'를 제약한다.

(60) ㄱ. 아무리 권력이 좋기로 그럴 수가 있나?
ㄴ. 밖이 소란하기로 나가 보니……
ㄷ. 아무리 놀았기로 그 정도 학교야 안 되겠나?
ㄹ. 아무리 화장을 했기로 미자만큼이야 예쁠라구?

---

12) 심재기(1986 : 316~325) 참조.

ㅁ. *아무리 공부를 잘하기로 1등이냐?

‘-기로’가 ‘이다’를 제약하는 것은, ‘-기로’가 [비교]의 뜻을 내포하고 있는데[13) ‘이다’는 비교의 뜻 뒤에 올 수 없기 때문이다.

이상과 같이 이유씨끝의 뒷마디 풀이말에 대한 제약은, 뒷마디 풀이 말이 씨끝의 상적, 의미적 특성과 어긋날 때 제약되는데, 그 내용을 정리하면 다음과 같다.

① ‘-느라고’는 [+진행상]으로 앞마디와 뒷마디의 행위가 동시적이어야 하는데, ‘되다’는 변화되기 이전의 상태나 변화된 결과로서의 상태를 나타내므로 상적 특성에 어긋나서 제약되고, ‘이다’는 존재 지정 바탕으로 상 바탕을 갖지 못하므로 제약된다.
② ‘-기에’는 [+진행상], [+실체상]을 나타내는데, ‘이다’, ‘있다’, ‘어떠하다’ 등은 이미 실체화된 것이기 때문에 상적 특성과 어긋나므로 제약된다.
③ ‘-기로’는 뒷마디와 [비교]의 뜻으로 구성되는데, ‘이다’는 비교 바탕을 갖지 못하므로 뜻 바탕에 어긋나므로 제약된다.

<표 6> 이유씨끝의 뒷마디 풀이말 제약

(○ : 제약 없음, × : 제약됨)

씨끝 \ 풀이말	어찌하다	어떠하다	되다	있다	이다
-어서	○	○	○	○	○
-으니까	○	○	○	○	○
-느라고	○	○	×	○	×
-으므로	○	○	○	○	○
-기에	○	×	○	×	×
-기로	○	○	○	○	×

---

13) 3.1. ‘의미 분석’ 참조

2.5. 이유 구문의 겹침과 구성의 긴밀성

2.5.1. 이유 구문의 겹침

이음월 가운데는 두 개의 이유 구문이 겹친 것도 있다.

> (I) 이유 구문이 겹친 월의 구조
> $[\ [\cdots \ \cdots V_1]\text{-}X_1, \ [\cdots \ \cdots V_2]\text{-}X_2, \ [\cdots \ \cdots V_3] \ ]$

세 개의 구문이 이음씨끝에 의해 (I)과 같이 이어질 때 이음씨끝 X_1 과 X_2가 모두 [이유]의 씨끝으로, 이유 구문이 겹치는 경우가 있다. 설명의 편의를 위해서, 이유 구문이 겹친 (I)의 구조에서 V_1에 이끌리는 월을 'S_1'이라 하고 V_2에 이끌리는 월을 'S_2'라 하며 V_3에 이끌리는 월을 'S_3'라 하기로 한다.

이유 구문의 겹침은 이유씨끝에 따라 가능한 것도 있고(61) 불가능한 것도 있다(62).

> (61) 비가 와서 달려오느라고 중요한 것을 놓고 왔다.

> (62) *너무 서둘기에 주의를 주므로, ……

또 (63ㄱ-ㄴ)과 같이 S1과 S2에 모두 [이유]의 뜻이 유지되는 것도 있고, S1이나 S2가운데 하나만 [이유]의 뜻으로 유지되는 것도 있다.

> (63) ㄱ. 수영을 못해서 애태우기에 수영강습소에 보내기로 했다.
> ㄴ. 철수가 오기에 반가워서 뛰어 나갔다.

이유 구문의 겹침은 (63ㄱ-ㄴ)과 같이 S1과 S2가 모두 이유의 뜻을 유지하는 월을 가리키는 것으로, 이유 구문의 겹침 현상은 <표 7>과 같다.

<표 7> 이유 구문의 겹침 현상

X_1 \ X_2	-어서	-으니까	-느라고	-으므로	-기에	-기로
-어서		○	○	○	○	○
-으니까	○		○	×	○	×
-느라고	○	○		○	○	○
-으므로	○	×	×		×	×
-기에	○	○	○	×		×
-기로	×	×	×	×	×	

(64) 사랑해서 결혼했으니까 함께 살지.

(65) 비가 와서 달려오느라고 자세히 살피지 못했다.

(66) 비가 와서 날씨가 쌀쌀하므로 불을 피워야겠다.

(67) 수영을 못해서 애태우기에 수영강습소에 보내기로 했다.

(68) 너무 예뻐서 만져 봤기로 그럴 수가 있나?

(69) 사랑하니까 결혼해서 함께 살지.

(70) 서리가 내리니까 곡식을 거두느라고 바쁘게 움직인다.

(71) 엄마가 떠나니까 하염없이 울기에 달래주었다.

(72) 손님을 맞이하느라고 곱게 차려 입어서 화사하게 보였다.

(73) 책을 읽느라고 조용히 있으니까 빈 집 같다.

(74) 급히 오느라고 도구를 놓고 왔으므로 빌어서 써야한다.

(75) 장난치느라고 정신없기에 혼내주고 오는 길이다.

(76) 잔무를 처리하느라고 좀 늦었기로 그럴 수가 있나?

(77) 계속 오를 가능성이 상존하므로 투기 심리를 잡기 위해서 극약 처방이 불가피하다.

(78) 덜덜 떨기에 차를 따끈히 끓여주니까 고마워서 어쩔 줄 몰라 하더라.

(79) 너무 서둘기에 주의를 주느라고 좀 늦었습니다.[14]

<표 7>에 의하여 다음의 사실을 확인할 수 있다.

① 전형적인 씨끝인 '-어서', '-으니까', '-느라고' 등은 전형적인 씨끝
  끼리 서로 자유롭게 겹칠 수 있다.
② 이름법의 씨끝에 이유의 토씨가 결합하여 씨끝화한 '-으므로', '-기
  에', '-기로'는 전형적인 씨끝과 선별적으로 겹친다.
③ '-으므로', '-기에', '-기로'끼리는 서로 겹칠 수 없다.

2.5.2. 구성의 긴밀성

이유 구문이 겹친 월의 구조는 다음과 같다.(2.5.1장 (Ⅰ) 옮김)

(Ⅰ) 이유 구문이 겹친 월의 구조
$$[\ [\ \cdots\ \cdots V_1\ ]\text{-}X_1,\ [\ \cdots\ \cdots V_2\ ]\text{-}X_2,\ [\cdots\ \cdots V_3\ ]\ ]$$

그러나 이유 구문이 겹칠 때 꼭 (Ⅰ)과 같이 세 마디가 대등하게 이어
지는 것만은 아니다.

(80) ㄱ. 자동차를 팔아서 집을 사니까 좋다.
    ㄴ. 돈을 벌어서 쓰니까 좋다.
    ㄷ. 사랑해서 결혼했으니까 함께 살지.
    ㄹ. 바람이 불어서 낙엽이 떨어지니까 길이 지저분하다.

(81) ㄱ. 자동차를 파니까 집을 사서 좋다.
    ㄴ. 돈을 버니까 써서 좋다.

---

14) (64)~(79)은 그림 (Ⅱ)의 순서에 따른 예문이다.

ㄷ. 사랑하니까 결혼해서 함께 살지.
ㄹ. 바람이 부니까 낙엽이 떨어져서 길이 지저분하다.15)

(80ㄱ-ㄹ)은 '-어서, -으니까, -다' 구문이고, (81ㄱ-ㄹ)은 '-으니까, -어서, -다' 구문으로, 언뜻 보기에 같은 구조처럼 느껴진다. 그러나 (80ㄱ-ㄹ)과 (81ㄱ-ㄹ)에 '왜 좋으냐?'라는 물음을 주어 답을 살펴보면, 그 구조의 다름을 알 수 있다.

(82) ㄱ. 자동차를 팔아서 집을 사니까 좋다.
　　　문 : 왜 좋으냐?
　　　답 : 자동차를 팔아서 사니까,……
　　ㄴ. 돈을 벌어서 쓰니까 좋다.
　　　문 : 왜 좋으냐?
　　　답 : 돈을 벌어서 쓰니까,……

(83) ㄱ. 자동차를 파니까 집을 사서 좋다.
　　　문 : 왜 좋으냐?
　　　답 : 집을 사서……
　　ㄴ. 돈을 버니까 써서 좋다.
　　　문 : 왜 좋으냐?
　　　답 : 써서……

위 (80)과 (81)의 각 예문은 '-어서, -으니까' 구문과 '-으니까, -어서' 구문의 차이를 보인 것이다. 덧붙여 설명하자면, (82ㄱ)의 진술자는 자동차를 소유한 것에 대한 어떤 심리적 불안감을 가지고 있었는데, 집을 사기 위해서 자동차를 팔고 보니 자동차 소유에서 오는 심리적 불안감이

---

15) (80), (81)은 조오현(1990 : 14)에서 인용.

없어졌다는 뜻이다. 그러나 (83ㄱ)은 자동차를 판 것은 좋은 이유에 포함되지 않는다. 또 (83ㄴ)도 돈을 쓰는 이유가 단순히 돈을 쓰는 것에만 있는 것이 아니라 벌어서 쓰는 데에 있다는 뜻으로, 그 전에는 어떤 사람으로부터 얻어서 썼기에 쓰는 즐거움을 맛보지 못했는데 벌어서 쓰니까 좋다는 뜻이다. (80ㄷ)도 함께 사는 이유가 결혼한 데에만 있는 것은 아니고 사랑하는 데에도 있어서, 만일 사랑하지 않는다면 비록 결혼했다 하더라도 함께 살지 않겠다는 뜻이 담겨있다. (80ㄹ)도 나무가 좀 떨어진 곳에 있는 것 같다. 만일 바람이 불지 않고 그냥 낙엽이 떨어졌다면 길에까지 낙엽이 날리지 않았을 터인데, 바람이 불어서 떨어지니까 길에까지 날려서 길이 지저분해졌다는 뜻이다. 즉 (80)은 이유의 초점이 'S$_1$+S$_2$'에 모아지고, (81)은 이유의 초점이 'S$_2$'에만 모아져, '-어서'가 '-으니까'보다 뒷마디에 긴밀하게 구성되고 있음을 보인다.

(80)과 (81)의 구조를 그림으로 나타내면, (80)은 (84)의 구조로 나타낼 수 있고 (81)은 (85)의 구조로 나타낼 수 있다.

(84) [[[⋯ ⋯V$_1$]-X$_1$, [⋯ ⋯V$_2$]-X$_2$, [⋯ ⋯V$_3$]]]

(85) [[⋯ ⋯V$_1$]-X$_1$, [[⋯ ⋯V$_2$]-X$_2$, [⋯ ⋯V$_3$]]]

(64)-(79)에서 표(82)와 같은 구조를 갖는 것은 (67)의 '-어서, -기에' 구문과 (75)의 '-느라고, -기에' 구문, 그리고 (64)의 '-어서, -으니까' 구문뿐이다.

(67) 수영을 못해서 애태우기에 수영 강습소에 보내기로 했다.

(75) 장난치느라고 정신없기에 혼내주고 오는 길이다.

(67)에서 수영 강습소에 보내기로 한 것은 수영을 못해서 애태우기 때문이며, (75)에서 혼내준 것은 장난치느라고 정신없기 때문이다.

03
이유 구문의 의미론적 특성

3.0. **개관**

　국어의 이음월 체계에 대한 앞선 연구들은 이음씨끝을 의미에 따라 분류하여 의미별로 체계를 세우는 방법을 써왔다. 그러나 의미 파악에 대한 기준이 없이 직관에 의해 분류를 시도함으로 연구하는 이의 직관에 따라 서로 다른 의견이 제시되곤 했다. 또 씨끝의 의미를 분류하는 데에 있어서도 의미를 통어론적인 특성별로 분류하지 못하고, 막연히 어떤 씨끝은 어떠어떠한 뜻으로 쓰인다는 식의 보기를 보이는 정도에 그침으로써, 씨끝의 의미를 통어론적 특성별로 체계화하지 못했다.

　씨끝에 대한 의미를 파악할 때 고려할 점은 그 의미를 파악하는 객관적인 기준이 마련되어야 하며, 파악된 의미는 통어론적인 특성에 따라 체계화할 수 있어야 한다고 생각한다. 그래서 이음씨끝의 의미를 파악하는 방법으로 어떤 말이 발화할 때에 물음이 전제되었다는 가정을 세우고, 전제된 물음에 나타난 물음말이 '왜'이면 [이유], '어떻게'이면 [방법], '언제'이면 [때], '무엇을'이면 [목적]의 뜻으로 분류하기로 한다.[1) 또 파악된 의미는 통어론적으로 체계화하여 설명할 수 있어야 한다는 생각 아래, 이음씨끝을 의미별로 체계화하되, 풀이말의 특성을 살피는 방법을 따르기로 한다.

그러나 언어의 의미를 파악하는 데에는 언어 자체만을 가지고 설명될 수 없는 요소가 있다. 의미론이 언어 자체만을 대상으로 하는 데에 반해서, 그 언어를 있게 하는 언어의 주변, 즉 말하는 이, 듣는 이, 시간, 장소 등으로 구성되는 맥락2)을 살피므로, 그 언어가 실제로 어떻게 쓰이는가 하는 화용론적인 특성이 고려되어야 한다.

그래서 두 개의 월이 이음씨끝에 의해 이어질 때 이음씨끝에 따라 앞마디와 뒷마디 사이에 포함되는 시간 관계를 살피고, 다음에 두 개의 월이 [이유]와 [결과]의 관계로 이어질 때 말할이가 설명하고자 하는 정보, 즉 '초점'이 놓이는 위치를 살피도록 한다. 그래서 조오현(1991 : 3~5)에서 제시한 물음의 방법으로 씨끝의 의미를 파악하고, 이를 다시 풀이말의 특성에 따라 체계화 하고자 한다.

3.1. 의미 분석

하나의 이음씨끝도 통어론적인 특성에 따라 여러 가지의 뜻으로 쓰인

---

1) 조오현(1991 : 3~5)에서는 '-어서'의 의미를 다음과 같이 파악했다.
  ① 왜, 어째서, 무엇 때문에, 무슨 까닭으로 : [이유]
   왜 왔니? → 보고 싶어서 왔다.
  ② 어떻게 : [방법]
   어떻게 인사해? → 허리를 굽혀서 인사한다.
  ③ 언제 : [때]
   언제 공부하니? → 젊어서 공부한다.
  ④ 무엇을 : [목적]
   무엇을 하려고 하니? → 공부를 하려고 한다.
2) 이정민 · 배영남(1987 : 6~9)참조.

다. 그리고 이음씨끝의 의미에 관여하는 통어론적인 조건은 풀이씨의 뜻 바탕, 앞마디와 뒷마디의 임자말 관계, 그리고 앞마디 임자말의 토씨의 특성 등이다. 이 장에서는 앞에서 제시한 물음의 방법에 의해 이음씨끝의 의미를 밝히고, 의미별로 통어론적인 특성을 살피도록 한다.

3.1.1. '-어', '-어서'

'-어서'는 [이유], [방법], [때벌림], [여운]의 뜻으로 쓰이는데, 이 의미의 구별은 풀이씨의 뜻 바탕과 앞마디와 뒷마디의 임자말 관계에 의해 구별된다.

1) [이유]의 뜻

전제된 물음에 나타난 물음말 가운데 '왜', '어째서', '무엇 때문에' 등의 답문으로만 호응 가능한 것으로 다음과 같은 통어론적 조건으로 되어 있다.

앞마디 풀이말이 그림씨이고 뒷마디 풀이말이 그림씨이면, 이유 구문을 구성한다.

> (1) ㄱ. 얼굴이 예뻐서 언니는 좋겠네.
>   ㄴ. 아내가 착해서 철수는 행복하다.

앞마디 풀이말이 그림씨이고 뒷마디 풀이말이 움직씨이면, 임자말이 같든 다르든 이유 구문을 구성한다.

(2) ㄱ. 영신은 사글세 집에 들어 있는 만큼이나 불안스러워서 하루 바
　　　 삐 집을 짓고 나가려고……
　　ㄴ. 그는 친구가 그리워서 위험을 무릅쓰고 눈 덮인 험한 산을 넘
　　　 어 왔다.
　　ㄷ. 그는 아내의 마음이 착해서 결혼했다고 말했다.

앞마디 풀이말이 움직씨이고 뒷마디 풀이말이 그림씨이면, 임자말이
같든 다르든 이유 구문을 구성한다.

(3) ㄱ. 말을 잘 들어서 귀엽다.
　　ㄴ. 그는 아들이 공부를 잘해서 행복하다.

(1)-(3)의 논의를 (4)와 같이 요약할 수 있다.

(4) 〈'-어서'가 그림씨에 결합하여 이유 구문을 구성하는 통어적 조건 Ⅰ〉
　　 앞마디나 뒷마디 가운데 하나 이상의 풀이말이 그림씨인 이음월 구
　　 성에서, '-어서'는 임자말이 같든 다르든 관계없이 [이유]의 뜻으로 쓰
　　 인다.

앞마디와 뒷마디의 풀이말이 모두 움직씨인 이음월에서는 앞마디 풀
이말의 뜻 바탕과 앞·뒷마디의 임자말에 따라 뜻이 달라진다. 앞마디
와 뒷마디의 풀이말이 모두 움직씨인 이음월 구성에서 앞마디와 뒷마디
의 임자말이 다르면 이유 구문이 된다.

(5) ㄱ. 예배당은 큰 비를 못 이겨서 벽이 떨어지고……
　　ㄴ. 고추 값이 하도 떨어져서 예산한 금액까지 되려면 어림도 없다.
　　ㄷ. 바람이 불어서 나뭇잎이 떨어졌다.

앞마디와 뒷마디의 풀이말이 움직씨인 이음월 구성에서 앞마디와 뒷마디의 임자말이 같으면, 앞마디 풀이말의 뜻 바탕에 따라 [때벌림], [방법], [때]의 뜻으로 나타나거나 비문이 된다. 그러나 앞마디와 뒷마디의 임자말이 같아도, 앞마디 임자말에 도움토씨 '-는, -만, -도, -마저, -까지, ……' 등이 결합하면 이유 구문이 된다.

(6) ㄱ. 예배당은 큰 비를 못 이겨서 허물었고……
    ㄴ. 예배당만 큰 비를 못 이겨서 허물었고……
    ㄷ. 예배당도 큰 비를 못 이겨서 허물었고……
    ㄹ. 예배당마저 큰 비를 못 이겨서 허물었고……
    ㅁ. 예배당까지 큰 비를 못 이겨서 허물었고……
    ㅂ. *예배당이 큰 비를 못 이겨서 허물었고……

(6ㅂ)이 비문인 것은 임자말이 [-유정물]이기 때문으로 보인다. 그러나 앞마디 풀이말이 동작움직씨인 경우 [+유정물] 임자말로 대치해도 비문이 된다.

(7) ㄱ. 철수는 집을 잘못 팔아서 큰 손해를 보았다.
    ㄴ. 철수도 집을 잘못 팔아서 큰 손해를 보았다.
    ㄷ. 철수가 집을 잘못 팔아서 큰 손해를 보았다.
    ㄹ. *철수가 집을 잘못 팔아서 (철수가) 큰 손해를 보았다.

(7ㄷ)이 문법적인 월인 것은 뒷마디의 임자말이 말할이인 경우에 한한다. 즉 말할이의 집을 철수가 잘못 팔아서 말할이가 큰 손해를 본 경우다. 그러나 (7ㄹ) 앞뒤의 임자말이 같은 이음월 구성에서 임자자리토씨가 오면 비문이 된다. 이로 보아 앞·뒷마디의 풀이말이 움직씨이고 앞마디와 뒷마디의 임자말이 같으면, 임자말의 토씨가 도움토씨이어야만

이유 구문을 구성한다.

(5)-(7)의 논의를 (8)과 같이 요약할 수 있다.

(8) 〈'-어서'가 움직씨에 결합하여 이유 구문을 구성하는 통어적 조건 II〉
'-어서'가 이음월 구성에 관여하고 앞·뒷마디의 풀이말이 모두 움직씨이면, ① ②의 경우에 한해서 이유 구문을 구성한다.

① 앞마디와 뒷마디의 임자말이 다른 경우.
② 앞마디와 뒷마디의 임자말이 같은 경우는 앞마디 임자말의 토씨가 '-는'이외의 도움토씨인 경우.

앞마디 풀이말 '이름씨+이다'에 결합하는 '-어서'는 모두 이유 구문을 구성한다.

(9) ㄱ. 당국은 이에 따라 이날 안에 최종 결론을 내리겠다는 방침이어서 결과가 주목되고 있다.
ㄴ. 그분은 평소 아주 명랑하고 활동적인 분이어서 이번 사건이 놀라울 뿐이다.
ㄷ. 눈앞에 놓인 경기대응만 해도 금리 인하를 빼고는 통화 공급 확대, 환율 절하 등은 상당히 이뤄진 상태여서, 여기에 섣부른 부양책을 썼다가 물가상승 등 부작용만 불러올 우려가 크다.

(10) 〈'-어서'가 이유 구문을 구성하는 통어적 조건 III〉
풀이말 '이름씨+이다'에 '-어서'가 결합하면, 모두 [이유]의 뜻이 된다.

이상과 같이 '-어서'는 앞마디 풀이말의 뜻 바탕과 앞마디와 뒷마디의 임자말 관계에 따라 뜻이 달라지는데, '-어서'가 [이유]의 뜻으로 나타나는 통어적 조건은 다음과 같다.

> 〈'-어서'가 이유 구문을 구성하는 통어적 조건 Ⅳ〉
> ① 앞마디 풀이말이 움직씨인 경우 : 앞마디와 뒷마디의 임자말이 다르면 이유 구문을 구성한다. 또 앞·뒷마디의 임자말이 다른 경우도 앞마디 임자말의 토씨가 '-는' 이외의 도움토씨이면 이유 구문을 구성한다.
> ② 앞마디 풀이말이 그림씨인 경우 : 앞·뒷마디의 임자말이 같든, 다르든 이유 구문을 구성한다.
> ③ 앞마디의 풀이말이 '이름씨+이다'인 경우 : 앞·뒷마디의 임자말이 같든 다르든 이유 구문을 구성한다.

2) [이유] 이외의 뜻

① [때벌림]

(11) ㄱ. 영신은 세수를 하고 나와서 예배당으로 올라갔다.
　　 ㄴ. 영신은 세수를 하고 나와서 옷을 입었다.
　　 ㄷ. 순경이 올라가서 도적을 잡았다.
　　 ㄹ. 네 결심이 그렇다면 사내답게 나아가서 태극기를 휘둘러라.

(11ㄱ-ㄹ)은 '언제'라는 물음말에만 호응하여 [때벌림]의 뜻으로 쓰인다.

② [방법]

(12) ㄱ. 허리를 굽혀서 인사한다.
　　 ㄴ. 방에 누워서 책을 읽는다.
　　 ㄷ. 그는 서서 구경한다.

ㄹ. 벤치에 앉아서 휴식을 취한다.
ㅁ. 걸어서 올라간다.

(12ㄱ-ㅁ)은 모두 '어떻게'라는 물음에 대한 답문으로 적합하다. 즉 '어떻게 인사하느냐?', '어떻게 책을 읽느냐?', '어떻게 구경하느냐?', '어떻게 올라가느냐?' 등 '어떻게'란 물음에 대한 답문으로 자연스럽게 호응하여, '-어서'가 [방법]의 뜻임을 알 수 있다.

③ [때]

앞·뒷마디의 풀이말이 움직씨이고 임자말이 같은 경우, 앞마디 풀이말이 늙다, 젊다, 자라다 등 생물의 생태 변화를 나타내면, '언제'라는 물음말에만 호응하여 [때]의 뜻으로 쓰이는데, [때]는 [완료 이후]를 뜻한다.

(13) ㄱ. 그는 늙어서 철들었다.
ㄴ. 젊어서 고생은 사서도 한다.
ㄷ. 내가 자라서 어른이 되면……

④ [때] 또는 [이유]

앞·뒷마디의 풀이말이 움직씨인 경우 앞마디 풀이말이 해, 달, 별이 뜨고 진다든가, 꽃이 피는 것 등 때와 관련된 자연의 변화를 나타내면, [때] 또는 [이유]의 뜻으로 모호하게 나타난다.

(14) ㄱ. 해가 떠서 왔다.
ㄴ. 달이 져서 잠들었다.

ㄷ. 꽃이 피어서 서울로 떠났다.

(14ㄱ-ㄷ)은 '언제'라는 물음에 대한 답문도 되고, '왜'라는 물음에 대한 답문도 되어, 그 뜻이 모호함을 보인다. 자연의 변화가 [때]의 뜻으로 쓰이는 것은, '-어서'에 [완료]의 뜻이 있기 때문이다. 즉 '해가 뜨고 나서', '달이 지고 나서', '꽃이 피고 나서' 등 [완료 이후]의 뜻으로 쓰이는데 이는, '-어서'가 [+완료상]을 지니기 때문으로 보인다.

⑤ [잉여적 의미(여운, 강조)]

'-어서'가 자리토씨 '-에'나 '-에게' 뒤에 오는 '있다'에 결합하면 [강조], [여운] 등 잉여적 뜻으로 쓰인다. 이 경우 이음월 구성에 관여하기보다는 어찌말로 기능하며, '있어'를 생략하고 '-서'를 '-에'나 '-에게'에 결합해도 의미에는 손상이 없다.

(15) ㄱ. 나에게 있어 가장 중요한 것은 건강이다.
 ㄴ. 오늘날의 서울에 있어서 가장 심각한 문제는 대기 오염을 비롯한 환경 문제이다.
 ㄷ. 인류의 생존에 관한 문제에 있어서 꼭 해결해야 할 과제는 공해 문제이다.

(16) ㄱ. 나에게 (있어)서 가장 중요한 것은 건강이다.
 ㄴ. 오늘날의 서울에 (있어)서 가장 심각한 것은⋯⋯
 ㄷ. 인류의 생존에 관한 문제에 (있어)서 꼭 해결⋯⋯

<표 8> '-어서'의 의미와 통어적 조건

의미＼통어적 조건	풀이말의 특성	앞·뒷마디의 임자말
이유	① 앞·뒷마디의 풀이말이 모두 움직씨	임자말이 달라야 함 (임자말이 같은 경우는 임자말의 토씨가 도움토씨여야 함.)
	② 앞마디든 뒷마디든 그림씨가 오면	관여하지 않는다.
	③ '이름씨+이다'에 결합하면	관여하지 않는다.
때벌림	앞·뒷마디의 풀이말이 움직씨	임자말이 같다.
방법	앞·뒷마디의 풀이말이 움직씨	임자말이 같다.
때	앞마디는 늙다, 젊다, 자라다 등 생물의 생태 변화이고, 뒷마디는 움직씨.	관여하지 않는다.
잉여적 의미	토씨 '-에', '-에게' 뒤에 오는 '있다'에만 결합	

3.1.2. '-으니까'

'-으니까'가 이음월 구성에 관여할 때에는 [이유], [때], [조건]의 뜻으로 쓰이는데, 그 의미의 차이는 '-어서'와 마찬가지로 풀이말의 의미 특성에 따라 달라진다.

1) [이유]의 뜻

'-으니까'가 앞마디 풀이말이 그림씨이고 뒷마디 풀이말이 움직씨인 이음월에 관여하면, 앞·뒷마디의 임자말이 같고 다름에 관계없이 모두 '왜'에 대한 답문에만 호응되어 이유 구문을 구성한다.

앞마디와 뒷마디의 풀이말이 모두 그림씨인 경우도 이유 구문을 구성한다.

> (19) ㄱ. 아직 젊으니까 견디어 내겠지요.
>   ㄴ. 너의 아내는 슬기로우니까 잘 처리할거야.

> (20) ㄱ. 그녀는 아직 젊으니까 예쁘겠지.
>   ㄴ. 언니가 예쁘니까 동생도 예쁘겠지.
>   ㄷ. 아내가 착하니까 다행이다.

앞마디 풀이말이 움직씨이고, 뒷마디 풀이말이 그림씨인 경우도 이유 구문을 구성한다.

> (21) ㄱ. 결혼하니까 행복하다.
>   ㄴ. 흰색으로 도배를 하니까 방이 밝다.

위와 같은 논의를 (22)와 같이 요약할 수 있다.

> (22) 〈'-으니까'가 이유 구문을 구성하는 통어적 조건 Ⅰ〉
>   '-으니까'가 이음월 구성에 관여하는 경우 앞마디이든 뒷마디이든
>   그림씨가 오면, 임자말에 관계없이 이유 구문을 구성한다.

앞마디 풀이말이 '이름씨+이다'이면, 이유 구문을 구성한다.
이 경우 뒷마디의 풀이말은 움직씨만 오며, 앞마디와 뒷마디의 임자말은 다르게 나타난다.

> (23) ㄱ. 상부의 명령이니까 말을 듣지 아니하면 강습소를 폐쇄시키겠다.

ㄴ. 나도 괭이처럼 얌전해질 테니까 너무 신경을 쓰지 마라.

ㄷ. 중요한 물건이니까 잘 보관하도록 해라.

뒷마디 풀이말이 '이름씨+이다'이면, 앞마디 풀이말에 관계없이 이유 구문을 구성한다.

(24) ㄱ. 그는 내가 어려울 때 도와줬으니까 나의 은인이다.

ㄴ. 너는 남의 물건을 훔쳤으니까 도적이다.

ㄷ. 그녀는 얼굴이 예쁘고 마음이 착하니까 좋은 신부감이다.

(25) 〈'-으니까'가 이유 구문을 구성하는 통어적 조건 II〉

'-으니까'가 이음월 구성에 관여하는 경우, 앞마디이든 뒷마디이든 풀이말이 '이름씨+이다'이면 이유 구문을 구성한다.

앞·뒷마디의 풀이말이 움직씨인 이음월 구성에서 '-으니까'는 [이유] 의 뜻과 [때]의 뜻으로 쓰이는데, 그 구별은 앞마디 풀이말의 의미 특성 에 따른다.

다음 (26ㄱ-ㄹ)은 사람이나 동물의 움직임을 나타내는데 이유 구문을 구성한다.

(26) ㄱ. 영신이가 집을 짓지를 못해서 성화를 하니까 다른 회원들 은……

ㄴ. 순희가 노래를 하니까 철수가 안 간다.

ㄷ. 개가 짖으니까 도적놈이 달아나더라.

ㄹ. 은어가 사니까 아직 오염이 덜 됐다 할만하다.

자연의 움직임을 나타내는 움직씨에 결합해도 이유 구문을 구성하는 경우가 있다.

> (27) 바람이 부니까 낙엽이 진다.

이상과 같이 '-으니까'는 풀이말의 뜻 바탕에 따라 의미가 달라지는데, '-으니까'가 [이유]의 뜻으로 쓰이는 통어적 조건을 정리하면 다음과 같다.

> 〈'-으니까'가 이유 구문을 구성하는 통어적 조건 Ⅱ〉
> ① 앞마디이든, 뒷마디이든 그림씨가 오면, 이유 구문을 구성한다.
> ② 앞마디이든, 뒷마디이든 풀이말에 '이름씨+이다'가 오면, 이유 구문을 구성한다.
> ③ 앞마디와 뒷마디의 풀이말이 모두 움직씨이면, 앞마디 풀이말의 뜻 바탕에 따라 뜻이 달라진다.

2) [이유] 이외의 뜻 : [때]

사람이 늙는다든가, 꽃이 피고 진다든가, 낙엽이 들고 진다든가, 해·달 등이 뜨고 지는 등 시간이나 계절의 변화가 따르는 자연 현상이나 생물의 생태 변화를 나타내는 풀이말에 '-으니까'가 결합하면 [때], 또는 [이유]의 뜻이 된다.

> (28) ㄱ. 꽃이 피니까 산에 오른다.
>   ㄴ. 해가 뜨니까 떠난다.
>   ㄷ. 철수도 늙으니까 철이 든다.

(28ㄱ-ㄷ)은 '언제'라는 물음에도 호응이 가능하며, '왜', '어째서', '무엇 때문에' 등의 물음에도 호응이 되어 [때] 또는 [이유]의 뜻으로 모호

하게 쓰이는데, 그 구별은 전제된 물음으로 구별 가능하다.

　　자연 현상이나 생물의 생태 변화를 나타내는 움직씨가 아닌 경우도
[때]의 뜻으로 쓰이는 경우가 있다.

　　　(29) ㄱ. 기차가 도착하니까 가더라.
　　　　　 ㄴ. 철수가 가니까 떠나더라.
　　　　　 ㄷ. 아침밥을 먹으니까 날이 밝더라.

　　'-으니까'가 [때]의 뜻인 경우 뒷마디에는 회상의 안맺음씨끝 '-더-'
가 결합되며, '-더-'를 생략한 (30ㄱ-ㄴ)은 [이유]의 뜻으로 쓰인다.

　　　(30) ㄱ. 기차가 도착하니까, 간다.
　　　　　 ㄴ. 철수가 가니까, 떠난다.

　　위와 같은 논의로 다음과 같은 원리를 찾을 수 있다.

　　　(31) 〈'-으니까'가 이유 구문을 구성하는 통어적 조건 Ⅳ 〉
　　　　　 '-으니까'는 앞·뒷마디의 풀이말이 움직씨인 이음월 구성에 관여
　　　　　 하는 경우, 앞·뒷마디의 풀이말이 자연 현상이나 생물의 생태 변
　　　　　 화를 나타내는 움직씨인 경우와 앞마디의 풀이말이 관례화된 시간
　　　　　 에 행해지는 움직씨고 뒷마디에 '-더-'를 결합한 것을 제외하고
　　　　　 모두 이유 구문을 구성한다.

〈표 9〉 '-으니까'의 의미와 통어적 조건

통어적 조건 의미	풀이말의 특성	앞·뒷마디의 임자말
이유	① 앞마디나 뒷마디에 그림씨가 온다. ② 앞마디나 뒷마디에 '이름씨+이다'가 온다.	관여하지 않음.

의미 \ 통어적 조건	풀이말의 특성	앞·뒷마디의 임자말
이유	③ 앞·뒷마디의 풀이말이 움직씨인 경우로, 앞마디 풀이말이 자연 현상의 변화나 생물의 생태 변화를 나타내는 것이 아닌 것.	
때	① 앞마디 풀이말이 자연 현상이나 생물의 생태 변화를 나타내는 움직씨.	관여하지 않음.

3.1.3. '-느라고'

'-느라고'는 [이유], [목적]의 뜻으로 쓰인다.

'-느라고'는 앞마디와 뒷마디의 시간 관계에 따라 그 뜻이 달라진다. 앞마디와 뒷마디의 시간이 일치하면 이유 구문을 구성하고, 뒷마디의 시간이 앞마디에 앞서면 [목적]의 뜻이 된다.

1) [이유]의 뜻

(32) ㄱ. 그는 권투 중계를 보느라고 정신이 없다.
　　 ㄴ. 그는 사업을 하느라고 가족을 열심히 돌보지 못한다.
　　 ㄷ. 서울의 본사에서는 사후 대책을 마련하느라고 분주한 모습이
　　　　 었다.

(32ㄱ-ㄷ)은 '왜 정신이 없느냐?', '왜 돌보지 못하느냐?', '왜 분주한 모습이었느냐?' 등의 물음에 호응하는 말로 [이유]의 뜻이 된다. 이 경우 앞마디와 뒷마디의 시간 관계는 일치한다.

2) [이유] 이외의 뜻 : [목적]

> (33) ㄱ. 그녀를 만나느라고 한 시간 동안이나 기다리고 있었다.
> ㄴ. 나는 어제 냉면을 먹느라고 청계천 식당까지 갔었다.
> ㄷ. 그가 탄 버스를 타느라고 황급히 뛰어갔다.
> ㄹ. 소녀는 나비를 잡느라고 꽃밭 속을 살금살금 걸어다녔다.

(33ㄱ-ㄹ)은 '왜', '무엇하러' 등과 호응되어 [목적]과 [이유]의 뜻으로 모호한 것처럼 보인다. 이 경우 뒷마디의 시간이 앞마디보다 앞서서 행해진다. 또 [이유]의 뜻에서는 앞마디의 행위가 실현된 것인데 반해서, [목적]의 뜻인 (33ㄱ-ㄹ)은 앞마디의 행위가 미실현된 것일 수도 있다. 즉 권투 중계를 본다든가 사업을 한다든가 대책을 마련하는 것은 뒷마디의 행위와 같은 시간에 행해지고 있으나 그녀를 만난다든가, 냉면을 먹는다든가, 버스를 탄다든가, 나비를 잡는다는 등의 행위는 뒷마디의 행위와 같이 나타날 수 없을 뿐 아니라 꼭 실현된다는 보장도 없다. 다시 말하면, 그녀를 만나기 위해서 기다렸지만 못 만날 수도 있고, 버스를 타기 위해서 황급히 뛰어 갔지만 못 탈 수도 있으며, 나비를 잡기 위해서 걸어 다녔지만 못 잡을 수도 있다. 이렇게 뒷마디의 행위가 앞마디보다 앞서서 행하며 앞마디의 행위가 불확실하면, [목적]의 뜻이 된다. 이 경우 '-느라고'는 '-기 위해'로 대치 가능하다.

<표 10> '-느라고'의 의미와 통어적 조건

의미＼통어적 조건	시 간 관 계
이 유	앞마디와 뒷마디의 시점이 일치함.
목 적	뒷마디의 시점이 앞마디보다 앞섬.

3.1.4. '-으므로, -기에, -기로'

'-으므로'는 [이유]의 뜻으로만 쓰인다.

'-기에'는 임자말의 특성에 따라 뜻이 달리 나타난다. 즉 뒷마디의 임자말이 [+유정물]이고 앞마디와 뒷마디의 임자말이 다르면, 이유 구문을 구성한다.

> (34) ㄱ. 철수가 가기에 못 가게 했다.
> ㄴ. 비가 오기에 집으로 갔다.

그러나 서술법으로 앞·뒷마디의 임자말이 같으면, [목적]이나 [대상]의 뜻이 된다.

> (35) ㄱ. 잡지나 신문은 항상 필자를 구하기에 바쁘다.
> ㄴ. 민족 전부가, 인류 전체가 모두 나서서 스스로 제가 저를 구하기에 온갖 정성을 다해야 한다.

(35ㄱ)의 '-기에'는 '-느라고', '-기 위해'로 대치 가능하며 [목적]의 뜻이 되고, (35ㄴ)의 '-기에'는 '-는 데에'로 대치 가능하며 [대상]을 일컫는다.

<표 11> '-기에'의 의미와 통어적 의미

통어적 조건 / 의미	풀이말의 특성	앞·뒷마디의 임자말
이 유	관여하지 않음	임자말이 달라야 함
목 적	관여하지 않음	임자말이 같음
대 상	관여하지 않음	임자말이 같음

‘-기로’는 어떤 행위에 대한 [이유]가 적절치 못함을 질책할 때 쓰는 말인데, 그 이외에 [비교], [목적], [설명], [이유]의 뜻으로 쓰인다.

(36) ㄱ. 아무리 돈이 좋기로 인간이 그럴 수가 있나?
ㄴ. 농담을 좀 했기로 자네가 그리 화를 낼 수 있나?
ㄷ. 내가 좀 심한 말을 했기로 나한테 그럴 수가 있나?
ㄹ. 꽃이 지기로 바람을 탓하랴?

(36ㄱ-ㄹ)은 앞마디의 현상이나 행위가 뒷마디의 [이유]가 되지 못함을 나타내는 말로, 상대나 제3자의 행위를 탓하거나 질책하면서 동시에 섭섭함을 나타낸다. 이 경우 앞마디에는 ‘아무리’, ‘좀’ 등 정도어찌씨가 나타나는 것이 일반적이고, 뒷마디는 물음의 씨끝이 오는 것이 보편적이다. 또 뒷마디의 임자말은 2인칭이거나 3인칭으로 나타난다.

(37) ㄱ. 걸음을 잘 걷기로 기차를 따를 수야 없지.
ㄴ. 날씨가 사납기로 이 정도 일이야 못하겠니?
ㄷ. 아무리 공부를 잘하기로 그런 문제야 풀 수 있겠나?

(37ㄱ-ㄷ)은 뒷마디에 질책이나 책망, 섭섭함을 나타내지는 않으나, 앞마디의 현상이 뒷마디에 대한 [이유]가 되지 못함을 나타내는 말로 [비교]의 뜻과 [방임]의 뜻도 담겨 있다. 이때의 ‘-기로’는 ‘-망정’, ‘-ㄴ들’, ‘-다 하더라도’ 등으로 대치가 가능해서 [가정된 이유]임을 보인다. 또 앞마디가 뒷마디에 미치지 못함을 나타내 [비교]의 뜻도 포함된다. 이 경우 뒷마디는 물음법이거나 부정평서문으로 된다.

(38) ㄱ. 아무리 작기로 이 정도야 안 되겠나?

ㄴ. 아무리 날씨가 춥기로 겨울만이야 할까?

ㄷ. 한강이 깊기로 바다만이야 하며 태산이 높기로 하늘만이야 할
　　까?

(38ㄱ-ㄷ)은 [비교]의 뜻인데, 뒷마디의 임자말은 수량이나 정도를 나
타내는 말 뒤에 강세도움토씨 '-이야'가 붙고, 의향씨끝은 물음의 씨끝
만 온다.

(39) ㄱ. 나는 너를 친구들 중에서 빼내 특별한 남자로 만들기로 했어.

ㄴ. 단 한번 참회하고, 이해를 구하기로 했어.

ㄷ. 고민하던 나머지, 모든 속세의 인연을 끊고 출가하기로 작정
　　을 했다.

(39ㄱ)은 '무엇을 했느냐?'에 대한 답으로 호응할 수 있어 [목적]의 뜻
으로 쓰인다. 그런데 이 경우 앞마디와 뒷마디의 임자말이 모두 1인칭이
며 뒷마디가 평서형으로 끝나는 통어적 특성을 지닌다. 또 '-기로 하다'
는 통어적으로 긴밀하게 이어지고 있으며 '-하다'는 도움움직씨와 같은
기능을 한다.

(40) 내가 알기로, 동양의 법가는 성악설에서 출발하고……

(40)의 '-기로'는 설명의 뜻으로 '-는 바에 의하면'으로 대치 가능하다.

(41) ㄱ. 밖이 소란하기로 나가보니……

ㄴ. 철수가 오라고 하기로 갔더니……

(41ㄱ-ㄷ)은 순수한 [이유]의 뜻으로 쓰이는데, 통어적으로 (36), (37)과 다르다. 즉 (36)-(38)은 뒷마디에 1인칭의 임자말이 올 수 없었던 것에 반해 뒷마디에 1인칭의 임자말이 올 수 있으며, 뒷마디가 부정이나 물음이 아니며, 어찌말을 필요로 하지도 않는다. 그러나 이 경우 '-기로'는 '-기에'로 대치시키는 것이 더 자연스럽다.

〈표 12〉 '-기로'의 의미와 통어적 조건

의미 ＼ 통어적 조건	앞·뒷마디의 임자말	의향법
어떤 행위에 대한 이유로 미흡함을 질책	뒷마디는 2.3인칭	물음법
비 교	뒷마디 임자말의 토씨가 도움토씨 '-이야'나'-만이야'	물음법
목 적	앞·뒷마디 1인칭	평서형
설 명	앞마디 1인칭 ※ 앞마디 풀이말은 알다, 배우다, 생각하다 등	평서형
이 유	뒷마디 1인칭	※ 뒷마디의 씨끝은 -니, -더니 등 설명형.

이상에서 살핀 바에 의하면, 이음씨끝들은 월의 짜임에 따라 앞마디와 뒷마디를 이어주는 의미 관계가 달라진다. 앞마디와 뒷마디의 의미 관계를 결정하는 요인은 풀이말의 의미 특성, 동일 임자말 관계, 앞마디 임자말의 토씨의 성격 등인데, 각 이음씨끝들의 의미는 다음과 같이 나타난다.

① '-어서'는 앞마디와 뒷마디를 [이유], [방법], [때벌림], [여운]의 뜻으로 이어주는데, 다음의 경우에 [이유]의 뜻으로 쓰인다.
앞마디나 뒷마디의 풀이말 가운데 그림씨나 '이름씨＋이다'가 들어

있으면 [이유]의 뜻이다.

앞마디나 뒷마디의 풀이말이 모두 움직씨이면, 앞·뒷마디의 임자말이 다른 경우에만 [이유]의 뜻이 된다. 그러나 이 경우도 앞마디의 풀이말이 자연 현상과 관련되거나 생물의 생태 변화를 뜻하면 [이유] 이외의 뜻이 되기도 한다.

앞마디나 뒷마디의 풀이말이 모두 움직씨이며 동일 임자말 관계인 경우도 앞마디의 임자말의 토씨가 도움토씨 ('-는'제외) 이면 [이유]의 뜻이다.

② '-으니까'는 [이유], [조건], [때]의 뜻으로 쓰이는데, [이유]의 뜻으로 쓰이는 경우는 다음과 같다.

앞마디나 뒷마디의 풀이말 가운데 그림씨나 '이름씨＋이다'가 들어 있으면 [이유]의 뜻이 된다.

앞마디나 뒷마디가 모두 움직씨인 경우라도 앞마디 풀이말이 시간과 관련된 자연 현상, 또는 생물의 생태 변화를 나타내는 말이 아니면 [이유]의 뜻이 된다.

③ '-느라고'는 [이유], [목적]의 뜻으로 쓰이는데, 앞마디와 뒷마디의 시간이 일치하면 [이유]의 뜻이고, 뒷마디의 시간이 앞서면 [목적]의 뜻이 된다.

④ '-으므로'는 [이유]의 뜻으로만 쓰인다.

⑤ '-기에'는 [이유], [목적], [대상]의 뜻으로 쓰이는데, 임자말의 특성에 따라 뜻이 달리진다. 즉 뒷마디의 임사말이 [＋유정불]로 앞·뒷마디의 임자말이 다르면 이유 구문이 되고, 임자말이 같으면 [목적]이나 [대상]의 뜻이 된다.

⑥ '-기로'는 어떤 행동에 대한 [이유]가 적절치 못함을 탓하는 경우에 쓰이며, [비교], [목적], [설명], [이유]의 뜻으로 쓰이기도 한다.

3.2. 앞마디와 뒷마디의 시간 관계

현실법(-ø-)을 제외하고는 어떠한 때매김씨끝과도 결합하지 못하는 씨끝들이 있는데, 이들 씨끝들의 의미 특성에는 앞마디와 뒷마디 사이에 시간적인 관계가 포함되어 있다. 즉 이들 씨끝의 상적 특성에 의해 앞마디의 시점이 뒷마디의 시점보다 ①앞서는 경우, ②뒤서는 경우, ③같은 경우 등이 있고(권재일, 1985 : 57~58 참조), ④앞마디와 뒷마디의 시간 관계가 모호하게 나타나는 경우도 있다.

① 앞마디의 시점이 뒷마디의 시점보다 앞섬 : (→)
② 뒷마디의 시점이 앞마디의 시점보다 앞섬 : (←)
③ 앞마디와 뒷마디의 시점이 일치함　　　　 : (＝)
④ 앞마디와 뒷마디의 시점 관계가 모호함　 : (↔)

3.2.1. '-어서'

'-어서'는 이유 구문에서 앞마디가 뒷마디보다 시점이 앞서는 것이 보편적이다.

(42) ㄱ. 바람이 불어서, 나뭇잎이 떨어진다.(→)
　　　ㄴ. 할아버님께서는 떠나게 되셔서, 슬퍼하신다.(→)

그러나 앞마디와 뒷마디의 풀이말에 따라 앞마디와의 시간 관계가 모호하게 나타날 수도 있다.

앞마디의 풀이말이 '이름씨+하다'이고, 뒷마디 풀이말이 '가다', '떠나다' 등의 이동움직씨이면, 앞마디와 뒷마디의 시간이 모호하게 나타난다.

> (43) ㄱ. 친구가 졸업해서 내가 축하하러 간다.(↔)
>   ㄴ. 친구가 운동을 해서 친구의 형이 구경하러 떠나신다.(↔)

(43ㄱ)은 '친구가 졸업하는 장소로 축하하러 갈 수도 있고, 친구가 졸업한 뒤에 다른 장소로 축하하러 갈 수도 있다'는 뜻이고, (43ㄴ)은 '친구가 운동을 하게 되어서 미리 떠난다.'는 뜻도 되고, '친구가 운동을 하고 있어서 떠난다.'는 뜻도 되어서 시간 관계가 모호하다.

또 앞마디의 풀이말이 이동움직씨 '오다'이고 뒷마디의 풀이말이 동작 움직씨이면, 앞마디와 뒷마디의 시간 관계가 모호하게 나타난다.

> (44) ㄱ. 어머님께서는 손님이 오셔서 음식을 만드신다.(↔)
>   ㄴ. 선생님께서 가정 방문 오셔서 나는 청소를 한다.(↔)

이유 구문 앞에 조건의 구문이 오면, 뒷마디의 시간이 앞선다.

> (45) 겨울이 되면 추워져서, 이불을 준비한다.(←)

(45)는 이유 구문의 앞에 조건의 구문이 온 경우인데, 이와 같이 이유 구문의 앞에 [조건]의 구문이 오면 뒷마디의 시간이 앞선다. 그러나 (45)와 같이 조건의 구문이 없으면 앞마디의 시간이 앞선다.

> (46) 추워져서, 이불을 준비한다.(→)

3.2.2. '-느라고'

'-느라고'가 과정을 설명하는 경우 앞마디와 뒷마디의 시간 관계는 일치한다.

  (47) ㄱ. 권투 중계를 보느라고 정신이 없다.(=)
      ㄴ. 시험공부를 하느라고 밤을 새웁니다.(=)

그러나 '-느라고'가 [목적]의 뜻을 내포할 경우 뒷마디의 시간이 앞선다.

  (48) ㄱ. 나는 어제 비빔냉면을 먹느라고 청계천 식당까지 갔다.(←)
      ㄴ. 그가 탄 버스를 타느라고 황급히 뛰어갔다.(←)
      ㄷ. 양복 색깔에 맞추느라고 이 넥타이를 샀습니다.(←)

  (49) 소녀는 나비를 잡느라고 꽃밭 속을 살금살금 걸어다녔다.(=) 또는
      (←)

(48ㄱ-ㄷ)은 [목적]의 뜻을 내포하고 있는데 이 경우 뒷마디의 시간이 앞선다. 또 (49)은 [과정]이나 [목적]의 뜻으로 모호하게 쓰이는데, [과정]의 뜻일 때는 앞마디와 뒷마디의 시간이 일치하고, [목적]의 뜻일 때는 뒷마디의 시간이 앞선다. 즉 (49)의 경우 '잡기 위해서'의 뜻일 경우 뒷마디의 시간이 앞서고, 잡는 동작(과정) 설명일 때는 뒷마디와 시간이 일치한다.

3.2.1. '-으니까', '-으므로', '-기에', '-기로'

시상의 안맺음씨끝과 결합이 자연스런 '-으니까', '-으므로', '-기에', '-기로' 등은 앞마디 풀이말에 결합된 시상의 안맺음씨끝에 따라 앞마디와 뒷마디의 시간 관계가 나타난다. 그러나 -ø-형태에서는 이음씨끝마다 시간 관계가 달라진다.

'-으니까'는 앞마디와 뒷마디의 풀이말에 따라 앞마디의 시간이 앞서는 경우도 있고, 뒤에 오는 경우도 있으며, 앞마디와 뒷마디의 시간이 모호하게 나타나는 경우도 있다.

(50) ㄱ. 바람이 부니까 나뭇잎이 떨어진다.(→)
     ㄴ. 손님이 오시니까 비가 온다.(→)

(51) 추운 지방에 가니까 옷을 단단히 입어라.(←)

(52) ㄱ. 결혼하니까 놀러 오너라.(↔)
     ㄴ. 손님이 오시니까 떡을 하는구나.(↔)

(51)의 앞마디는 [예정상]을 나타내므로 뒷마디의 시간이 예정인 앞마디보다 앞선다. 그러나 같은 [예정상]인 (52)은 상황에 따라 시간 관계가 달라진다. (52ㄱ)은 결혼하니까, 미리 집으로 오라는 뜻도 되고, 결혼식장으로 오라는 뜻도 되며, 결혼 후에 집으로 오라는 뜻도 가능하다. (52ㄴ)은 보편적으로는 손님이 오신 후에 한다는 뜻이나, 오기 전에 미리 한다는 뜻도 된다. '-으니까'의 경우도 앞·뒷마디의 시간 관계가 모호하거나 뒷마디의 시간이 앞서는 것은, ① 앞마디의 풀이말이 '이름씨+하다'이고, 뒷마디 풀이말이 이동움직씨인 경우와, ② 앞마디 풀이말이

이동움직씨이고 뒷마디 풀이말이 동작움직씨인 경우이다.
'-으므로'는 앞마디의 시간이 앞서는 것이 보편적이다.

(53) ㄱ. 나는 말이 통하지 않으므로, 노승 앞에 발을 모으고 서서……
    (→)
ㄴ. 호환에서 딸을 구해 준 상원 스님이 생명의 은인이므로, 그 은덕에 보답할 길이 없음을 안타까워하며 자꾸 만류하는 것이었다.(→)
ㄷ. 잔적 얼마가 해안에 배를 붙이고 도망하므로, 우리 피난민에게 해가 미칠까 염려하여……(→)

그러나 다음의 경우는 뒷마디의 시간이 앞선다.

(54) ㄱ. 겨울이 되면 눈이 오므로, 월동준비를 해야 한다.(←)
ㄴ. 밤이 되면 어두우므로, 초를 준비한다.(←)

즉 앞마디에 조건이 붙고 뒷마디에 '준비'의 뜻이 있으면, 뒷마디(준비)가 시간상 앞선다. 이점은 '-어서'와 마찬가지이다.

(55) 밤이 되면, 어두워서, 초를 준비한다.(←)

'-기에', '-기로'는 앞마디의 시간이 앞선다.

(56) ㄱ. 경치가 좋기로, 시 한 수를 읊었다.(→)
ㄴ. 철수가 온다기에, 공항에 가는 길이다.(→)
ㄷ. 당신이 늦는다기에, 찬밥으로 때우고 있소.(→)

(57) ㄱ. 아무리 돈이 좋기로 인간이 그럴 수가 있나.(→)

ㄴ. 걸음을 잘 걷기로 기차를 따를 수야 없지.(→)

ㄷ. 날씨가 사납기로 이 정도야 못하겠나?(→)

'-기에'는 앞마디의 상황, 말, 행위가 자기 행동(뒷마디의 행동)을 일으키는 것이 되고 '-기로'는 앞마디가 뒷마디의 이유로 부적절함을 나타내므로 모두 앞마디의 시간이 앞선다.

이상에서 살핀 바와 같이, 이유 구문에서 앞마디와 뒷마디의 시간 관계는 씨끝마다 다른데, 그 결과는 아래와 같다.

① '-어서'와 '-으니까'는 앞마디의 시간이 앞서는 것이 보편적이나, 앞·뒷마디의 풀이말의 의미 특성에 따라 뒷마디가 앞설 수도 있고 모호하게 나타나기도 한다.

② '-느라고'는 의미에 따라 달라지는데, 과정을 설명하면 앞마디와 뒷마디의 시간이 일치하고, [목적]의 뜻을 내포하면 뒷마디의 시간이 앞선다.

③ '-기에', '-기로', '-으므로' 등 이음씨끝화한 것은, 앞마디의 시간이 언제나 앞선다.

그러나 이유 구문 앞에 조건의 씨끝 '-면'이 오면, 언제나 뒷마디의 시간이 앞선다.

(58) ㄱ. 밤이 되면 추워져서 이불을 준비한다.

ㄴ. 밤이 되면 어두우므로 초를 준비한다.

ㄷ. 일이 잘못되면 큰일 나니까 조심해라.

3.3. 초점

이정민·배영남(1987 : 361)은 초점을 통어 분야와 의미 분야로 나누어서 다음과 같이 설명하고 있다.

1) 〈통어〉

문장 중에서 다른 연속체(sequence)로 치환될 수 있는 연속체를 말한다. 예를 들어 "I saw a flower in the garden"에서 flower라는 연속체가 bird, cat, pond 등으로 대치될 수 있을 때, 이 flower를 '초점'이라 한다. 초점을 제외한 그 외의 부분은 '초점의 환경'이라고 한다.

2) 〈의미〉

(i) John washed the car.
(ii) 철수는 서울에 갔다.

예문 (i), (ii)의 밑줄 부분의 강세를 받고 발음될 경우, 말할이는 '누군가가 그 차를 씻었다', '철수는 어딘가에 갔다'는 것을 각각 전제로 하여 '누군가'는 John이고 '어딘가'는 서울을 나타내고 있다고 각각 해석된다. 이와 같이 문장에는 전제된 것을 기술하는 부분과, 그 문장에 의해 새로운 정보를 기술하는 부분이 있는데, 후자를 '초점'이라 한다.(이상, 이정민, 배영민, 361인용)

이유 구문은 앞마디와 뒷마디를 이유와 결과의 관계로 이어주는데, 씨끝에 따라 초점이 놓이는 자리가 달라진다. 그러나 이는 어디까지나 보편적인 현상일 뿐이며, 말할이의 심리 상태나 억양에 따라 달라질 수도 있다.

> (59) ㄱ. 바람이 불어서 나뭇잎이 흔들이는 것 같다.
>
> ㄴ. 바람이 부니까 나뭇잎이 흔들리는 것 같다.
>
> ㄷ. 늦잠을 자느라고 늦는 것 같다.
>
> ㄹ. 그릇 모양을 얄팍하게 만들었으므로 질그릇에서 쇳소리가 날
>   것 같다.
>
> ㅁ. 마음을 잃어가고 있으므로 생활도 잃어가는 것 같다.
>
> ㅂ. 마음을 잃어가고 있기에 생활도 잃어가는 것 같다.

(59ㄱ-ㅂ)은 모두 '-것 같다'로 추측을 나타내는 월인데, 무엇이 그럴 것 같은가에 이 글의 초점이 모아진다. 그 초점을 살피기 위해 의미를 살피면 다음과 같이 나타나는 것이 보편적이다.

(59ㄱ)은 나뭇잎이 흔들리는 것은 사실인데, 그 이유가 바람이 불어서인 것 같다는 뜻으로(실제 이유는 다른 것일 수도 있음), 이 월에서 새로운 정보, 즉 초점은 [이유]인 앞마디에 오게 된다. 그러나 (59ㄴ)은 바람이 부니까 그 결과로 나뭇잎이 흔들리는 것 같다는 뜻으로(실제는 흔들리지 않으나 정감상 그렇게 느껴질 수도 있음), 초점이 [결과]에 나타난다. 또 (59ㄷ)은 늦는 것은 사실인데 그 이유가 늦잠을 자는 데 있는 것 같다는 뜻이며, (59ㄹ)은 얄팍하게 만든 것을 보고서 쇳소리가 날 것 같은 느낌을 받았다는 뜻으로, 초점이 결과에 나타난다. 이와 같은 논의로 초점이 나타나는 위치를 살펴보면 다음과 같다.

〈추측을 나타내는 월에서 초점이 놓이는 자리〉
① 초점이 이유에 있는 씨끝 : '-어서', '-느라고'
② 초점이 결과에 있는 씨끝 : '-으니까', '-으므로', '-기에'

뒷마디를 물음의 구조로 바꾸면, 초점이 나타나는 자리가 더욱 명확히 나타난다.

> (60) ㄱ. 바람이 불어서 나뭇잎이 흔들거리느냐?
>   ㄴ. 바람이 부니까 나뭇잎이 흔들거리느냐?
>   ㄷ. 늦잠을 자느라고 늦느냐?
>   ㄹ. 현대인은 마음을 잃어가고 있으므로 생활도 잃어 가느냐?
>   ㅁ. 마음을 잃어가고 있기에 생활도 잃어 가느냐?

(60ㄱ)은 나뭇잎이 흔들리는 것은 사실인데 그 이유가 바람이 부는 데 있느냐는 뜻으로, 물음의 초점이 [이유]에 주어지고, (60ㄴ)은 바람이 부는 것은 확인된 사실인데 그 결과로 나뭇잎이 흔들거리느냐는 뜻으로, 물음의 초점이 [결과]에 나타나고 있다. 이런 방법으로 확인된 물음의 초점은 다음과 같다.

> ⟨물음을 나타내는 월에서 초점이 나타나는 자리⟩
> ① 물음의 초점이 이유에 있는 씨끝 : '-어서', '-느라고'
> ② 물음의 초점이 결과에 있는 씨끝 : '-으니까'
> ③ 물음의 초점이 월에 따라 달리 나타나는 씨끝 : '-으므로', '-기에'

'예'나 '아니오'로 답할 수 있는 물음법 가운데 부정의 답을 받으면, 초점이 없는 월은 전체가 부정되지만, 초점이 있는 월은 그 초점만 부정되고 나머지 부분은 부정되지 않는다.(Chomsky, 1972)

> (61) ㄱ. 문 : 바람이 불어서 나뭇잎이 흔들거리느냐?
>   답 : 아니오, 발로 차서 흔들려요.
>   ㄴ. 문 : 바람이 부니까, 나뭇잎이 흔들거리느냐?

　　　　　답 : 아니오, 나뭇잎은 안 흔들려요.
　　　ㄷ. 문 : 늦잠을 자느라고 늦느냐?
　　　　　답 : 아니오, 친구를 만나느라고 늦어요.

　(61ㄱ-ㄷ)으로 볼 때, '-어서'와 '-느라고'는 물음의 초점이 이유에 있음을 볼 수 있고, '-으니까'는 물음의 초점이 결과에 있음을 알 수 있다. 그러나 '-으므로', '-기에'는 월의 성격에 따라 초점의 자리가 달라진다.

　　(62) ㄱ. 문 : 질그릇이 얇으므로 쇳소리가 나느냐?
　　　　　　답 : 아니오, 질그릇이 단단해서요.
　　　　ㄴ. 문 : 마음을 잃어가고 있기에 생활도 잃어 가느냐?
　　　　　　답 : 아니오, 생활을 잃는 이유는 다른 데 있어요.
　　(63) ㄱ. 문 : 질그릇이 얇으므로 쇳소리가 날 것 같으냐?
　　　　　　답 : 아니오, 둔탁한 소리가 날거요.
　　　　ㄴ. 문 : 마음을 잃어가고 있기에 생활도 잃어갈 것 같으냐?
　　　　　　답 : 아니오, 생활은 안 잃을 거요.

　(62ㄱ-ㄷ)은 물음의 확정된 사실을 묻는 말로, 물음의 초점이 모두 [이유]에 주어지나, (63ㄱ-ㄴ)은 결과를 묻는 말이다. 즉 '-기에', '-으므로'는 뒷마디가 확정이면, 물음의 초점이 [이유]에 나타나고, 뒷마디가 추정이면 물음의 초점이 [결과]에 나타난다.
　이상의 논의를 말할이의 심리 상태나 억양을 고려치 않고, 보편적인 현상만을 살펴서 정리하면, 두 월이 [이유]와 [결과]의 관계로 이어질 때 뒷마디의 풀이말이 추측으로 끝나면, 씨끝에 따라 추측하는 초점이 [결과]에 놓이기도 하고, [이유]에 놓이기도 한다.
　'-어서', '-느라고'는 추측의 초점이 [이유]에 나타나고, '-으니까', '-으므로', '-기에'는 추측의 초점이 [결과]에 나타나는데, 초점이 [이유]에 나타나는 것은 대체로 이음씨끝의 뒷마디 풀이말 사이의 구성이 긴밀하게 나타난다.

또 뒷마디가 물음법으로 끝나도, 물음의 초점이 [이유]에 나타나는 것과 [결과]에 나타나는 것으로 나눌 수 있다. '-어서', '-느라고'는 물음의 초점이 [이유]에 놓이고, '-으니까'는 [결과]에 놓으며, '-으므로', '-기에'는 초점의 위치가 일정하지 않다.

이유 구문 가운데 '예'나 '아니오'로 답할 수 있는 물음법 가운데 부정의 답을 받으면, 초점이 없는 월은 전체가 부정되지만, 초점이 있는 월은 초점만 부정되고 나머지 부분은 부정되지 않는다. 따라서 초점이 [이유]에 있는 '-어서'와 '-느라고'에 의한 이음월은 [이유]만 부정되고, 초점이 [결과]에 있는 '-느라고'는 [결과]만 부정된다. 또 월에 따라 초점의 위치가 다른 '-기에', '-으므로'에 의한 이음월은, 월에 따라 [이유]가 부정되기도 하고 [결과]가 부정되기도 한다.

04
이유의 이음어찌씨 제약 원리

개관

가리킴그림씨 '이러하다, 그러하다, 저러하다'에 이유의 이음씨끝 '-어서', '-으니까', '-으므로', '-기에' 등이 결합하여 이유의 이음어찌씨로 쓰이는 경우가 있다.

> 이래서, 이러니까, 이러느라고, 이러므로, 이러기에
> 그래서, 그러니까, 그러느라고, 그러므로, 그러기에
> 저래서, 저러니까, 저러느라고, 저러므로, 저러기에

이음어찌씨에 대해서는 대용어로 보기도 하는데, 이 글에서 이음어찌씨로 잡은 이유는 이 글의 체계상 이음어찌씨로 보는 것이 더 자연스럽기 때문이다. 그러나 연구의 효율을 높이기 위해서, 대용어로 연구된 것도 참고하여 도움을 받고자 한다.[1]

---

1) 이음어찌씨에 대한 연구에서 대용어의 논리를 인용하는 것은 이음어찌씨에 대한 정의를 내리는 데 도움이 되기 때문이다.

김일웅(1982)은 대용어를 '상황대용'과 '문맥대용'으로 나누었다.

(1) 어제 산 라디오는 국산품이었으나, 그것은 외국산보다 더 실용적이
    더라.

(1)에서 대용어 '그것'은 앞선 문맥의 '어제 산 라디오'를 대용하고 있
다.

(2) (버스 안에서 술에 취해서 떠드는 사람을 보면서 [갑]과 [을]이 대
    화를 나눈다.
    갑 : 요즘도 저러는 사람이 있을까?
    을 : 뭐 한 잔 하면 저럴 수도 있겠지.

(2)에서 대용어 '저러는'은 말할이와 들을이가 직접 보고 있는 담화
주변의 상황을 대용하고 있다.

위에서 (1)과 같이 앞선 문맥을 대용하고 있는 것을 '문맥대용'이라
하고, (2)와 같이 말할이와 들을이가 직접 보고 있는 담화 주변의 상황이
나 의식 속의 사실 등을 들어 나타내는 대용어를 '상황대용'이라 하는
데, 여기서 말하는 이음어찌씨는 '문맥대용'만을 일컫는 말이다.

가리킴그림씨 가운데서 '이러하다', '저러하다'에 이유씨끝이 결합하
면 상황대용에만 나타나고, '그러하다'에 결합하면 문맥대용(이음어찌씨)
과 상황대용이 모두 나타난다.

(3) 사치풍조가 만연하고 있다. ⌈ 그래서 ⌉ 검소한 생활을 계몽하는
                            │ *이래서 │ 캠페인을 벌이기로 했다.
                            ⌊ *저래서 ⌋

(4) (철수가 짓궂은 장난을 치는 것을 보면서)
  ㄱ. 그래서는 안 된다고 했잖아.
  ㄴ. 저래서는 안 되는데.
  ㄷ. 이래서 탈이야.

  (3)은 문맥대용(이음어찌씨)인데 '그래서'만 가능하고, (4)는 상황대용인데 '그래서', '이래서', '저래서'가 모두 가능하다.
  이 연구는 이유 구문의 문법 현상을 밝히는 데 있으므로, 통어적 접근이 불가능한 상황대용은 제외하고, 이유 구문으로서의 통어적 접근이 가능한 문맥대용인 이음어찌씨만을 연구의 대상으로 삼기로 한다. 따라서 '그래서', '그러니까', '그러므로', '그러느라고', '그러기에', '그러기로' 등을 연구의 대상으로 삼는다.

4.1. 이음씨끝의 이음어찌씨 되기 과정

  이음씨끝으로 이어진 이음월을 두 개의 월로 나눌 때, 두 월 사이에는 이음어찌씨를 사용함으로 논리적 연관성을 유지할 수 있다.

(5) ㄱ. 흰 색으로 도배를 하니까, 방이 밝게 보인다.
  ㄴ. 흰 색으로 도배를 했다. 그러니까, 방이 밝게 보인다.

  이음월을 두 개의 마디로 나눌 때 형태가 같은 이음씨끝도 이음씨끝의 의미에 따라 이음어찌씨의 형태는 달라진다.

`4.1.1.` '-어서'

'-어서'는 [이유], [때벌림], [방법], [때], [잉여적] 뜻으로 쓰인다(3.1 참조). 그런데 '-어서'가 [이유]의 뜻인 경우만 '그래서'로 되고, [이유] 이외의 뜻으로 사용되는 경우는 뜻의 다름에 따라 이음어찌씨의 형태도 달라진다.

[이유]의 뜻에서는 '그래서'만이 오고, [이유] 이외의 뜻에서 '그래서' 가 올 수 없는데, 이것은 이음씨끝에 결합되는 풀이말의 형태(씨)가 서로 다르기 때문이다. 즉 '-어서'가 [이유]의 뜻인 경우 이음어찌씨는 앞 월 전체를 가리키는 그림씨 '그러하다'에 '-어서'가 결합하여 준 형태 '그래서'로 나타난다.

> (6) ㄱ. 그분은 평소 아주 명랑하고 활동적인 분이어서 이번 사건이 놀
>   라울 뿐이다.
>   ㄴ. 그분은 평소 아주 명랑하고 활동적인 분이다. 그러하(평소 명랑
>   하고 활동적인 분이)+어서 이번 사건이 놀라울 뿐이다.
>   ㄷ. 그분은 평소 아주 명랑하고 활동적인 분이다. 그래서 이번 사
>   건이 놀라울 뿐이다.

그러나 '-어서'가 [이유] 이외의 뜻이면, 앞월의 움직씨만을 대응하는 대용움직씨 '그러하다', '그런다', '그렇게 하다' 등에 결합되기 때문에 '그래서'가 될 수 없다.

> (7) ㄱ. 영신은 세수를 하고 나와서 예배당으로 올라갔다.
>   ㄴ. 영신은 세수를 하고 나왔다. 그리고 나(나오고 나)+어서 예배
>   당으로 올라갔다.
>   ㄷ. 영신은 세수를 하고 나왔다. 그리고 나서 예배당으로 올라갔다.

1) [이유]의 뜻

'-어서'가 [이유]의 뜻이면, 이음어찌씨는 '그래서'로 대치된다.

    (8) ㄱ. 당국은 이에 따라 이날 안에 최종 결론을 내리겠다는 방침이어
서, 결과가 주목되고 있다.

        ㄴ. 그분은 평소 아주 명랑하고 활동적인 분이어서, 이번 사건이
놀라울 뿐이다.

        ㄷ. 그런대로 이 한 목표를 향하여 일관되게 가는 길이라, 후회가
없다.

    (9) ㄱ. 당국은 이에 따라 이날 안에 최종 결론을 내리겠다는 방침이다.
그래서 결과가 주목 된다.

        ㄴ. 그분은 평소 아주 명랑하고 활동적인 분이다. 그래서 이번 사
건이 놀라울 뿐이다.

        ㄷ. 그런대로 이 한 목표를 향하여 일관되게 가는 길이다. 그래서
후회가 없다.

2) [이유] 이외의 뜻

① [때벌림]

'-어서'가 [때벌림]의 뜻인 경우, '그러고 나서'(그런 다음)로 대치된다.

    (10) ㄱ. 영신은 세수를 하고 나와서 예배당으로 갔다.

         ㄴ. 네 결심이 그렇다면 사내답게 나아가서 태극기를 휘둘러라.

    (11) ㄱ. 영신은 세수를 하고 나왔다. 그러고 나서(그런 다음) 예배당으
로 올라갔다.

ㄴ. 네 결심이 그렇다면 사내답게 나아가라. 그러고 나서(그런 다음) 태극기를 휘둘러라.

② [방법]

'-어서'가 [방법]의 뜻이면, '그러고서(그런 자세로)'로 대치 가능하다.

(12) ㄱ. 방에 누워서 책을 읽는다.
ㄴ. 그는 서서 구경한다.

(13) ㄱ. 방에 눕는다. 그러고서 책을 읽는다.
ㄴ. 그는 선다. 그러고서 구경한다.

③ [때]

'-어서'가 [때]의 뜻으로 쓰이는 경우 지난 때냐 다가올 때냐에 따라 형태는 다르게 나타난다.

(14) ㄱ. 그는 늙어서 철들었다.
ㄴ. 젊어서 고생은 사서도 한다.
ㄷ. 내가 자라서 어른이 되면……

(15) ㄱ. 그는 늙었다. 그러고 나서야(그런 뒤에야) 철들었다.
ㄴ. (그는)젊다. 그 때 고생은 사서도 한다.
ㄷ. 나는 자란다. 그런 다음 어른이 되면……

④ [때] 또는 [이유]의 뜻으로 모호한 경우

'-어서'는 [때], 또는 [이유]의 뜻으로 모호하게 쓰이는데, [때]의 뜻이면 '그러고서야(그런 뒤에)'로 대치되고(17ㄱ-ㄴ), [이유]의 뜻이면 '그래서'로 대치된다(18ㄱ-ㄴ).

> (16) ㄱ. 해가 떠서 왔다.
>   ㄴ. 달이 져서 잠들었다.

> (17) ㄱ. 해가 떴다. 그러고서야 왔다.
>   ㄴ. 달이 졌다. 그러고서야 잠들었다.

> (18) ㄱ. 해가 떴다. 그래서 왔다.
>   ㄴ. 달이 졌다. 그래서 잠들었다.

⑤ [잉여적 의미]

'-어서'가 잉여적 의미로 쓰이면, 이음어찌씨로 대치할 수 없다. 이는 '-어서'가 이음씨끝이 아니기 때문이다.

> (19) ㄱ. 나에게 있어서 가장 중요한 것은 건강이다.
>   ㄴ. 오늘날의 서울에 있어서 가장 심각한 문제는 대기 오염을 비롯한 환경 문제이다.

이상의 논의로 보아, 이유와 결과의 관계로 이어진 이음월을 이음어찌씨를 사용하여 두 개의 월로 나눌 때 '-어서'가 [이유]의 뜻이면, 앞월 전체를 가리키는 그림씨 '그러하다'에 결합하여 준 형태인 '그래서'로 나타나고, [이유] 이외의 뜻은 앞월의 풀이말을 가리키는 움직씨 '그렇게 하다', '그런다' 등에 결합하여 준 형태인 '그러고 나서', '그렇게 하고서', '그런 다음에야' 등으로 대치되는데, 가리킴그림씨 '그러하다'에 결합되어준 형태인 '그래서'만이 이음어찌씨가 된다.

4.1.2. '-으니까'

'-으니까'는 [이유]와 [때]의 뜻으로 쓰이는데, 의미에 관계없이 모두 '그러니까'로 대치된다.

(20) ㄱ. 너의 아내는 슬기로우니까 잘 처리할거다.
　　 ㄴ. 흰 색으로 도배를 하니까 방이 밝아 보인다.
　　 ㄷ. 중요한 물건이니까 잘 보관하도록 해라.

(21) ㄱ. 너의 아내는 슬기롭다. 그러니까 잘 처리할거다.
　　 ㄴ. 흰 색으로 도배를 했다. 그러니까 방이 밝아 보인다.
　　 ㄷ. 중요한 물건이다. 그러니까 잘 보관하도록 해라.

(22) ㄱ. 해가 뜨니까 떠난다.
　　 ㄴ. 기차가 도착하니까 가더라.
　　 ㄷ. 아침밥을 먹으니까 날이 밝더라.

(23) ㄱ. 해가 떴다. 그러니까 떠난다.
　　 ㄴ. 기차가 도착했다. 그러니까 가더라.
　　 ㄷ. 아침밥을 먹었다. 그러니까 날이 밝더라.

(20ㄱ-ㄷ)은 [이유]의 뜻으로 쓰인 예이고, (22ㄱ-ㄷ)은 [때]의 뜻으로 쓰인 예인데, 모두 '그러니까'로 대치된다. 그러나 의미를 살펴보면 (21 ㄱ-ㄷ)의 '그러니까'와 (23ㄱ-ㄷ)의 '그러니까' 뒤에는 '그때'라는 말이

첨가되어도 월 전체의 의미가 변하지 않으나, (21ㄱ-ㄷ)의 '그러니까' 뒤에는 '그때'라는 말이 오면 전혀 다른 뜻으로 쓰인다.

> (24) ㄱ. 너의 아내는 슬기롭다. 그러니까 그 때 잘 처리할거다.
>   ㄴ. 기차가 도착했다. 그러니까 그때 떠나더라.

(24ㄱ)의 '그러니까'는 '그러하니까'의 준말로 '그러하'는 '너의 아내가 슬기로우니까'를 가리키는 말이고, (24ㄴ)의 '그러니까'는 '그렇게 하니까'의 준말로 가리키는 말은 움직씨 '도착하다'이다.

4.1.3. '-기에', '-기로', '-느라고'

'-기에'는 [이유], [목적]의 뜻으로 쓰이는데, 의미에 관계없이 모두 '그러기에'로 대치된다. 그러나 통어론적 특성에는 차이가 있다. 즉 [이유]의 뜻인 경우, '그러기에'는 독립 성분이 되나(26ㄱ-ㄴ), [목적]의 뜻인 경우는 월 성분이 된다(28ㄱ-ㄴ).

> (25) ㄱ. 철수가 가기에 못 가게 했다.
>   ㄴ. 비가 오기에 집으로 갔다.

> (26) ㄱ. 철수가 간다. 그러기에 못 가게 했다.
>   ㄴ. 비가 온다. 그러기에 집으로 갔다.

> (27) ㄱ. 잡지나 신문은 항상 필자를 구하기에 바쁘다.
>   ㄴ. 민족 전부가, 인류 전체가 모두 나서서 스스로 제가 저를 구하기에 온갖 정성을 다 해야 한다.

(28) ㄱ. 잡지나 신문은 항상 필자를 구한다. 잡지나 신문은 그러기에
　　　바쁘다.
　　ㄴ. 민족 전부가, 인류 전체가 모두 나서서 스스로 제가 저를 구한
　　　다. 민족 전체, 아니 인류 전체는 그러기에 온갖 정성을 다해
　　　야 한다.

(25ㄱ-ㄴ)의 '-기에'는 [이유]의 뜻인데, 가리킴그림씨 '그러하다'에 결합시켜 두 개의 월로 나눌 경우 (26ㄱ-ㄴ)에서와 같이 이음어찌씨로 독립성분의 기능을 한다. 그러나 (27ㄱ-ㄴ)과 같이 [목적]의 뜻으로 쓰이는 경우 이음어찌씨 '그러기에'는 (28ㄱ-ㄴ)과 같이 월 성분으로 나타나며, 뒷마디의 임자말은 유지된다.

'-기로'는 [이유], [비교], [설명], [행위의 목적] 등의 뜻으로 사용되는데, [이유], [비교]의 뜻이면 '그러하기로'로 대치할 수 있으나, [설명], [목적]의 뜻으로 쓰일 때는 대치할 수 없다.

1) [이유]의 뜻

(29) ㄱ. 아무리 돈이 좋기로 인간이 그럴 수가 있나?
　　ㄴ. 농담을 좀 했기로 자네가 그럴 수가 있나?

(30) ㄱ. 돈이 좋다. 아무리 그렇기로, 인간이 그럴 수가 있나?
　　ㄴ. 농담을 했다. 좀 그랬기로, 자네가 그럴 수가 있나?

2) [이유] 이외의 뜻 : [비교]

(31) ㄱ. 그것이 아무리 작기로 이 정도야 안 되겠니?
　　ㄴ. 아무리 날씨가 춥기로 겨울만이야 할까?

(32) ㄱ. 그것이 작다. 아무리 그렇기로, 이 정도야 안 되겠나?
　　ㄴ. 날씨가 춥다. 아무리 그렇기로, 겨울만이야 할까?

'-기로'를 이음어찌씨로 바꿀 경우 '그러기로'는 실현되지 않고, '그렇기로'만 나타난다.

'-느라고'는 '-그러느라고'만 나타난다.

지시어 '그'에 결합되어 나타나는 풀이말은 그림씨 '그러하다'와 움직씨 '그리하다', '그렇게 하다', '그런다' 등이 있다. 이음씨끝 '-어서', '-으니까'가 [이유]의 뜻으로 쓰이면, 그림씨 '그러하다'에 결합하여 '그래서', '그러니까' 등의 이음어찌씨로 나타난다. 이 경우 가리킴그림씨 '그러하다'는 앞 월 전체를 가리키는 말로 월 접속어로 쓰이며, 앞 월과 뒤 월을 이어주는 기능을 한다.

그러나 이음씨끝 '-어서', '-으니까'가 [이유]의 뜻이 아닌 경우는 움직씨 '그렇게 하다', '그렇다', '그리하다'에 결합하는데, 이들이 가리키는 것은 앞 월의 풀이말에 국한되므로 월 접속어가 되지 못한다. 따라서 움직씨인 경우는 '그래서'가 될 수 없다.

4.2. 이유의 이음어찌씨와 의향법

이유의 이음어찌씨가 의향씨끝을 제약하는 경우가 있다. 이를 '이음어찌씨의 의향법 제약'이라 하기로 한다. 이 장에서는 이음어찌씨의 의향법 제약을 살피고, 아울러 2.2.에서 살핀 이유씨끝의 의향법 제약과 비교함으로써, 이유의 이음씨끝과 이유의 이음어찌씨 사이에 통어적 특성의 차이가 있는지 없는지를 살피도록 한다. 따라서 의향법 체계는 2.2.에서와 마찬가지로 허웅(1983 : 225)의 체계를 따르도록 한다.

4.2.1. '그래서'

'그래서'는 시킴법, 꾀임법과 서술법 중 약속의 씨끝을 제약한다. 이는 '-어서'와 차이가 없다.

> (33) ㄱ. 비가 옵니다. 그래서 우산을 샀습니다.
> ㄴ. 비가 오는구나. 그래서 우산을 사는구나.
> ㄷ. *비가 온다. 그래서 우산을 사마.
> ㄹ. 비가 오느냐. 그래서 우산을 사느냐?
> ㅁ. *비가 온다. 그래서 우산을 사라.
> *비가 온다. 그래서 우산을 삽시다.

4.2.2. '그러니까'

'그러니까'는 의향법을 제약하지 않는다. '-으니까'도 마찬가지이다.

> (34) ㄱ. 비가 온다. 그러니까 우산을 산다.
> ㄴ. 비가 온다. 그러니까 우산을 사는군.
> ㄷ. 비가 온다. 그러니까 우산을 사마.
> ㄹ. *비가 온다. 그러니까 우산을 사느냐?
> ㅁ. 철수는 갑니다. 그러니까 저도 갈까요?
> ㅂ. 비가 온다. 그러니까 우산을 사라.
> ㅅ. 비가 옵니다. 그러니까 우산을 삽시다.

‘그러니까’의 경우 물음법은 상대방의 행위를 묻는 말로는 쓸 수 없고, 단지 말하는 이의 행위에 대한 허락을 요구하는 뜻으로만 쓸 수 있다.

4.2.3. ‘그러느라고’

‘그러느라고’는 물음법, 시킴법, 꾀임법과 서술법 가운데 약속의 씨끝을 제약한다.

> (35) ㄱ. 나는 어제 친구를 만났다. 그러느라고 집에 늦게 도착했다.
> ㄴ. 철수는 지금 친구를 만나고 있군. 그러느라고 늦는군.
> ㄷ. *나는 친구를 만나고 있다. 그러느라고 집에 늦게 가마.
> ㄹ. *너는 지금 공부를 한다. 그러느라고 안 자니?
> ㅁ. *당신은 지금 책을 읽고 있습니다. 그러느라고 늦게 오십시오.
> ㅂ. *우리는 지금 열심히 일하고 있습니다. 그러느라고 늦게 퇴근
> 합니다.

이유씨끝 ‘-느라고’는 물음법을 제약하지 않으나 ‘그러느라고’는 물음법을 제약한다. 이는 아마도 물음의 초점과 관련된 것이 아닌가 한다. 즉 ‘그러느라고’는 초점이 앞마디(이유)에 주어지기 때문에 결과를 묻는 말과 같이 올 수 없는 것이 아닌가 한다. 이 근거는 이음어찌씨가 아닌 상황대용을 살핌으로써 가능성을 높인다.

> (36) 갑 : 철수는 오늘 친구를 만났다.
> 을 : 철수는 그러느라고 안 오니?

(36)의 경우는 상황대용인데 문법적이다. 이는 '그러느라고'가 이유를 묻기 때문이다.

4.2.4. '그러므로'

'그러므로'는 서술법 가운데 평서의 씨끝과만 호응되고 그 이외의 의향씨끝을 제약한다.

> (37) ㄱ. 언젠가는 증언대에 서야 할 지 모른다. 그러므로 이 방법은 좋
> 은 방법이 아니다.
> ㄴ. *유럽과의 실력 차이가 현격했었다. 그러므로 그 동안의 훈련
> 방법은 좋은 방법이 아니었구나.
> ㄷ. *너의 소망이 무엇인지 알았다. 그러므로 너의 기대에 어긋나
> 지 않게 하마.
> ㄹ. *언젠가는 가야 한다. 그러므로 미리 준비해야하지 않을까?
> ㅁ. *언젠가는 가야 한다. 그러므로 미리 준비해라.
> ㅂ. *언젠가는 가야 한다. 그러므로 미리 준비합시다.

'그러므로'와 '-으므로'의 차이는 '그러므로'가 서술법 가운데 감탄의 씨끝을 제약하는데 '-으므로'는 제약이 없는 점이다. 이는 '그러므로'가 '-으므로'보다 논리성이 더 명확하기 때문이 아닌가 한다.

4.2.5. '그러기에'

'그러기에'는 서술법 가운데 평서의 씨끝과만 호응하고, 그 이외의 의

향씨끝은 제약한다.

(38) ㄱ. 철수가 우리 집에 오고 싶다고 했다. 그러기에 오라고 했다.
　　 ㄴ. *철수가 우리 집에 오고 싶다고 한다. 그러기에 오라고 하는군.
　　 ㄷ. *철수가 우리 집에 오고 싶다고 한다. 그러기에 오라고 하마.
　　 ㄹ. *철수가 우리 집에 오고 싶다고 한다. 그러기에 오라고 할까?
　　 ㅁ. *철수가 학교에 가고 싶다고 했습니다. 그러기에 가라고 하십시오.
　　 ㅂ. *철수가 내일 설악산에 가자고 하더라. 그러기에 우리 함께 갑시다.

이상에서 살핀 이유의 이음어찌씨와 이유씨끝의 의향법 제약의 차이는 다음과 같다.

① '-느라고'는 물음법을 제약하지 않으나 '그러느라고'는 물음법을 제약한다.
② '-으므로'는 서술법 가운데 감탄의 씨끝을 제약하지 않으나 '그러므로'는 제약한다.
③ '그러기로'는 상황대용에만 나타나고 이음어찌씨로는 나타나지 않는다.

<표 13> 이음어찌씨의 의향법 제약

(○ : 제약 없음, × : 제약됨)

이음어찌씨 ＼ 의향씨끝	서술			물음	시킴	꾀임
	평서	감탄	약속			
그래서	○	○	×	○	×	×
그러니까	○	○	○	○	○	○
그러느라고	○	○	×	×	×	×
그러므로	○	×	×	×	×	×
그러기에	○	×	×	×	×	×

2부
도움토씨의 형태 통어 제약 원리

01
도움토씨의 형태 제약 원리

도움토씨는 자리토씨나 도움토씨와 결합하여 새로운 토씨를 생성한
다. 그러나 모든 자리토씨와 결합하는 것도 아니며 모든 도움토씨와 결
합하는 것도 아니다. 어떤 토씨와는 자연스럽게 결합하여 새로운 토씨를
생성하지만 어떤 토씨와는 결합이 제약되기도 한다. 토씨끼리의 결합이
제약되는 이유는 각각의 토씨가 갖는 의미 특성이나 문법적 특성과 관
련이 있을 것으로 보인다. 따라서 결합의 제약 관계를 살피면 토씨의
의미를 정밀화하는 데에 도움을 줄 수 있다고 생각한다.

이 장에서는 토씨끼리의 결합관계를 살펴서 의미를 객관화하고 제약
의 원인이 어디에 있는지를 살피도록 한다.

다음 <표 1>는 한국어 도움토씨의 결합 관계를 표로 나타낸 것이다.

〈표 1〉 한국어 도움토씨의 결합 관계 표

		도	조차	마저	마다	은/는	만	이든지	이라도	이나마	이야	까지	부터
자리토씨	이/가	*도가 *도이	조차가 *조차이	*마저가 *마저이	*마다가 마다이	*는가 은이	*만가 만이	이든지가 이든지이	이라도가 이라도이	이나마가 나마이	이야가 야이	까지가 까지이	부터가 부터이
	을/를	도를	조차를	마저를	마다를		만을	이든지를	이라도를	나마를	이냐를	까지를	부터를
	의	도의	조차의	마저의	마다의	는의	만의	이든지의	이라도의	나마의	이야의	까지의	부터의
	에 에게 에서 한테	에도 에게도 에서도 한테도	에조차 에게조차 에서조차 한테조차	에마저 에게마저 에서마저 한테마저	에마다 에게마다 에서마다 한테마다	에는 에게는 에서는 한테는	에만 에게만 에서만 한테만	에든지 에게든지 에서든지 한테든지	에라도 에게라도 에서라도 한테라도	에나마 에게나마 에서나마 한테나마	에야 에게야 에서야 한테야	에까지 에게까지 에서까지 한테까지	에부터 에게부터 에서부터 한테부터
	아/야/ 이여	아도 이여도	아조차 이여 조차	아마저 이여 마저	아마다 이여 마다	아는 이여는	아만 이여만	아든지 이여 든지	아라도 이여 라도	아나마 이여 나마		아까지 이여까지	아부터 이여 부터
도움토씨	-도	0	조차도	마저도	마다도	는도	만도	이든지도	이라도	이나마도	이야도	까지도	부터도
	-조차	조차도	0	조차 마저	조차 마다	조차는	조차만	조차 든지	조차 라도	조차 나마	조차야	조차 까지	조차 부터
	-마저	마저도	마저조차	0	마저 마다	마저는	마저만	마저 든지	마저 라도	마저 나마	마저야	마저 까지	마저 부터
	-마다	마다도	마다 조차	마다 마저	0	마다는	마다만	마다 든지	마다 라도	마다나마	마다야	마다 까지	마가 부터
	은/는	는도	조차는	마저는	마다는	0	만은	*든지는	*라도는	*나마는	*야는	까지는	부터는
	-만	만도	만조차	만마저	만마다	만은	0	만든지	만이 라도	만나마	만이야	만까지	만부터
	이든지	든지도	든지조차	든지마저	든지마다	든지는	든지만	0	든지 라도	든지 나마	든지야	든지 까지	든지 부터
	이라도	이라도	라도 조차	라도 마저	라도 마다	라도는	라도만	라도 든지	0	라도 나마	라도야	라도 까지	라도 부터
	이나마	나마도	나마 조차	나마 마저	나마 마다	나마는	나마만	나마 든지	나마 라도	0	나마야	나마 까지	나마 부터
	-이야	이야도	이야 조차	이야 마저	이야 마다	이야는	이냐만	이야 든지	이냐 라도	이야 나마	0	이야 까지	이야 부터
	-까지	까지도	까지 조차	까지 마저	까지 마다	까지는	까지만	까지 든지	까지 라도	까지 나마	까지야	0	까지 부터
	-부터	부터도	부터 조차	부터 마저	부터 마다	부토는	부터만	부토 든지	부터 라도	부터 나마	부터야	부터 까지	0

1.1. '-도'

1.1.1. '-도'의 의미 특성

'-도'의 의미에 대한 연구는 많은 사람들에 의해 이루어졌다. 대표적인 연구 결과를 소개하면, 허웅(1995 : 1388)에서는 "안음성-뭉뚱그림 도움토의 대표적인 것으로서, 이것과 저것과 한 가지임을 나타내는 것이 중심 뜻이 되고, 때로는 강조, 느낌, 양보 따위 변두리 뜻을 나타내기도 한다. 여러 가지 언어형태에 의지할 수 있으며, 자리토와 또는 다른 도움토와도 어울릴 수 있다."고 하였고, 최현배(1937, 1984), 홍사만(1983), 정동환(1993), 채완(1979)은 [강조]로, 정인승(1956), 권재일(1994), 김승곤(1989), 김석득(1992), 남기심·고영근(1993), 박신정(2001)은 [역시]의 의미로 보았다. 또한 서광수(1979), 이지연(2006), 김현석(2006)은 [포함]으로, 학교문법(2008)에서는 [대조]로, 이춘숙(1991)은 [영역에의 부가]로 보았다. 이를 종합하면, [강조], [역시]라는 공통점을 가지고 있는데『표준국어대사전』에서는 "이미 어떤 것이 포함되고 그 위의 더함의 뜻을 나타내는 도움토씨"라고 하였다.

1.1.2. '-도/'의 결합 관계

1) 자리토씨와 '-도/'의 결합

한국어 '-도'는 임자자리토씨(주격조사), 부림자리토씨(목적격조사), 매김자리토씨(관형격조사)와 결합이 제약되고 어찌자리토씨(부사격조사)와는 결합하는 토씨의 의미에 따라 결합이 제약되기도 한다. '-도'가 임자자리 토씨, 부림자리토씨와 결합이 제약되는 이유는 '-도'도 임자말 자리나 어찌말 기능을 하기 때문에 두 토씨가 결합하면 격이 중복되기 때문으로 보인다. 매김자리토씨와의 결합은 '-도'가 임자자리, 부림자리의 기능을 하기 때문에 두 토씨가 결합하면 격의 충돌이 발생하기 때문으로 보인다.

(가) '*-가도/*-도가'

   (1) ㄱ. *너도가 함께 가라.
      ㄴ. *네가도 함께 가라.

(1ㄱ,ㄷ)은 자리토씨 '-가'와 도움토씨 '-도'가 결합된 문장인데 결합의 순서에 관계없이 비문이 된다. '-가'는 순수하게 자리 기능만 하는 토씨이고 '-도'는 [역시], [한 가지]라는 의미 기능을 하지만 자리 기능도 한다. 따라서 두 토씨 사이에 의미의 모순이나 중복은 보이지 않는다. 아마도 이 두 토씨가 결합하지 못 하는 이유는 의미보다는 자리의 겹침 때문이 아닌가 한다.

(나) '*-도를/*-를도'

   (2) ㄱ. *원숭이도를 나무에서 떨어진다.
      ㄴ. *원숭이를도 나무에서 떨어진다.

부림을 나타내는 자리토씨 '-를'에 도움토씨 '-도'가 결합하면 결합되는 순서에 관계없이 비문이 된다. 부림자리토씨 '-를'도 순수하게 자리 기능을 하기 때문에 의미 기능을 하는 '-도'와 의미상 모순되거나 중복되지 않는다. 이 두 토씨가 결합하지 못 하는 이유도 '-도'가 부차적으로 가지고 있는 자리 기능과 '-를'이 가지고 있는 부림자리 기능이 충돌하기 때문이 아닌가 한다.

(다) '*-도의/*-의도'

    (3) ㄱ. *원숭이도의 나무에서 떨어진다.
        ㄴ. *아무의도 그 문제는 못 푼다.

한국어에서는 매김자리토씨 '-의'와 '-도'가 결합하면 결합되는 순서와 관계없이 비문이 된다. '-의'는 주어진 의미가 없이 뒷말을 수식하는 매김자리토씨이고 '-도'는 [역시]라는 의미를 지니면서 부차적으로 자리 기능도 하기 때문에 두 토씨 사이에 의미의 모순이나 중복이 발견되지는 않는다. 이로 미루어 두 토씨가 결합하지 못 하는 이유는 자리 기능이 충돌하기 때문이 아닌가 한다.

(라) '-에도/*-도에'

    (4) ㄱ. 그는 서울에도 가보지 못했다.
        ㄴ. 그는 방에만 들어박혀서 마당에도 나오는 일이 없다.
        ㄷ. *그는 서울도에 가보지 못했다.

어찌자리토씨와 도움토씨 '-도'가 결합할 때는 도움토씨가 뒤에 오면 결합이 자연스럽고 도움토씨 '-도'가 앞에 오면 결합되지 않는다. 두 토씨가 결합하는 순서에 따라 결합이 자연스럽기도 하고 제약되기도 하는 것은, 두 토씨가 가지고 있는 고유의 의미 때문으로 보인다. '-에'는 방향이나 장소를 고유의 의미로 가지고 있으며 '-도'는 [역시]를 고유의 의미로 가지고 있다. 따라서 '-도'가 뒤에 결합하면 [앞의 장소와 한 가지]라는 뜻이 된다.

(마) '-에게도/*-도에게'

    (5) ㄱ. 강욱에게도 영이에게도 내일의 근심은 있을 수 없었다.
        ㄴ. 마누라에게서도 이혼하겠다는 내용의 편지가 왔다.
        ㄷ. *마누라도에게 이혼하겠다는 내용의 편지가 왔다.

어찌자리토씨 '-에게'와 도움토씨 '-도'가 결합할 때에는 반드시 '-에게'가 선행한다. '-에게'가 선행하면 자연스럽게 결합하고 '-도'가 선행하면 결합이 제약되는 이유도 (5ㄱ)과 같다. '-도'는 '-에게'가 여러 개 있고 그 여러 개가 [한 가지]라는 뜻이 되지만 '-도'가 앞에 오면 무엇과 한 가지인지 대상이 없기 때문에 비문이 된다.

(바) '-에서도/*-도에서'

    (6) ㄱ. 깜깜한 어둠 속에서도 배는 나아가고 있었다.
        ㄴ. 병원에서도 더 이상 가망이 없다고 말했다.
        ㄷ. *병원도에서 더 이상 가망이 없다고 말했다.

'-에서'와 '-도'가 결합되는 순서와 원리도 '-에'와 '-도' 그리고 '-에서'와 '-도'가 결합되는 순서와 원리가 같다.

(사) '-한테도/*-도한테'

    (7) ㄱ. 이 일은 아무한테도 알려서는 안 된다.

ㄴ. *이 일은 아무도한테 알려서는 안 된다.

‘-한테’와 ‘-도’가 결합될 때도 ‘-한테’가 선행하면 자연스럽고 ‘-도’가 선행하면 결합이 제약된다. 이 두 토씨의 결합 제약 원리도 ‘-에’, ‘-에게’, ‘-한테’와 ‘-도’가 결합되거나 결합이 제약되는 원리와 같다.

2) 도움토씨와 ‘-도’의 결합

(가) ‘-조차도/*-도조차’

    (8) ㄱ. 그가 어디로 갔는지조차도 잘 모르고 있다.
        ㄴ. 망치로조차도 부수어지지 않으면 부술 도리가 없지.
        ㄷ. *그가 어디로 갔는지도조차 잘 모르고 있다.

‘-조차’와 ‘-도’가 결합할 때 ‘-조차’가 선행하면 자연스럽게 결합하고 ‘-도’가 선행하면 결합이 제약된다. ‘-도’가 뒤에 올 때만 결합이 자연스러운 것은 ‘-도’의 의미 특성과 관련이 있는 것으로 보인다. ‘-도’는 [역시], [한 가지], [동일]의 뜻으로 쓰이기 때문에 여러 개가 나열 되었을 때에는 맨 뒤에 온다. ‘-조차’가 [극단], [맨 끝]의 뜻이기 때문에 ‘-조차도’는 [맨 끝을 포함]해서란 뜻이 된다. 이 경우 ‘-도’는 [한 가지], [포함]이라는 뜻으로 쓰일 뿐 아니라 [강조]의 의미도 갖는다.

(나) ‘-마저도/*-도마저’

    (9) ㄱ. 논도 밭도 그리고 집마저도 물에 잠겼다.
        ㄴ. 스치는 바람마저도 더운 물을 끼얹어 주는 것 같았다.
        ㄷ. *논도 밭도 그리고 집도마저 물에 잠겼다.

'-마저'와 '-도'가 결합할 때 '-마저'가 선행하면 자연스럽지만 '-도'가 선행하면 결합이 제약된다. 이 구조도 '-조차'와 '-도'가 결합할 때와 같다. (9ㄷ)을 "논도 밭도 그리고 집도 마저 물에 잠겼다."로 바꾸면 적격문이 되는데 이 문장에서 '-마저'는 토씨가 아닌 어찌씨이다.

(다) '-마다도/*-도마다'

 (10) ㄱ. 나중에는 <u>날마다도</u> 오곤 했다.
    ㄴ. *나중에는 <u>날도마다</u> 오곤 했다.

'-마다'와 '-도'가 결합할 때도 '-도'는 뒤에 와야 자연스럽게 결합된다.

(라) '-만도/*-도만'

 (11) ㄱ. 작년에<u>만도</u> 그들은 많은 돈을 벌어 들였다.
    ㄴ. 작년에 교통사고로 죽은 사람은 서울에서<u>만도</u> 천명이 넘는다.
    ㄷ. *작년에<u>도만</u> 그들은 많은 돈을 벌어 들였다.

'-도'가 '-만'과 결합하여 겹토씨를 만들 때도 '-도'가 오는 자리는 반드시 뒤이다.

(마) '-든지도/*-도든지'

 (12) ㄱ. 아무<u>든지도</u> 그 문제는 못 푼다.
    ㄴ. *아무<u>도든지</u> 그 문제는 못 푼다.

'-든지'와 '-도'가 결합할 때도 '-도'는 뒤에 온다.

(바) '-까지도/*-도까지'

> (13) ㄱ. 아이들<u>까지도</u> 다 동원되었다.
>   ㄴ. 개, 고양이<u>까지도</u> 사람들의 뒤를 따라 나온다.
>   ㄷ. *개, 고양이<u>도까지</u> 사람들의 뒤를 따라 나온다.

한국어의 경우 '-까지'와 '-도'가 결합할 때는 '-도'가 뒤에 와야 한다.

(사) '-부터도/*-도부터'

> (14) ㄱ. 나<u>부터도</u> 그렇게 비싸면 못 산다.
>   ㄴ. *나<u>도부터</u> 그렇게 비싸면 못 산다.

'-부터'와 '-도'가 결합할 때에도 '-도'가 앞에 오는 것을 제약한다. 이 제약의 이유는 의미 관계로도 설명이 가능한데, '-부터'는 [출발]의 뜻을 가지고 있기 때문에 [역시], [동일]의 뜻을 지니고 있는 '-도'의 뒤에 오면 의미의 충돌이 발생한다.

(아) '*-이나도/*-도이나'

> (15) ㄱ. *떡<u>이나도</u> 먹어라.
>   ㄴ. *떡<u>도이나</u> 먹어라.

'-이나'와 '-도'는 결합되는 순서와 관계없이 결합이 제약된다. 이 토씨들이 결합되지 않는 것은 두 토씨의 의미와 관련이 있는 것 같다. '-이나'는 [선택]의 뜻을 가지고 있기 때문에 [한 가지], [역시]의 뜻을 가지고 있는 '-도'와 결합하면 의미의 모순이 된다.

(자) '-?(이)나마도/*-도(이)나마'

> (16) ㄱ. ?반찬 없는 밥이<u>나마도</u> 배부르게 먹으면 좋겠다.
>   ㄴ. *영수<u>나마도</u> 바른 생활을 한다.
>   ㄷ. *영수<u>도나마</u> 바른 생활을 한다.

'-도'는 '-(이)나마'와 결합할 때도 반드시 뒤에 와야 하며 앞에서는 결합이 제약된다. (16ㄱ)이 어색하게 느껴지는 것은, 같은 의미를 지닌 '-이라도'가 널리 쓰이기 때문인 것으로 보인다. 그러나 '-이나마도'는 쓰이는 분포가 적을 뿐이지 실제로 [덜참의 강조]라는 의미로 쓰이고 있다.

(차) '-에서만도/*-도에서만'

> (17) ㄱ. 종로구<u>에서만도</u> 이억 원이 체납되었다.
>   ㄴ. *종로구<u>도에서만</u> 이억 원이 체납되었다.

1.1.3. 정리

위의 내용을 표로 정리하면 다음 <표 2>와 같다.

〈표 2〉 도움토씨 '-도'와 다른 토씨의 겹침[1]

구분	자리토씨와 겹침						
	이/가	을/를	의	에	에게	에서	한테
-도	*도가	*도를	*도의	*도에	*도에게	*도에서	*도한테
	*가도	*를도	*의도	에도	에게도	에서도	한테도

---

1) 표에서 비문은 '*'으로, 어색한 문장은 '?'으로 적격문에는 빈칸으로 표기하며, 이하 모든 겹침표에서도 동일하게 표기하도록 한다.

구분	도움토씨와 겹침								
	조차	마저	마다	만	부터	까지	든지	이나	나마
-도	*도조차	*도마저	*도마다	*도만	*도부터	*도까지	*도든지	*도이나	*도나마
	조차도	마저도	마다도	만도	부터도	까지도	든지도	*이나도	?나마도

1.2. '-조차'

1.2.1. '-조차'의 의미 특성

'-조차'는 "어떤 일에 더하여 포함됨을 나타내는 것이 중심 뜻인데, 이에서 번져나가 뜻을 강조하는 데도 쓰인다. 이것은 앞의 '-도'와 비슷하다."(허웅, 1995 : 1396) 이 밖의 연구로는, 최현배(1937, 1984)는 [더함]으로, 정인승(1956), 김승곤(1989), 남기심·고영근(1993)은 [추종]으로, 김석득(1992)은 [잇달아 보탬]으로 보았고 서정수(1996)는 [각별한]과 [마지막], 정동환(1993), 김승곤(1989)은 [강조]로, 홍사만(1986)과 학교문법(2008)과 이지연(2006)은 [극단 예시]로, 채완(1979)은 [기대밖]으로, 서광수(1979)는 [추가]로, 박신정(2001)은 [불만과 놀람]으로 보았다. 이로 미루어 '-조차'의 의미는 [추종], [마지막], [강조]라는 공통점을 가지고 있다. 『표준국어대사전』에서는 "이미 어떤 것이 포함되고 그 위에 더함의 뜻을 나타내는 도움토씨. 일반적으로 예상하기 어려운 극단의 경우까지 양보하여 포함함을 나타낸다."로 설명했다.

1.2.2. '-조차'의 결합 관계

1) 자리토씨와 '-조차'의 결합

(가) "*-조차가/*-이조차'

> (18) ㄱ. *산조차가 나무가 없구나!
>   ㄴ. *너무 바빠서 그의 결혼식조차가 가 보지를 못했다.
>   ㄷ. *산이조차 나무가 없구나!

도움토씨 '-조차'와 임자자리토씨 '-가/이'는 순서의 앞뒤에 관계없이 결합할 수 없다. '-조차'가 임자자리토씨의 '-가/이'와 결합할 수 없는 이유는 [위의 사실이 있는데 그 위에 또 더함(동아새국어사전, 1989)]의 뜻으로 쓰이기 때문에 '-조차' 앞에는 반드시 '어떤 사실'이 있어야 한다. 그런데 임자자리토씨 '-가/이' 앞에는 '어떤 사실'이 안 오기 때문에 '-조차'가 결합할 수 없다.

(나) '-을조차/*-조차을'

> (19) ㄱ. 너를조차 배신하다니?
>   ㄴ. 그래 그 놈이 얼마나 못된 놈이기에 집을조차 팔아먹었단 말인가?
>   ㄷ. *너조차를 배신하다니?

부림자리토씨 '-를/을'과 [극단]의 의미로 쓰이는 '-조차'가 결합할 때에는 '-을'이 앞에 와야 하며 '-조차'가 앞에 오면 비문이 된다. '-조차'가 앞에 올 수 없는 이유는, '-조차'의 의미가 [위의 사실이 있는데 그 위에 또 더함]을 뜻하기 때문에 '-조차'가 앞에 오면 [그 위에 또 더함]이라는 조건을 위반하기 때문으로 보인다. '-을조차'가 쓰이는 환경은 제한되어서 '-을조차'는 대체로 의문문일 때는 자연스러운 문장이 되고 평서문일 때는 어색한 문장이 된다. 다른 도움토씨는 자리토씨와 결합할 때 자리토씨의 앞에 오는 것이 일반적이지만 '-조차'는 자리토씨 뒤에 오는 점이 다른 도움토씨와 다른 점이다. '-조차'가 뒤만 오는 것은 '-조차'의 의미 기능과 관련이 있어 보인다.

(다) '*-조차의/*-의조차'

    (20) ㄱ. *이젠 집<u>조차의</u> 팔아 먹었다.
          ㄴ. *너<u>조차의</u> 나를 배신하다니.
          ㄷ. *이젠 집<u>의조차</u> 팔아 먹었다.

'-조차'와 '-의'는 결합되는 순서에 관계없이 결합이 제약된다. 이 두 토씨의 결합이 제약되는 이유는 '-조차'가 [위의 사실이 있는데 그 위에 또 더하]는 도움토씨이기 때문에 대체로 어찌말이나 부리말 자리에 자연스럽게 올 수 있으나 매김자리에는 오지 않는 것이 일반적인 현상이기 때문이다.

임자자리토씨나 매김자리토씨와 달리 어찌자리토씨와 '-조차'의 결합은 자연스럽다. 이 경우도 '-조차'는 어찌자리토씨의 뒤에만 결합하고 앞에는 결합하지 않는다. '-조차'가 어찌자리토씨의 뒤에만 결합할 수 있는 이유는 [위의 사실이 있는데 그 위에 또 더함]이라는 조건을 충족시키기 위해 어찌자리토씨가 앞에 있어야 하기 때문으로 보인다.

(라) '-에조차/*조차에'

(21) ㄱ. 산에조차 나무가 없구나!
ㄴ. *산조차에 나무가 없구나!

'-에'가 앞에 온 '-에조차'는 자연스러운 문장이 되지만 '-조차'가 앞에 온 '*-조차에'는 비문이 되는데 그 이유는 앞에서 설명한 바 있다.

(마) '-에서조차/*조차에서'

(22) ㄱ. 그 집에서조차 쫓겨났다.
ㄴ. *그 집조차에서 쫓겨났다.

'-에서'가 앞에 온 '-에서조차'는 자연스럽게 결합이 되지만 '-조차'가 앞에 온 '*-조차에서'는 비문이 된다.

(바) '-에게조차/*조차에게'

(23) ㄱ. 그는 사랑하는 아내에게조차 화를 내었다.
ㄴ. *그는 사랑하는 아내조차에게 화를 내었다.

'-에게'에 '-조차'가 결합됐을 경우 더 결합될 수 있는 토씨는 '-도' 뿐이다. 이 경우 '-도조차'와 '-조차도'는 순서에 관계없이 결합할 수 있지만 어찌자리토씨 '-에', '-에서', '-에게', '-한테'는 반드시 '-도조차'나 '-조차도'의 앞에 와야 한다.

(사) '-한테조차/*조차한테'

> (24) ㄱ. 나<u>한테조차</u> 배신하다니?
>   ㄴ. 그 사람<u>한테조차</u> 그런 말을 하데.
>   ㄷ. *나<u>조차한테</u> 배신하다니?

한국어에서는 '-한테'가 앞에 온 '-한테조차'는 자연스럽게 결합 되었다.

2) 도움토씨와 '-조차'의 결합

(가) '-조차도/?-도조차'

> (25) ㄱ. 그대뿐 아니라, 그 사람<u>조차도</u> 그런 말을 하데.
>   ㄴ. 나는 그가 돈을 가지고 있었던 <u>것조차도</u> 모른다.
>   ㄷ. ?비가 오는데 바람<u>도조차</u> 부는구나.
>   ㄹ. ?그는 밥<u>도조차</u> 먹지 않는다.

'-조차도'는 매우 자연스럽게 결합하는데 '-도조차'는 어색한 문장이 된다. '-도'가 뒤에 올 경우 주된 의미는 '-도'에 있다.

(나) '*-마저조차/*-조차마저'

> (26) ㄱ. *비가 오는데 바람<u>마저조차</u> 부는구나.
>   ㄴ. *비가 오는데 바람<u>조차마저</u> 부는구나.

한국어에서는 '-마저'와 '-조차'는 결합 순서에 관계없이 비문이 된다. '-조차'와 '-마저'가 결합하면 비문이 되는 이유는 '-조차'는, [더함]의 뜻이고 '-마저'는 [끝남]의 뜻이기 때문에 결합하면 모순이 되기 때문이다.

(다) '*-마다조차/*-조차마다'

　　(27) ㄱ. *빌어 먹기마다조차 되었다.
　　　　　ㄴ. *빌어 먹기조차마다 되었다.

　'-마다'와 '-조차'가 결합할 수 없는 이유는, '-마다'와 '-조차'가 모두 [같음]의 의미로 쓰이면서 '-조차'는 [끝남]의 의미로도 쓰이고 '-마다'는 [시작]의 의미로도 쓰이기 때문에 의미의 중복과 더불어 모순이 함께 오기 때문으로 보인다.

(라) '-는조차/-?조차는'

　　(28) ㄱ. 그 일은 말하기는조차 듣기도 창피하다.
　　　　　ㄴ. 철수는 나에게 새 것은조차 헌 것도 주지 않았다.
　　　　　ㄷ. ?고기조차는 몰라도 밥은 더 주겠지.
　　　　　ㄹ. 그조차는 내일 같이 가겠지.

　'-는조차'는 자연스러운 결합인데 '-조차는'은 어색하게 느껴진다.

(마) '*-만조차/*-조차만'

　　(29) ㄱ. *그 일은 말하기만조차 창피하다.
　　　　　ㄴ. *너조차만 그럴 줄은 몰랐다.

　'-만'과 '-조차'가 결합할 때는 순서에 관계없이 비문이 된다. 비문이 되는 이유는, '-만'은 [홀로]이고 '-조차'는 [더함]이기 때문에 결합하면 의미의 모순이 발생하기 때문이다.

(바) '*-이든지조차/-조차든지'

(30) ㄱ. *너든지조차 그럴 줄은 몰랐다.
ㄴ. *용돈이든지조차 다 털어 갔다.
ㄷ. 너조차든지 나조차든지 누군가는 시작해야 된다.

'-조차'와 '-이든지'는 '-조차'가 앞에 결합할 때만 결합이 가능하고 '-조차'가 뒤에 오면 결합이 제약된다. '-이든지'는 [선택]의 뜻이고 '-조차'는 [극단], [더함]의 뜻이기 때문에 의미의 배열상 [선택]이 뒤에 오는 것이 자연스러운 현상이다. 그러나 [선택]의 뜻을 지닌 '-이든지'가 뒤에 오더라도 둘 또는 여럿 가운데 하나를 선택해야 하기 때문에 '~조차든지 ~조차든지'의 구문이어야 한다.

(사) '*-이나마조차/*-조차나마'

(31) ㄱ. *그는 밥이나마조차 먹지 않는다.
ㄴ. *꽃조차나마 피지 않았다.

'-나마조차/-조차나마'는 한국어에서는 비문이 되는데 이들이 비문이 되는 이유는, '-조차'는 [더함], [추종]의 뜻으로 쓰이고 '-이나마'는 [덜참], [아쉬움]의 뜻으로 쓰이기 때문에 두 형태소가 결합하면 의미의 모순이 발생하기 때문인 것으로 생각된다.

(아) '*-까지조차/*-조차까지'

(32) ㄱ. *그렇게 공부만 하던 철수까지조차 시험에 떨어졌다.
ㄴ. *철수는 아픈데도 병원조차까지 가지 않았다.

한국어에서는 '-까지'와 '-조차'는 결합되는 순서에 관계없이 비문이 된다. 이 구조가 비문이 되는 이유는, '-조차'는 [더함]의 뜻으로 [시작]이라는 의미를 내포하고 있는데 반해 '-까지'는 [마침], [최종]의 의미로 쓰이기 때문에 두 형태소가 결합하면 의미의 모순이 생기기 때문으로 보인다.

(자) '*-부터조차/*-조차부터'

(33) ㄱ. *영이부터조차 떠났다.
     ㄴ. *영이조차부터 떠났다.

한국어의 경우 '-조차'와 '-부터'는 결합되는 순서에 관계없이 비문이 된다. 이 구조가 비문이 되는 이유는, '-부터'는 [시작]인데 '-조차'는 [더함]이나 [추종]의 의미를 가지고 있다. 따라서 두 형태소가 결합하면 의미의 모순이 발생하기 때문으로 보인다.

1.2.3. 정리

위의 내용을 표로 정리하면 다음 <표 3>과 같다.

<표 3> 도움토씨 '-조차'와 다른 토씨의 겹침

구분	자리토씨와 겹침						
	이/가	을/를	의	에	에게	에서	한테
조차	*조차가	*조차를	*조차의	*조차에	*조차에게	*조차에서	*조차한테
	*가조차	를조차	*의조차	에조차	에게조차	에서조차	한테조차

구분	도움토씨와 겹침								
	도	마저	마다	은/는	만	부터	까지	든지	나마
조차	*조차도	*조차마저	*조차마다	?조차는	*조차만	*조차부터	*조차까지	조차든지	*조차나마
	?도조차	*마저조차	*마다조차	는조차	만조차	*부터조차	*까지조차	*든지조차	*나마조차

1.3. '–마저'

1.3.1. '–마저'의 의미 특성

'–마저'는 "어떤 것까지도 포함함의 뜻을 가진 도움토씨"(허웅, 1995 : 1399쪽)인데, 최현배(1946)는 [끝남]으로, 정인승(1956)과 남기심·고영근 (1993)은 [최종]으로, 정동환(1993)은 [최후 마지막] 또한 [하나도 남김없이], [덧보탬], [첨가]로 보았다. 학교문법(2008)과 홍사만(1986)은 [극단 예시]로, 김석득(1992)은 [최종성 더 보탬]으로, 채완(1979)은 [역시, 의지 반영]으로, 성광수(1979)는 [마지막]으로, 박신정(2001)은 [불만과 놀람]으로 규정하였다. 이로 미루어 '–마저'의 의미는 [마지막], [최종], [덧보탬]이라는 공통점을 가지고 있는데『표준국어대사전』에서는 "이미 어떤 것이 포함되고 그 위에 더함의 뜻을 나타내는 도움토씨로 하나 남은 마지막임을 나타낸다."고 정리하였다.

1.3.2. '-마저'의 결합 관계

1) 자리토씨와 '-마저'의 결합

(가) '*-마저가/*-가마저'

    (34) ㄱ. *그는 어깨를 삐어서 야구<u>마저가</u> 그만두지 않으면 안 되게 되었다.
        ㄴ. 떡<u>의</u> 마저 식었다.
        ㄷ. 남아 있던 김군<u>의</u> 마저 떠났다.

한국어에서 임자자리토씨 '-이/가'와 도움토씨 '-마저'가 결합되면 결합되는 순서에 관계없이 비문이 된다. (34ㄴ,ㄷ)이 적격문이 되는 이유는, 이때의 '-마저'는 도움토씨가 아니라 어찌씨이기 때문이다. 이로 미루어 '-이/가'와 '-마저'는 아직 문법화가 이루어지지 않은 것으로 보인다.

  (나) '*-마저를/*-를마저'

    (35) ㄱ. *살던 집<u>마저를</u> 다 팔아먹었다.
        ㄴ. 올해 안으로 막내딸<u>을</u> 마저 시집 보내야지.

'-마저'와 '-를/을'은 순서에 관계없이 결합되지 않는다. (35ㄴ)이 적격문이기 때문에 '-마저'가 뒤에 오면 결합이 자연스러운 것처럼 생각할 수 있다. 그러나 이때의 '-마저'는 도움토씨가 아닌 어찌씨이다.

  (다) '*-마저의/*-의마저'

    (36) ㄱ. *올해 안으로 막내딸<u>마저의</u> 시집 보내야지.

ㄴ. *올해 안으로 막내딸의마저 시집 보내야지.

'-마저'와 '-의'는 순서에 관계없이 결합되지 않는다. 이 두 토씨가 결합하지 않는 이유는, '-의'는 뒤에 오는 체언을 수식하고 '-마저'는 본래 어찌씨에서 온 말로 풀이말을 수식하는 자리에 있었으므로 두 토씨가 나란히 올 수 없는 것으로 보인다.

'-마저'는 임자자리토씨, 부림자리토씨, 매김자리토씨, 부름자리토씨, 어찌자리토씨 등 어떠한 자리토씨와도 결합되지 않는다. '-마저'가 다른 도움토씨와 달리 어찌자리토씨와도 결합이 제약되는 이유는, '-마저'가 본래 어찌씨에서 온 말이기 때문에 다른 어찌자리토씨와 같은 자리에 나란히 올 수 없었던 까닭으로 보인다.

(라) '*-에마저/*-마저에'

(37) ㄱ. *철수는 제주도에 마저 다녀왔다.
ㄴ. *비마저에 맞았으니, 추위를 견딜 수가 없었다.

(마) '-에게마저/*-마저에게'

(38) ㄱ. 어머니에게 버림받았는데 아버지에게 마저 버림받았다.
ㄴ. *어머니에게 버림받았는데 아버지마저에게 버림받았다.

(바) '*-에서마저/*-마저에서'

(39) ㄱ. 그는 그 당의 공천 대상에서 마저 제거되고 말았다.
ㄴ. *그는 그 당의 공천 대상마저에서 제거되고 말았다.

(사) '-한테마저/*-마저한테'

> (40) ㄱ. 나한테 마저 거짓말 하겠니?
>   ㄴ. *나마저한테 거짓말 하겠니?

(라)~(사)는 어찌자리토씨와 '-마저'의 결합 관계를 보여준 예이다. '-마저'는 결합 순서에 관계없이 어찌자리토씨와 결합이 제약된다.

(38ㄱ), (39ㄱ), (40ㄱ)은 적격문이다. 그러나 이 문장들에 들어가 있는 '-마저'는 도움토씨가 아닌 어찌씨이다. '-마저'가 부사로 기능할 경우 [남김없이 모두], [마지막까지 다]의 뜻이지만 도움토씨로 쓰일 경우 [까지도], [까지 모두]의 뜻으로 쓰인다. 결국 '-마저'는 어찌씨이든 도움토씨이든 그 뜻이 비슷한데 이 예들에서 보이는 '-마저'는 모두 어찌씨이다.

2) 도움토씨와 '-마저'의 결합

(가) '-마저도/*-도마저'

> (41) ㄱ. 나마저도 데려 가시오.
>   ㄴ. 논도 밭도 그리고 집도 마저 물에 잠겼다.

도움토씨 '-마저'와 '-도'가 결합할 경우 '-마저'는 반드시 앞에 와야 한다. (41ㄴ)은 적격문인데 이때의 '-마저'는 어찌씨이다. '-마저'가 어찌씨임을 알 수 있는 것은, '-마저'가 '물에' 뒤로 어순을 바꾸어 "논도 밭도 그리고 집도 물에 마저 잠겼다."가 되어도 뜻이 달라지지 않는 것으로 알 수 있다.

(나) '*-조차마저/*-마저조차'

    (42) ㄱ. *가뜩이나 어려운 처지에 어머니<u>조차마저</u> 병이 드셨다.
        ㄴ. *가뜩이나 어려운 처지에 어머니<u>마저조차</u> 병이 드셨다.

'-조차'와 '-마저'는 모두 [극단]이라는 공통된 의미를 가지고 있을 뿐 아니라 번져 나가는 뜻도 비슷하다. 따라서 두 형태소를 결합하면 의미가 중복된다. 이런 관계로 두 도움토씨는 결합할 수 없다.

(다) '*-마다마저/*-마저마다'

    (43) ㄱ. *중학교<u>마다마저</u> 화학실험실이 있어 공부하기에는 너무도 시
            설이 좋다.
        ㄴ. *중학교<u>마저마다</u> 화학실험실이 있어 공부하기에는 너무도 시
            설이 좋다.

'-마저'와 '-마다'가 결합하면 순서에 관계없이 비문이 되는데 '-마저'는 마지막이란 의미가 있는 반면 '-마다'는 각자라는 의미를 지내고 있어서 두 토씨를 결합하면 의미의 모순이 발생한다.

(라) '*-는마저/*-마저는'

    (44) ㄱ. *철<u>수는 마저</u> 떡을 먹었다.
        ㄴ. 철수는 떡을 <u>마저</u> 먹었다.
        ㄷ. *그<u>마저는</u> 나를 미워하지 않겠지.

도움토씨 '-는'과 '-마저'는 결합 순서에 관계없이 비문이 된다. (44ㄴ)은 '-마저'가 어찌씨이기 때문에 적격문처럼 보인다. 그러나 (44ㄱ)은

비문이다. (44ㄱ)이 비문이 되는 이유는, '-는'은 [차이]라는 의미를 지니고 있는데 '-마저'는 [포함] 또는 [역시]의 의미를 지니고 있기 때문에 두 형태소가 직접 만나면 의미의 모순이 생긴다. (44ㄴ)은 적격문인데 이것이 적격문이 되는 이유는, 이때의 '-마저'는 어찌씨로 도움토씨 '-는'과 '마저' 사이에 부림말 '떡을'이 들어감으로써 두 형태소가 직접 만나는 것을 피하기 때문이다.

  (마) '*-만마저/*-마저만'

    (45) ㄱ. *영수는 가보만마저 팔았다.
         ㄴ. *영수는 가보마저만 팔았다.

  '-마저'와 '-만'은 결합하면 순서에 관계없이 비문이 된다. 이 두 도움토씨를 결합시키면 비문이 되는 이유는, '-만'의 뜻은 [단독]이고 '-마저'의 뜻은 [역시], [덧보탬]이기 때문에 [단독]과 [역시], [덧보탬] 결합하면 의미의 모순이 발생하기 때문이다.

  (바) '*-든지마저/*-마저든지'

    (46) ㄱ. *너든지마저 보내고 나면 난 누굴 보고 살란 말이냐?
         ㄴ. *너마저든지 보내고 나면 난 누굴 보고 살란 말이냐?

  '-든지'와 '-마저'가 결합하면 결합 순서에 관계없이 비문이 된다. '-든지'의 의미는 [선택]이기 때문에 대상이 여러 개이고 '-마저'의 의미는 [최종]이기 때문에 대상이 하나이다. 따라서 두 형태소가 결합하면 의미의 모순이 발생한다.

(사) '*-라도마저/-마저라도'

> (47) ㄱ. *너라도 마저 보내고 나면 난 누굴 보고 살란 말이냐?
>   ㄴ. 나마저라도 너를 따라가겠다.

(47ㄱ)은 '-마저'가 어찌씨이기 때문에 적격문이 되고 (47ㄴ)은 '-마저'의 뜻은 [최종]이고 '-이라도'의 뜻은 [부족하지만 선택] 또는 [마찬가지]이다. [최종]과 [부족하지만 선택]은 결합하면 의미의 보완 관계가 성립되어 자연스러운 문장이 된다.

(아) '*-까지마저/*-마저까지'

> (48) ㄱ. 철수까지 마저 극장에 갔다.
>   ㄴ. 철수까지 극장에 마저 갔다.
>   ㄷ. *아들마저까지 공부를 않는다.

(48ㄱ)은 적격문이다. (48ㄱ)이 적격문인 까닭은, '-마저'가 도움토씨가 아닌 어찌씨이기 때문이다. (48ㄱ)의 어순을 바꾸면 (48ㄴ)이 된다. 도움토씨 '-까지'와 도움토씨 '-마저'는 결합되는 순서에 관계없이 결합을 제약한다. 제약하는 이유는 아래와 같다.

'-까지'의 의미는 [마침], [최종]이고 '-마저'의 의미도 [최종], [끝남]으로 두 도움토씨의 의미는 같거나 비슷하다. 따라서 두 도움토씨가 결합하면 결합되는 순서에 관계없이 의미가 중복된다. 의미의 중복을 피하기 위하여 두 도움토씨는 결합되지 않는다.

(자) '*-부터마저/*-마저부터'

> (49) ㄱ. *영이가 커피<u>부터</u> <u>마저</u> 마시지 않는다.
>   ㄴ. *영이가 커피<u>마저부터</u> 마시지 않는다.

(49ㄱ,ㄴ)은 모두 비문이다. '-부터'의 뜻은 [시작]이고 '-마저'의 뜻은 [끝남]이다. 그렇기 때문에 '-마저'는 품사가 토씨이든 어찌씨이든 도움토씨 '-부터'와 결합하면 의미의 모순이 발생하여 모두 비문이 된다.

1.3.3. 정리

위의 내용을 표로 정리하면 다음 <표 4>과 같다.

<표 4> 도움토씨 '-마저'와 다른 토씨의 겹침

구분	자리토씨와 겹침						
	이/가	을/를	의	에	에게	에서	한테
마저	*마저가	*마저를	*마저의	*마저에	*마저에게	*마저에서	*마저한테
	*가마저	*를마저	*의마저	에마저	*에게마저	에서마저	한테마저

구분	도움토씨와 겹침							
	도	조차	마다	은/는	만	부터	까지	든지	이라도
마저	마저도	*마저조차	*마저마다	*마저는	*마저만	*마저부터	*마저까지	*마저든지	*라도마저
	*도마저	*조차마저	*마다마저	*는마저	*만마저	*부터마저	까지마저	*든지마저	마저라도

1.4. ‘-마다’

1.4.1. ‘-마다’의 의미 특성

‘-마다’는 ‘한결같이 모두’의 뜻을 가진 점은 앞의 (가) ‘뭉뚱그림’의 토씨들과 같은 것이나, 다만 ‘저마다, 개별적으로’와 같은 뜻을 가진 점이 다르다’(허웅, 1995 : 1406).

최현배(1937, 1984)는 [한결], 정인승(1956), 김승곤(1989), 남기심·고영근(1993), 학교문법(2008)은 [균일]로 보았고, 정동환(1993)은 [낱낱이 한 가지], [하나하나], [각자]로 보았다. 이로 미루어 ‘-마다’의 의미는 [균일]이라는 공통점을 가지고 있는데『표준국어대사전』에서는 “낱낱이 모두의 뜻을 나타내는 도움토씨이다.”로 정리하였다.

1.4.2. ‘-마다’의 결합 관계

1) 자리토씨와 ‘-마다’의 결합

(가) ‘*-마다가/*-가마다’

    (50) ㄱ. *사람<u>마다가</u> 가을을 좋아한다.
        ㄴ. *그는 가는 곳<u>이마다</u> 사랑을 받는다.

‘-마다’는 이름씨 밑에 두루 붙어 [빠짐없이 모두]의 뜻으로 쓰이는 도움토씨이다(동아 새국어사전, 1989). ‘-마다’는 임자자리토씨 ‘-가/이’와 결합하면 결합하는 순서에 관계없이 비문이 된다. 이들의 결합이 제약되는 이유는, "사람이 왔다", "사람마다 왔다"와 같이 '-마다'는 자리의 의미 기능을 하기 때문에 임자자리토씨 '-이/가'와 결합하면 자리 기능이 중복되기 때문이 아닌가 한다. 순수하게 임자자리의 자리 표지만 하려면 "사람이 왔다"를 쓰고 의미 기능을 드러내면서 임자자리의 자리 표지를 나타낼 때는 "사람마다 왔다"를 쓴다. 따라서 이 두 문장을 결합한 "*사람이마다 왔다"나 "*사람마다이 왔다"는 임자자리 기능이 중복되기 때문에 결합이 제약된다.

　　(나) '-마다의/*-의마다'

　　　　(51) ㄱ. 그들은 저<u>마다의</u> 삶을 영위할 뿐이다.
　　　　　　 ㄴ. *그들은 저<u>의마다</u> 삶을 영위할 뿐이다.

　(51ㄴ)이 비문인 것은, 둘 또는 세 개의 토씨가 결합되었을 때 초점은 맨 뒤의 토씨에 나타나는데 '*-의마다'는 초점이 수식을 나타내는 '-의'에 있지 않고 [한결]의 뜻을 부각시키는 '-마다'에 주어지기 때문에 자리 기능이 나타나지 않기 때문으로 추정된다. 그러나 '-마다'가 대이름씨 '저'에 결합한 (51ㄱ)은 자연스러운 문장이다. (51ㄱ)이 자연스러운 문장이 되는 이유는, '-마다'는 '-마다 ~하다' 구문으로 뒤에 서술어가 오기 때문에 수식하는 기능이 없다. 따라서 매김자리토씨 '-의' 앞에 오더라도 자리의 기능이 중복되지 않는다.

　　(다) '*-마다를/*-를마다'

　　　　(52) ㄱ. *불조심하고 방<u>마다를</u> 잘 살펴라.
　　　　　　 ㄴ. *집집<u>을마다</u> 다 뒤져 보았다.

(52ㄱ,ㄴ)은 비문이 된다. (52ㄱ,ㄴ)이 비문이 되는 이유는, '-마다'는 '음식마다 먹었다'와 같이 부림자리 기능도 하기 때문에 부림자리토씨 '-를'과 결합하면 자리의 중복이 발생하기 때문으로 보인다. 한국어에서 '-마다'는 임자자리토씨, 부림자리토씨와는 결합하지 아니하고 매김자리 토씨의 앞에서는 결합이 제약되지 않는다.

(라) '-에마다/*-마다에'

> (53) ㄱ. 방마다에 책을 싸 놓았다.
>   ㄴ. *방에마다 책을 싸 놓았다.

(53ㄱ)은 적격문이고 (53ㄴ)은 비문이다. '-마다'는 [모두가 한결같이]라는 의미를 지니기 때문에 장소를 나타내는 '-에'와 결합되더라도 의미의 모순이 발생하지 않는다. '-에'가 뒤에 올 때는 의미의 초점이 '-에'에 주어져서 장소를 강조한 것이 된다. '-마다'가 뒤에 오면 초점이 [한결같이]에 주어져서 [한결같이]를 강조한 것이 된다. (53ㄴ)이 비문인 까닭은, '-마다'에는 [한결]이라는 의미를 가지고 있을 뿐 아니라 '-마다 놓았다'의 구문처럼 어찌말자리의 기능도 하기 때문에 어찌자리토씨 '-에'와 자리가 중복되기 때문으로 보인다.

(마) '?-에게마다/-마다에게'

> (54) ㄱ. ?사람마다에게 태극기를 나누어 주었다.
>   ㄴ. 사람에게마다 태극기를 나누어 주었다.

'-에게'는 [방향]을 지시하는 어찌자리토씨이고 '-마다'는 [각자 한결같이]를 나타내는 도움토씨인데 두 형태소가 결합될 경우에 비문은 되지 않으나 [방향]이 뒤에 결합해서 강조되면 좀 어색하게 느껴진다. (54ㄴ)은 '-마다'가 뒤에 결합했는데도 적격문이 되는 이유는, 이때의 '-마다'는 "사람마다 나누어 주었다"의 문장처럼 '-마다'의 격이 중의적이기 때문으로 보인다. "사람마다 나누어 주었다"는 뜻은 "모든 사람에게 나누어 주었다"는 뜻도 되고, "모든 사람이 나누어 주었다"는 뜻도 된다. 따라서 이때의 '-마다'는 임자자리로도 해석이 가능하고 어찌자리로도 해석이 가능해서 특정한 자리 기능을 하지 않기 때문에 '-에게'의 뒤에 오더라도 자리 기능이 중복되지 않는다.

(바) '-한테마다/*-마다한테'

　　(55) ㄱ. 그는 지나가는 사람한테마다 떡을 나누어 줬다.
　　　　　 ㄴ. *그는 지나가는 사람마다한테 떡을 나누어 줬다.

　(55ㄱ)은 자연스러운 문장이고 (55ㄴ)은 비문이다. '-한테'는 '-에게'와 같은 뜻으로 결합 관계도 '-에게'와 '-마다'의 결합 관계와 다르지 않다.

(사) '?-에서마다/-마다에서'

　　(56) ㄱ. ?집집에서마다 연기가 피어올랐다.
　　　　　 ㄴ. 집집마다에서 연기가 피어올랐다.

　(56ㄴ)은 자연스러운 문장인데 (56ㄱ)은 어색한 문장이다.

2) 도움토씨와 '-마다'의 결합

(가) '*-마다도/*-도마다'

(57) ㄱ. *나는 매년 10월 25일마다도 어머니께 감사편지를 드린다.
　　 ㄴ. *그는 지나가는 사람도마다 노려본다.

[한결]의 뜻으로 쓰이는 도움토씨 '-마다'는 [한 가지]의 뜻으로 쓰이는 도움토씨 '-도'와 순서에 관계없이 결합이 제약된다. 이 두 도움토씨의 결합이 제약되는 이유는 두 토씨 사이의 의미 특성 때문으로 보인다. '-도'는 맨 끝의 하나를 뜻하고 '-마다'는 [모두], [한결]의 뜻이기 때문에 여러 개를 뜻한다. 따라서 두 토씨가 결합하면 한 개와 여러 개가 충돌하기 때문에 결합이 제약되는 것으로 생각된다.

(나) '*-조차마다/*-마다조차'

(58) ㄱ. *집집조차마다 꽃을 기른다.
　　 ㄴ. *집집마다조차 꽃을 기른다.

도움토씨 '-마다'는 결합되는 순서와 관계없이 '-조차'와 결합이 제약된다. 이 두 도움토씨들이 결합되지 않는 이유는 두 도움토씨의 의미 때문으로 보인다. '-마다'는 [한결], [균일]로 대상이 여러 개이지만 '-조차'는 [극단]으로 대상이 맨 끝의 하나이기 때문에 두 도움토씨가 결합하면 의미의 충돌이 발생할 수 있다.

(다) '*-마저마다/*-마다마저'

(59) ㄱ. *집집마저마다 꽃을 기른다.

ㄴ. *집집<u>마다마저</u> 꽃을 기른다.

도움토씨 '-마다'와 '-마저'는 결합이 제약된다. 이 두 토씨의 결합이 제약되는 이유도 (가)~(나)와 같다. '-마다'는 [각자 한결같이]란 의미로 [복수]의 개념이 내포되었는데 '-마저'는 [최종]의 의미로 [단수]의 개념이 내포되었기 때문에 두 형태소를 결합하면 의미의 모순이 발생한다.

(라) '-마다는/*-는마다'

(60) ㄱ. 아무리 흔해도 집집<u>마다는</u> 없다.
    ㄴ. *아무리 흔해도 집집<u>은마다</u> 없다.

(60ㄱ)은 자연스러운 문장이고 (60ㄴ)은 비문이다. (60ㄱ)의 '-마다는'이 자연스럽게 결합하는 이유는, '-는'은 주제나 화제를 지정하는 기능을 하기 때문에 반드시 필요하며 초점도 주제나 화제를 지정하는 '-는'에 주어져야 하기 때문에 '-는'은 뒤에 결합하여야 한다. 그렇기 때문에 '-는'이 앞에 온 (60ㄴ)은 비문이다. 또한 '-는'은 [대조]의 뜻으로 쓰이기 때문에 앞마디의 풀이말과 뒷마디의 풀이말은 대립 개념이어야 한다.

(마) '*-만마다/*-마다만'

(61) ㄱ. *그는 책<u>만마다</u> 열심히 읽는다.
    ㄴ. *산골짝<u>마다만</u> 눈이 쌓였다.

도움토씨 '-만'과 '-마다'는 결합 순서에 관계없이 비문이 된다. 결합이 제약되는 이유는, '-만'은 대상이 하나인데 '-마다'는 대상이 여러 개이기 때문에 결합하면 의미의 모순이 발생하기 때문으로 보인다.

(바) '*-이라도마다/?-마다라도'

  (62) ㄱ. *산골짝이라도마다 눈이 왔으면 좋겠다.
      ㄴ. ?산골짝마다라도 눈이 왔으면 좋겠다.

'-이라도'는 풀이자리토씨와 도움토씨 두 종류가 있다. "어떤 사실을 인정하거나 가정하되 뒷말이 거기에 매이지 아니하고 맞서거나 그보다 더 한 사실이 이어짐을 나타날 때"(동아 새국어사전, 1989)의 뜻으로 쓰이면 풀이자리토씨가 되고, "여러 중에서 특히 그것을 가리거나 가리지 아니함"(동아 새국어사전, 1989)의 뜻으로 쓰이면 도움토씨가 된다. 쓰이는 환경에 따라 [부족하지만]의 뜻이 되기도 하고 [아무거나]의 뜻이 되기도 하며 [최소]의 뜻이 되기도 한다. (62ㄱ,ㄴ)에서는 [부족하지만]의 뜻으로 쓰인다. 따라서 [각자 한결같이]의 뜻으로 쓰이는 '-마다'와 결합하면 의미의 모순이 발생하여 비문이 되거나 어색한 문장이 된다.

(사) '*-이나마마다/*-마다나마'

  (63) ㄱ. *그는 책이나마마다 열심히 읽는다.
      ㄴ. *만나는 사람마다나마 철수를 칭찬했다.

(63ㄱ,ㄷ)이 비문이 되는 이유는, '-이나마'는 [덜참], [아쉬움]의 의미로 쓰이고 있으나 '-마다'는 [각자 한결같이]의 의미를 지니고 있으며 [당당함], [힘이 있음]의 뜻도 내포되어 있어서 두 형태소가 결합하면 의미의 모순이 발생한다. 또 '-나마'에는 [최소]란 의미가 내포되어 있고

'-마다'에는 [모두], [다양성]이라는 의미가 내포되어 있기 때문에 두 형태소가 결합하면 의미의 모순이 발생한다.

  (아) '*-까지마다/-*마다까지'

    (64) ㄱ. *산봉우리까지마다 눈이 내렸다.
        ㄴ. *산봉우리마다까지 눈이 내렸다.

'-까지'는 마지막에 있는 [하나]를 지칭하고 '-마다'는 차례나 범위에 관계없이 [여럿]을 지칭하기 때문에 두 형태소가 결합하면 의미의 모순이 발생하기 때문에 순서에 관계없이 결합이 제약된다.

  (자) '*-부터마다/*-마다부터'

    (65) ㄱ. *산골짝부터마다 눈이 쌓였다.
        ㄴ. *새벽마다부터 고요히 꿈길을 밟고 온다.

'-부터'는 [시작점]이라는 의미와 더불어 [단수]의 의미도 내포되어 있지만 '-마다'는 [종결점]이라는 의미와 더불어 [복수]의 의미도 내포되어 있어서 두 형태소가 결합하면 의미의 모순이 되기 때문에 두 형태소는 한 자리에서 결합할 수 없다.

1.4.3. 정리

위의 내용을 표로 만들면 다음 <표 5>과 같다.

<표 5> 도움토씨 '-마다'와 다른 토씨의 겹침

구분	자리토씨와 겹침						
	이/가	을/를	의	에	에게	에서	한테
마다	*마다가	*마다를	마다의	마다에	?마다에게	마다에서	*마다한테
	*가마다	*를마다	*의마다	*에마다	에게마다	에서?마다	한테마다

구분	도움토씨와 겹침							
	도	조차	마저	은/는	만	부터	까지	나마	이라도
마다	*마다도	*마다조차	*마다마저	*마저는	*마다만	*마다부터	*마다까지	*마다나마	마다라도
	*도마다	*조차마다	*마저마다	*는마저	*만마다	*부터마다	*까지마다	나마마다	*라도마다

1.5. '-은/는/ㄴ'

1.5.1. '-은/는/ㄴ'의 의미 특성

'-은/는/ㄴ'는 '안음성이 없는 것도 두 갈래로 나뉘는데 하나는 '단독, 홀로, 특별함, 다름'의 뜻을 가진 것이고, 다른 하나는 여럿 가운데에서 하나를 가리는 뜻을 가지고 있는 것이다'(허웅, 1995 : 1410). 최현배(1937, 1984)는 [다름], 정인승(1956)은 [구별]로 보았고, 정동환(1993)은 [어떤 것이 다른 것과 서로 다름], [분간], [구별], [대조], [제한]으로 보고 김승곤(1989)에서는 [지정]으로, 홍사만(1986)은 [화제], [대조]로, 채완(1979), 남기심·고영근(1993), 박신정(2001), 김현석(2006), 학교문법(2008)에서는 [대조], [배제]로 보았다. 이로 미루어 '-은/는/ㄴ'의 의미는 [대조], [구별]이라는 공통점을 가지고 있다. 『표준국어대사전』에서는 "어떤 대상이 다른 것과 대조됨을 나타내는 도움토씨이다."라고 정리하였다.

1.5.2. '-는'의 결합 관계

1) 자리토씨와 '-는'의 결합

(가) '*-는가/*-가는'

> (66) ㄱ. *국어<u>는가</u> 재미있지만 수학은 재미없다.
> ㄴ. *나무<u>가는</u> 산에서 잘 자란다.

'-는/은'은 [구별], [대조]라는 의미 기능을 함과 동시에 임자말의 기능을 한다. '-가/이'는 특별한 의미 기능을 하지 않지만 임자말의 기능을 한다. 따라서 두 형태소가 한 자리에서 결합하면 자리 기능이 중복되기 때문에 두 형태소는 한 자리에서 결합할 수 없다.

(나) '*-의는/*-는의'

> (67) ㄱ. *낮말<u>의는</u> 새가 듣고, 밤말은 쥐가 듣는다.
> ㄴ. *낮말<u>은의</u> 새가 듣고, 밤말은 쥐가 듣는다.

'-의'는 매김 기능을 하고 '-는/은'은 주제어/임자말 기능을 하기 때문에 두 형태소가 한 자리에서 결합하면 자리 기능에 모순이 생긴다.

(다) '-에는/*-는에'

> (68) ㄱ. 15일<u>에는</u> 결단이 날 것이다.
> ㄴ. *15일<u>은에</u> 결단이 날 것이다.

장소를 나타내는 '-에'에 [차이]를 나타내는 '-는/은'이 결합한 (68ㄱ)

은 자연스러운 문장이 되고, 결합의 순서를 바꾼 (68ㄴ)은 비문이 된다. 두 개 이상의 형태소가 결합할 때 초점은 맨 뒤의 형태소에 온다. (68ㄴ) 이 비문이 되는 이유는, 자리 기능을 하는 '-는/은'이 앞에 있어서 자리 기능을 제대로 하지 못하기 때문으로 보인다.

(라) '-에서는/*-는에서'

(69) ㄱ. 이곳<u>에서는</u> 노랑색이 나오고 저곳<u>에서는</u> 파랑색이 나온다.
ㄴ. 그는 집<u>에서는</u> 공부하지 아니한다.
ㄷ. *이곳<u>은에서</u> 노랑색이 나오고, 저곳<u>은에서</u> 파랑색이 나온다.

(69ㄷ)이 비문이 되는 이유는, (69ㄴ)이 비문이 되는 이유와 마찬가지로 자리 기능을 하는 '-는/은'이 초점의 자리 뒤에 와야 하지만 앞에 와서 임자말의 자리 기능을 하지 못하기 때문으로 보인다.

(마) '-에게는/*-는에게'

(70) ㄱ. 형<u>에게는</u> 책을 주었고, 동생<u>에게는</u> 돈을 주었다.
ㄴ. *형<u>은에게</u> 책을 주었고, 동생<u>은에게</u> 돈을 주었다.

(70ㄴ)이 비문이 되는 이유도, (69ㄷ)이 비문이 되는 이유와 같다.

(바) '-한테는/*-는한테'

(71) ㄱ. 형<u>한테는</u> 책을 주었고, 동생<u>한테는</u> 돈을 주었다.
ㄴ. *형<u>은한테</u> 책을 주었고, 동생<u>은한테</u> 돈을 주었다.

(70ㄴ)이 비문이 되는 이유도, (71ㄴ)이 비문이 되는 이유와 같다. '-에,

-에서, -에게, -한테’에 ‘-는/은’이 결합하면 적격문이 되는데 이 경우 주제 또는 임자말이 기능을 하는 ‘-는/은’이 반드시 뒤에 결합하여야 한다.

2) 도움토씨와 ‘-는’의 결합

(가) ‘*-도는/*-는도’

> (72) ㄱ. *임<u>도는</u> 보고 뽕<u>도는</u> 딴다.
>   ㄴ. *임<u>은도</u> 보고 뽕<u>은도</u> 딴다.

‘-도’와 ‘-는/은’이 결합하면 결합 순서에 관계없이 비문이 되는데 비문이 되는 이유는, ‘-도’도 임자말의 기능을 하고 ‘-는/은’도 임자말의 기능을 하기 때문에 두 형태소가 한 자리에서 결합하면 자리 기능이 중복되기 때문에 비문이 되는 것으로 추정 된다.

(나) ‘*-조차는/?-는조차’

> (73) ㄱ. *설마 집<u>조차는</u> 팔아먹을 수 없겠지.
>   ㄴ. ?쌀밥<u>은조차</u> 보리죽도 못 먹었다.

‘-는/은’은 [차이]로 쓰이고 ‘-조차’는 [함께]의 뜻으로 쓰이기 때문에 두 형태소가 결합하면 비문이 된다. (73ㄱ) 그러나 ‘-조차’가 [극단]의 뜻으로 쓰인 (73ㄴ)은 어색하기는 해도 비문이 아니다. ‘-는/은’과 ‘-조차’가 결합할 때는 반드시 부정문이 되어야 한다.

(다) '*-마저는/*-는마저'

> (74) ㄱ. *철수마저는 못 가게 하겠다.
>   ㄴ. *철수는마저 음악만 좋아한다.

'-마저'와 '-는/은'이 결합하면 결합 순서에 관계없이 비문이 된다. 이 두 도움토씨가 결합할 때 비문이 되는 이유는, '-는/은'은 [차이]의 의미고 '-마저'는 [함께]의 의미이기 때문에 두 형태소가 결합하면 의미의 모순이 생겨 비문이 되는 것으로 추정 된다.

(라) '-마다는/*-는마다'

> (75) ㄱ. 아무리 흔해도 집집마다는 없다.
>   ㄴ. *아무리 흔해도 집집은마다 없다.

(75ㄴ)이 비문이 되는 이유는 임자말의 자리 표지를 나타내는 '-는/은'이 '-마다'에 선행하므로 자리 기능을 하지 못하기 때문이다. '-는/은'이 후행하는 '-마다는'도 부정문에만 나타난다.

(마) '-만은/*-은만'

> (76) ㄱ. 그것만은 안 돼.
>   ㄴ. *그 곳에서는만 그런 일이 일어나서는 안 되겠다.

(76ㄴ)이 비문이 되는 이유도 (76ㄴ)이 비문이 되는 이유와 같으며 반드시 부정문에만 나타날 수 있다.

(바) '*-이든지는/*-는든지'

> (77) ㄱ. *산이든지는 바다든지는 우리의 영토이다.
>   ㄴ. *산은든지 바다든지는 우리의 영토이다.

'-이든지'와 '-는/은'은 순서에 관계없이 비문이 된다. 이 형태소 결합이 비문이 되는 이유는, '-이든지'는 [선택]의 의미로 여러 개를 나열하여 사용하지만 '-는/은'은 [차이]의 의미로 대상이 하나인 경우에 쓰기 때문에 두 형태소가 한 자리에 오면 의미의 충돌을 일으킨다.

(사) '*-이라도는/*-는라도'

> (78) ㄱ. *형이라도는 그것만은 줄 수 없다.
>   ㄴ. *형은이라도 그것만은 줄 수 없다.

'-이라도'는 [가리지 않고]라는 의미로 쓰이고 '-는/은'은 [차이]의 의미로 쓰이기 때문에 두 형태소가 한 자리에서 결합하면 의미의 모순이 생긴다. 따라서 두 형태소는 결합 순서에 관계없이 한 자리에 오면 비문이 된다.

(아) '*-이나마는/*-는나마'

> (79) ㄱ. *코끼리나마는 코가 길다.
>   ㄴ. *코끼리는나마 코가 길다.
>   ㄷ. *그런 것이나마는 많이 있었으면 좋겠다.

'-이나마'는 '-이다'에 '-나마'가 결합된 어찌씨에서 문법화가 이루어져 토씨가 되었는데 아직 어찌씨의 기능은 가지고 있다. 이 어찌씨의 기능을 가진 '-이나마'에 임자말의 기능을 하는 '-는/은'이 결합되었기 때문에 (79ㄱ~ㄷ)은 비문이 된다.

(자) '-까지는/*-는까지'

   (80) ㄱ. 심한 부상이 아니기 때문에 생명<u>까지는</u> 영향이 없을 것이다.
        ㄴ. *눈에 미치는 데<u>는까지</u> 죄다 찾아보았소.

'-까지'와 '-는/은'이 결합할 때는 반드시 '-는/은'이 후행한다. (80ㄴ)의 '-는까지'는 비문을 만든다.

(차) '-부터는/*-는부터'

   (81) ㄱ. 금년<u>부터는</u> 담배를 끊기로 했다.
        ㄴ. *금년<u>은부터</u> 담배를 끊기로 했다.

'-부터는'도 '-까지는'과 같은 구조로 만들어진다. 따라서 '-는'은 반드시 '-부터'의 뒤에만 결합할 수 있다.

1.5.3. 정리

위의 내용을 표로 정리하면 다음 <표 6>과 같다.

<표 6> 도움토씨 '-는'와 다른 토씨의 겹침

구분	자리토씨와 겹침					
	이/가	의	에	에게	에서	한테
는	*는가	*는의	*는에	*는에게	*는에서	*는한테
	*가는	*의는	에는	에게는	에서는	한테는

구분	도움토씨와 겹침								
	도	조차	마저	마다	만	부터	까지	든지	나마	이라도
는	*는도	?는조차	는마저	*는마다	*은만	*는부터	*는까지	*는든지	*는나마	*는라도
	*도는	*조차는	*마저는	마다는	만은	부터는	까지는	*든지는	*나마는	*라도는

1.6. '-만'

1.6.1. '-만'의 의미 특성

'-만'는 '안음성이 없이 어느 하나에 한정됨을 나타내는데, 한정하는 뜻에서 힘줌의 뜻으로 번져나가는 일이 많다'(허웅, 1995 : 1422). 최현배 (1937, 1984)는 [홀로], 정인승(1956), 채완(1979), 김승곤(1989), 남기심·고영근(1993), 이지연(2006), 김현석(2006), 학교문법(2008)은 [단독]로, 홍사만 (1983)은 [강조적 첨의]를 [당인 지속], [축소 제한]로 보았고, 정동환(1993) 은 [홀로 그러함], [따로], [단독], [유일], [한정], [축소], [제한]으로 보았다. 그리고 박신정(2001)은 [집합의 한정]으로 본다. 이로 미루어 '-만'의 의미는 [단독], [한정]이라는 공통점을 가지고 있다. 『표준국어대사전』에서는 "다른 것으로부터 제한하여 어느 것을 한정함을 나타내는 도움토씨이다."라고 정리하였다.

1.6.2. '-만'의 결합 관계

1) 자리토씨와 '-만'의 결합

(가) '-만이/*-이만'

> (82) ㄱ. 여럿이 모였는데, 김군만이 안 왔다.
> ㄴ. *여럿이 모였는데, 김군이만 안 왔다.

도움토씨 '-만'과 임자자리토씨 '-이/가'가 결합하는 경우 자리토씨가 뒤에 온다. 다른 도움토씨들은 임자자리토씨, 부림자리토씨, 매김자리토씨와 결합하는 것을 제약하지만 도움토씨 '-만'은 자리토씨와 결합이 제약되지 않는다. "김군만 안 왔다.", "김군이 안 왔다."에서 보듯이 '-만'과 '-이'는 모두 임자말의 기능을 하기 때문에 임자말의 겹침 현상이 나타나 비문이 될 것 같으나 비문이 되지 않는다. '-도', '-조차', '-마저', '-마다', '-은/는'과 달리 '-만'이 자리토씨와 자연스럽게 결합할 수 있는 것은 아마도 '-만'이 자리토씨가 오는 자리에 오기는 해도 자리 기능이 약하기 때문이 아닌가 한다. 또 '-만'이 가지고 있는 [홀로], [한정]이라는 의미가 강하기 때문이 아닌가 하지만 단지 추정일 뿐 결론에 이르기 어렵다.

(나) '-만을/*-을만'

> (83) ㄱ. 철수만을 사랑해.
> ㄴ. *철수를만 사랑해.

'-만'이 부림자리토씨 '-를/을'과 결합하는 조건이나 이유도 임자자리토씨 '-이/가'와 결합하는 것과 같다.

(다) '-만의/*-의만'

    (84) ㄱ. 철수만의 점심을 먹는다.
         ㄴ. *철수의만 점심을 먹는다.

도움토씨 '-만'이 매김자리토씨 '-의'와 결합하는 것도 임자자리토씨나 부림자리토씨와 결합하는 이치와 같다.

(라) '-에만/*-만에'

    (85) ㄱ. 시장에만 나가면 무엇을 사달라고 한다.
         ㄴ. *쓸데없는 소리 말고, 내가 묻는 말만에 대답을 해라.

어찌자리토씨 '-에', '-에서', '-에게', '-한테'에 '-만'이 결합하면 '-만'이 뒤에 와야 자연스러운 결합이 된다. 도움토씨 '-만'은 자신이 결합하는 낱말의 범위를 [한정]하는 뜻으로 쓰이기 때문에 처소, 출발점, 도착점을 나타내는 어찌자리토씨 뒤에 붙어서 처소, 출발점, 도착점을 한정한다. 다시 말해서 어찌자리토씨 '-에', '-에서', '-에게', '-한테' 뒤에 붙어서 어찌자리토씨가 결합한 처소, 출발점, 도착점을 한정한다. (85ㄴ)의 '*-만에'는 결합이 제약된다.

(마) '-에서만/*-만에서'

    (86) ㄱ. 서울에서만 아니라 전국에서 다 모여 들었다.
         ㄴ. *서울만에서 아니라 전국에서 다 모여 들었다.

(바) '-에게만/*-만에게'

> (87) ㄱ. 나는 그에게만 좋은 인상을 주려고 힘썼다.
>   ㄴ. *나는 그만에게 좋은 인상을 주려고 힘썼다.

(사) '-한테만/*-만한테'

> (88) ㄱ. 그는 남자한테만 인사를 나누었다.
>   ㄴ. *그는 남자만한테 인사를 나누었다.

2) 도움토씨와 '-만'의 결합

'-만'이 결합할 수 있는 도움토씨는 '-도', '-는/은', '-까지', '부터'뿐
이다. '-도'와 '는/은'은 '-만'의 뒤에 결합하고 '-까지', '-부터'는 '-만'
의 앞에만 결합한다.

(가) '-만도/*-도만'

> (89) ㄱ. 사망자만도 20명이나 된다.
>   ㄴ. *사망자도만 20명이나 된다.

(89) 예문에서 '-만'은 [한정]하는 대상 어휘가 '사망자'이고 '-도'는
'-만'을 [강조]하기 때문에 '-만'이 뒤에 오는 (89ㄴ)은 비문이 된다.

(나) '*-조차만/*-만조차'

> (90) ㄱ. *영희는 떡과 밥조차만 먹었다.
>   ㄴ. *영희는 떡과 밥만조차 먹었다.

'-조차'와 '-만'은 결합 순서에 관계없이 한 자리에 올 수 없다. 두

토씨가 한 자리에 올 수 없는 이유는, '-조차'는 [더함], [추종]의 뜻이고 '-만'이 [단독]의 뜻이기 때문에 한 자리에 오면 의미의 모순이 발생한다.

(다) '*-마저만/*-만마저'

(91) ㄱ. *나마저만 이 사실을 알고 있다.
ㄴ. *나만마저 이 사실을 알고 있다.

'-마저'와 '-만'도 순서에 관계없이 한 자리에서 결합할 수 없다. 이 두 형태소가 한 자리에 설 수 없는 이유는, '-마저'는 [덧보탬], [역시], [포함]의 뜻인데 '-만'은 [단독]의 뜻이기 때문에 한 자리에 오면 의미에 모순이 생긴다.

(라) '*-마다만/*-만마다'

(92) ㄱ. *오천 원마다만 표시를 했다.
ㄴ. *오천 원만마다 표시를 했다.

'-마다'는 [각자 한결같이]의 의미이고 '-만'은 [단독]의 의미이기 때문에 두 형태소가 한 자리에 오면 의미에 모순이 발생한다. 따라서 두 도움토씨는 한 자리에 올 수 없다.

(마) '-만은/*-은만'

(93) ㄱ. 피아노만은 칠 수 없어요.
ㄴ. *피아노는만 칠 수 없어요.

(93ㄱ)과 같이 대상을 '피아노'로 한정한 '-만'이 앞에 오는 것은 자연

스러운 현상이다.

(바) '-까지만/*-만까지'

(94) ㄱ. 철수<u>까지만</u> 영희에게 꽃을 주었다.
ㄴ. *철수<u>만까지</u> 영희에게 꽃을 주었다.

(사) '-부터만/*-만부터'

(95) ㄱ. 임금<u>부터만</u> 먹을 수 있다.
ㄴ. *임금<u>만부터</u> 먹을 수 있다.

(94)~(95)의 '-만'은 도착점인 '-까지'와 출발점인 '-부터'를 한정하기 때문에 '-까지'와 '-부터'뒤에 결합하고 '-까지'와 '-부터'앞에 오는 것을 제약한다.

1.6.3. 정리

위의 내용을 표로 정리하면 다음 <표 7>과 같다.

<표 7> 도움토씨 '-만'과 다른 토씨의 겹침

구분	자리토씨와 겹침						
	이/가	을/를	의	에	에게	에서	한테
만	만이	만을	만의	*만에	*만에게	*만에서	*만한테
	이만	*을만	*의만	에만	에게만	에서만	한테만
구분	도움토씨와 겹침						
	도	조차	마저	마다	은/는	부터	까지
만	만도	*만조차	*만마저	*만마다	만은	*만부터	*만까지
	*도만	*조차만	*마저만	*마다만	*음만	부터만	까지만

1.7. '-부터'

1.7.1. '-부터'의 의미 특성

'-부터'는 '시간이나 공간이나 그 비롯함을 나타내는 토씨'(허웅, 1995 : 1444)인데 그 의미에 대해서는 연구자마다 약간 차이를 보이고 있다. 정인승(1956)은 [출발]로 보았고 최현배(1937, 1982)는 [비롯함]으로 보았으며 김승곤(1989)에서는 [시발]로, 권재일(1994), 정동환(1993)은 [비롯함], [시작,] [출발점], [추상적 기점]으로, 남기심·고영근(1993), 학교문법(2008)에서는 [시작]과 [먼저]로 보았다. 이로 미루어 '-부터'의 의미는 [시작]이라는 공통점을 가지고 있다. 『표준국어대사전』에서는 "어떤 일이나 상태 따위에 관련된 범위의 시작임을 나타내는 도움토씨. 흔히 뒤에는 끝을 나타내는 '-까지'가 와서 짝을 이룬다."고 정리하였다.

1.7.2. '-부터'의 결합 관계

1) 자리토씨와 '-부터'의 결합

'-부터'가 결합될 수 있는 자리토씨는 임자자리토씨, 부림자리토씨이고 결합할 수 없는 자리토씨는 매김자리토씨이다. 어찌자리토씨은 의미에 따라 결합되는 것도 있고 결합이 체약되는 것도 있다. '-부터'가 임자자리토씨, 부림자리토씨와 결합할 때는 다른 자리토씨가 뒤에 자리한다.

(가) '-부터가/*-가부터'

    (96) ㄱ. 지방 선거는 이제<u>부터가</u> 고비다.
         ㄴ. 너는 생각<u>부터가</u> 다른 사람과는 다르구나.
         ㄷ.*지방 선거는 이제<u>가부터</u> 고비다.

(나) '-부터를/*-를부터'

    (97) ㄱ. 우리는 어떤 대책을 세워야겠다는 생각<u>부터를</u> 포기하고 말았다.
         ㄴ. *우리는 어떤 대책을 세워야겠다는 생각<u>을부터</u> 포기하고 말았다.

(다) '*-부터의/*-의부터'

    (98) ㄱ. *우선 그 일<u>의부터</u> 해 보아야겠다.
         ㄴ. *그는 아침 첫 장면<u>부터</u>의 의아심이 도시 가셔지지 않는다.

'-부터'와 매김자리토씨의 결합이 제약되는 이유는, '-부터'는 어찌말을 만드는 기능을 하므로 매김말과는 같은 자리에 올 수 없기 때문이다.

(라) '-에부터/*-부터에'

    (99) ㄱ. 우선 집<u>에부터</u> 들려야겠다고 생각했다.
         ㄴ. *그는 벌써<u>부터에</u> 밖에서 내 말을 엿듣고 있었다.

'-부터'와 어찌자리토씨의 결합이 자연스러운 것은 '-에', '-에서'이고 결합이 제약되는 것은 '-에게'와 '-한테'이다. '-에', '-에서'는 '-부터'의 앞에 올 때만 자연스럽다.

(마) '-에서부터/*-부터에서'

(100) ㄱ. 그 여자는 하나에서부터 그의 심부름을 도맡았다.
        ㄴ. *그 여자는 하나부터에서 그의 심부름을 도맡았다.

'-에서'는 [어떤 행위의 처소], [어떤 행동의 출발점]의 뜻으로 쓰이는가 하면 문장의 임자말이 단체임을 나타내는 임자자리토씨로도 쓰인다. (동아 새국어사전, 1989) 따라서 두 토씨는 의미상 중복되기 때문에 결합되지 않는 것으로 보인다. 그러나 '-에서부터'는 이미 하나의 낱말(토씨)로 굳어졌기 때문에 자연스럽게 쓰인다.

(바) '*-에게부터/*-부터에게'

(101) ㄱ. *철수부터에게 선물을 보내겠다.
        ㄴ. *철수에게부터 선물을 보내겠다.

'-에게'는 [도달 지점]이고 '-부터'는 [출발 지점]이기 때문에 두 형태소가 결합하면 의미의 충돌(모순)이 발생해서 두 형태소는 한 자리에서 결합할 수 없다.

(사) '*-한테부터/*-부터한테'

(102) ㄱ. *철수한테부터 밥을 먹여라.
        ㄴ. *철수부터한테 밥을 먹여라.

'-한테'는 [도달 지점]이고 '-부터'는 [출발 지점]이기 때문에 두 토씨가 결합하면 의미의 모순이 발생한다. 따라서 두 토씨는 결합되는 순서와 관계없이 같은 자리에 올 수 없다.

2) 도움토씨와 '-부터'의 결합

'-부터'와 결합할 수 있는 도움토씨는 '-도', '-만', '-이든지', '-이라도', '-이나마'이고 결합이 제약되는 도움토씨는 '-조차', '-마저', '-마다', '-까지'이다. '-부터'는 체언 뒤에 붙어서 붙어 있는 체언을 시작점으로 하기 때문에 '-부터'가 다른 도움토씨와 결합할 때는 다른 도움토씨에 선행하는 것이 일반적이다.

(가) '-부터도/*-도부터'

(103) ㄱ. 나부터도 너를 싫어해.
ㄴ. *나도부터 너를 싫어해.

(나) '*-조차부터/*-부터조차'

(104) ㄱ. *너부터조차 생각을 바꿔라.
ㄴ. *너조차부터 생각을 바꿔라.

'-조차'에는 [마지막]이란 의미가 있고 '-부터'는 [시작]이라는 의미가 있기 때문에 두 토씨가 한 자리에서 결합하면 의미의 충돌을 일으킨다.

(다) '*-마저부터/*-부터마저'

(105) ㄱ. *너마저부터 열심히 해라.
ㄴ. *여기부터마저 몇 시간이나 걸릴까?

'-마저'에도 [마지막]이라는 의미가 담겨 있기 때문에 [시작]이라는 의미를 가진 '-부터'와는 한 자리에서 결합할 수 없다.

(라) '-*마다부터/*-부터마다'

(106) ㄱ. *결과마다부터 말하면, 그는 착하다.
      ㄴ. *새벽달 보려고 어스름부터마다 나앉는다.

'-부터'는 [출발점]을 뜻하기 때문에 하나가 되고 '-마다'는 [깡그리], [모두]의 뜻이기 때문에 두 토씨가 결합하면 의미의 모순이 발생한다.

(마) '*-는부터/-부터는'

(107) ㄱ. 다음부터는 조심해라.
      ㄴ. *이제는부터 당신의 도움으로 살아가겠소.
      ㄷ. 금년부터는 담배를 끊기로 했다.

'-부터'는 장소, 차례, 시간, 사람을 나타내는 이름씨에 붙어서 그 장소나 차례나 시간이나 사람을 [출발점]으로 지정하기 때문에 다른 도움토씨와 결합할 때는 반드시 다른 도움토씨의 앞에 붙는다. 따라서 다른 도움토씨 앞에 붙은 (107ㄱ,ㄷ)은 적격문이 되고, 다른 도움토씨의 뒤에 붙은 (107ㄴ)은 비문이 된다.

(바) '*-만부터/-부터만'

(108) ㄱ. 나부터만 시키지 말고 철수부터도 시켜라.
      ㄴ. *나만부터 시키지 말고 철수부터도 시켜라.

(108ㄴ)이 비문이 되는 이유는, (마)에서 설명한 바와 같이 '-부터'는 체언에 직접 붙어야 하는 조건을 위반했기 때문으로 보인다.

(사) '-부터든지/-든지부터'

    (109) ㄱ. 어디부터든지 네 마음대로 해라.
           ㄴ. 어디든지부터 네 마음대로 해라.

'-이든지'는 [어떤 것이든지] 가리지 않고 [선택]한다는 뜻을 가지고 있는데 (109ㄱ)의 '부터든지'를 쓰는 것이 일반적이지만 (109ㄴ)의 '-든지부터'도 사용하고 있다. '-부터'와 '-이든지'가 결합할 때 순서에 관계 없이 적격문이 된다.

(아) '-부터라도/*-이라도부터'

    (110) ㄱ. 이제부터라도 가거라.
           ㄴ. *이제라도부터 가거라.

(자) '*-나마부터/-부터나마'

    (111) ㄱ. 그 일부터나마 시작을 해 봐. (허웅, 1995 : 1445)
           ㄴ. *지금나마부터 공부를 하거라.

(아)와 (자)에서 '-부터'가 앞에 결합하는 이유는 (마)에서 이미 설명한 바 있다.

(차) '*-까지부터/*-부터까지'

(112) ㄱ. *밥<u>까지부터</u> 먹고 떡을 먹어.
　　　ㄴ. *여기<u>부터까지</u> 몇 시간이나 걸릴까?

'-까지'는 [도착 지점]이고 '-부터'는 [시작 지점]이기 때문에 두 도움토씨가 한 자리에서 결합하면 의미 충돌을 일으킨다. '-까지'와 '-부터'가 결합할 때 결합되는 순서에 관계없이 결합이 제약된다.

1.7.3. 정리

위의 내용을 표로 정리하면 다음 <표 8>과 같다.

<표 8> 도움토씨 '-부터'와 다른 토씨의 겹침

구분	자리토씨와 겹침						
	이/가	을/를	의	에	에게	에서	한테
부터	부터가	부터를	*부터의	*부터에	*부터에게	*부터에서	*부터한테
	*가부터	*를부터	*의부터	메부터	*에게부터	에서부터	*한테부터

구분	도움토씨와 겹침								
	도	조차	마저	마다	은/는	만	까지	든지	나마	이라도
부터	부터도	*부터조차	*부터마저	*부터마다	부터는	부터만	*부터까지	부터든지	부터나마	부터라도
	*도부터	*조차부터	*마저부터	*마다부터	*는부터	*만부터	*까지부터	든지부터	?나마부터	*라도부터

1.8. '-까지'

1.8.1. '-까지'의 의미 특성

'-까지'는 '어떠한 곳이나 시간이나 일이나, 그 끝을 나타내는 '-부터'와 맞서는 도움토이다. 번져 나간 뜻으로는 [강조], [포함], [그 밖에 더]와 같은 뜻을 나타내기도 한다'(허웅, 1995 : 1450).

최현배(1937, 1982), 남기심·고영근(1993)은 [미침]으로, 정인승(1956)은 [도착], 김승곤(1989)에서는 [한도]로 보았고, 정동환(1993)은 [동작이나 상태가 계속하여 미침], [시간·공간], [극단적], [강조함]으로 보았고, 홍사만(1986)은 [극단 예시], 채완(1979)은 [기대밖], 박신정(2001)은 [최종]으로 보았다. 이로 미루어 '-까지'의 의미는 [강조], [미침]이라는 공통점을 가지고 있다. 『표준국어대사전』에서는 "어떤 일이나 상태 따위에 관련되는 범위의 끝임을 나타내는 도움토씨, 흔히 앞에는 시작을 나타내는 '부터'나 출발을 나타내는 '에서'가 와서 짝을 이룬다."라고 정리하였다.

1.8.2. '-까지'의 결합 관계

1) 자리토씨와 '-까지'의 결합

'-까지'는 자리토씨 '-가/이', '-를/을', '-의'와 결합이 자연스럽고 어찌자리토씨 '-에', '-에게', '-한테'와의 결합도 자연스럽다. '-가/이', '-를/을', '-의'와 결합할 때는 '-까지'가 선행하고 어찌자리토씨와 결합할 때는 후행한다.

(가) '-까지가/*-가까지'

> (113) ㄱ. 그의 말은 어디까지가 사실인 지 잘 모르겠다.
>   ㄴ. *그의 말은 어디가까지 사실인 지 잘 모르겠다.

'-까지'가 둘 또는 둘 이상의 낱말이나 형태소 뒤에 결합하면 '-까지'가 결합되는 바로 앞 낱말이나 형태소의 [시간이나 공간이 미치는 한도]를 나타내기 때문에 '-까지'는 임자자리토씨 '-가' 뒤에 올 수 없다. 따라서 '-까지가'는 자연스러운 결합이 되지만 '-가까지'는 비문이 된다.

(나) '-까지를/*-를까지'

> (114) ㄱ. 어디까지를 우리 영토라고 할 수 있나?
>   ㄴ. *어디를까지 우리 영토라고 할 수 있나?

'-까지'가 부림자리토씨 '-를'과 결합할 때 '-를' 앞에만 오는 이유는 (가)와 같다.

(다) '-까지의/*-의까지'

> (115) ㄱ. 아버지부터 철수까지의 이야기를 들려주었다.
>   ㄴ. *아버지부터 철수의까지 이야기를 들려주었다.

'-까지'가 '-의'와 결합할 때 선행해야 하는 조건도 (가)의 '-까지가'와 같다.

(라) '-에까지/*-까지에'

(116) ㄱ. 서울<u>에까지</u> 가서 뭐했니?
       ㄴ. *서울<u>까지에</u> 가서 뭐했니?

임자자리토씨, 부림자리토씨, 매김자리토씨와 달리 어찌자리토씨에 '-까지'가 결합할 때는 '-까지'는 어찌자리토씨의 뒤에만 온다. 어찌자리토씨는 대체로 장소의 뜻을 포함하고 있기 때문에 '-까지'가 어찌자리토씨의 뒤에 결합하는 것은 자연스러운 현상이다. (116ㄱ)에서 '-에'는 [장소]이고 '-까지'는 [도착 지점]이기 때문에 두 형태소의 결합은 보완적 관계라 할 수 있다.

(마) '*-에서까지/*-까지에서'

(117) ㄱ. *그 사람은 봄부터 여름<u>에서까지</u> 건강하였다.
       ㄴ. *그 사람은 봄부터 여름<u>까지에서</u> 건강하였다.

'-에서'와 '-까지'는 결합되는 순서에 관계없이 결합이 제약된다. 결합이 제약되는 이유는 '-에서'는 [출발 지점]이고 '-까지'는 [도착 지점]이기 때문에 두 형태소가 한 자리에서 결합할 수 없다.

(바) '-에게까지/*-까지에게'

(118) ㄱ. 도시락을 철수<u>에게까지</u> 주셨다.
       ㄴ. *그 영향은 자식<u>까지에게</u> 미칠 것이다.

'-에게'와 '-까지'는 [도착 지점]으로 의미의 중복이 될 것 같지만 '-까지'가 들어감으로 의미의 [강조]가 된다.

(사) '-한테까지/*-까지한테'

　　(119) ㄱ. 그 영향은 자식한테까지 미칠 것이다.
　　　　　ㄴ. *그 영향은 자식까지한테 미칠 것이다.

'-한테'와 '-까지'의 결합이 자연스러운 이유도 (119ㄱ)이 자연스러운 것과 같다.

2) 도움토씨와 '-까지'의 결합

'-까지'와 결합이 자연스러운 도움토씨는 '-도', '-는/은', '-이든지', '-이라도', '-이나마'이고 '-조차', '-마저', '-마다', '-부터'와는 결합이 제약되거나 어색한 문장이 된다. '-까지'가 다른 도움토씨와 결합할 때는 다른 도움토씨에 선행한다.

(가) '-까지도/*-도까지'

　　(120) ㄱ. 그 고양이들까지도 사람들의 뒤를 따라 나왔다.
　　　　　ㄴ. 그가 믿어 왔던 형까지도 없어졌다.
　　　　　ㄷ. *그가 믿어 왔던 형도까지 없어졌다.

'-까지'와 '-도'가 결합할 때에는 '-까지'가 선행해야 한다.

(나) '*-조차까지/*-까지조차'

　　(121) ㄱ. *영희는 밤까지조차 돈을 벌러 갔다.

ㄴ. *영희는 밤조차까지 돈을 벌러 갔다.

'-조차'와 '-까지'는 결합되는 순서에 관계없이 결합이 제약된다.

(다) '*-마저까지/*-까지마저'

    (122) ㄱ. *그이는 집마저까지 달렸다.
          ㄴ. *대학까지마저 목적이다.

'-까지'와 '-마저'가 결합이 제약되는 이유는, '-까지'의 의미는 [미침], [도착]이고 '-마저'의 의미는 [끝남], [마지막]이기 때문에 두 형태소가 한 자리에 오면 의미의 중복이 발생하기 때문이다.

(라) '*-마다까지/*-까지마다'

    (123) ㄱ. *정상까지마다 태극기를 꽂았다.
          ㄴ. *정상마다까지 태극기를 꽂았다.

'-까지'에 '-마다'가 결합하면 순서에 관계없이 비문이 된다. '-마다'는 [모두]라는 의미가 내포되어 있고 '-까지'는 [도착 지점]이라는 의미가 담겨 있기 때문으로 보인다.

(마) '-까지만/*-만까지'

    (124) ㄱ. 서울까지만 가라.
          ㄴ. *서울만까지 가라.

‘-까지’와 ‘-만’이 결합할 때는 ‘-까지’가 선행해야 한다.

(바) ‘*-는까지/-까지는’

(125) ㄱ. 일억원<u>까지는</u> 몰라도 오천만원은 만들 수 있다.
      ㄴ. 아직 그렇게<u>까지는</u> 되지 않았다.
      ㄷ. *일억원<u>는까지</u> 몰라도 오천만원은 만들 수 있다.

‘-까지’와 ‘-는’이 결합할 때는 ‘-까지’가 선행해야 한다.

(사) ‘*-이든지까지/-까지든지’

(126) ㄱ. 어디<u>까지든지</u> 가봐라.
      ㄴ. *이런 사람들을 믿고 언제<u>든지까지</u> 기다릴 수는 없다.

‘-까지’와 ‘-든지’가 결합할 때도 ‘-까지’가 선행해야 한다.

(아) ‘*-이라도까지/-까지라도’

(127) ㄱ. 지옥<u>까지라도</u> 따라가겠다.
      ㄴ. 몽골<u>까지라도</u> 따라가겠다.
      ㄷ. *몽골<u>이라도까지</u> 따라가겠다.

‘-까지’에 ‘-이라도’가 결합해도 ‘-까지’가 앞에 와야 하는 조건은 같다.

(자) ‘*-이나마까지/-까지나마’

(128) ㄱ. 거기<u>까지나마</u> 올 수 있었던 것은 당신의 응원 때문이었소.
      ㄴ. *거기<u>나마까지</u> 올 수 있었던 것은 당신의 응원 때문이었소.

‘-까지’가 ‘-이나마’와 결합할 때도 다른 도움토씨와 마찬가지로 ‘-까지’가 선행한다.

(차) ‘*-부터까지/*-까지부터’

(129) ㄱ. *하룻날부터 열흘<u>부터까지</u> 일하였습니다.
ㄴ. *하룻날부터 열흘<u>까지부터</u> 일하였습니다.
ㄷ. *철수<u>부터까지</u> 집에 왔음을 알 수 있었다.

‘-까지’와 ‘-부터’는 결합하는 순서에 관계없이 결합이 제약된다. ‘-부터’는 [시작점]이고 ‘-까지’는 [도착점]이다. 따라서 두 형태소가 한 자리에 결합하면 의미의 모순이 생기기 때문에 두 형태소는 결합이 제약된다.

1.8.3. 정리

위의 내용을 표로 정리하면 다음의 <표 9>와 같다.

<표 9> 도움토씨 ‘-까지’와 다른 토씨의 겹침

구분	자리토씨와 겹침						
	이/가	을/를	의	에	에게	에서	한테
까지	까지가	까지를	까지의	*까지에	*까지에게	*까지에서	*까지한테
	*가까지	*를까지	*의까지	에까지	에게까지	*에서까지	한테까지

구분	도움토씨와 겹침								
	도	조차	마저	마다	은/는	만	부터	든지	나마	이라도
까지	까지도	*까지조차	*까지마저	*까지마다	까지는	까지만	*까지부터	까지든지	까지나마	까지라도
	*도까지	*조차까지	*마저까지	*마다까지	*는까지	*만까지	*부터까지	*든지까지	*나마까지	*라도까지

1.9. 종합

한국어 도움토씨의 겹침을 통해 살펴본 형태론적 특징을 정리하면 다음 <표 10>과 같다.

<표 10> 토씨의 겹침 양상

	도움토씨							
	도	조차	마저	마다	는	만	부터	까지
이/가	*도가	*조차가	*마저가	*마다기	*는가	만이	부터가	까지가
	*가도	*이조차	이마저	*가마다	*가는	이만*	*가부터	*가까지
을/를	*도를	*조차를	*마저를	*마다를	는을	만을	부터를	까지를
	*를도	를조차	*를마저	*를마다	을은	*를만	*을부터	*를까지
의	*도의	*조차의	*마저의	마다의	*는의	만의	*부터의	까지의
	*의도	*의조차	*의마저	*의마다	*의는	*의만	*의부터	*의까지
에	*도에	*조차에	*마저에	마다에	*은에	*만에	*부터에	*까지에
	에도	에조차	*에마저	*에마다	에는	에만	에부터	에까지
에게	*도에게	*조차에게	*마저에게	?마다에게	*는에게	*만에게	*부터에게	*까지에게
	에게도	에게조차	*에게마저	에게마다	에게는	에게만	*에게부터	에게까지
에서	*도에서	*조차에서	*마저에서	마다에서	*는에서	*만에서	*부터에서	*까지에서
	에서도	에서조차	에서마저	?에서마다	에서는	에서만	에서부터	에서까지
한테	*도한테	*조차한테	*마저한테	*마다한테	*는한테	*만한테	*부터한테	*까지한테
	한테도	*한테조차	한테마저	한테마다	한테는	한테만	*한테부터	한테까지
도		조차도	마저도	*마다도	*는도	만도	부터도	까지도
		?도조차	도마저	*도마다	*도는	*도만	*도부터	*도까지

	도움토씨							
	도	조차	마저	마다	는	만	부터	까지
조차	*도조차		*마저조차	*마다조차	*조차는	*만조차	*부터조차	*까지조차
	조차도		*조차마저	*조차마다	?는조차	*조차만	조차부터	*조차까지
마저	*도마저	*조차마저		*마다마저	*는마저	*만마저	*부터마저	*까지마저
	마저도	*마저조차		*마저마다	*마저는	*마저만	*마저부터	*마저까지
마다	*도마다	*조차마다	*마저마다		*은마다	*만마다	*부터마다	*까지마다
	마다도	*마다조차	*마다마저		마다는	*마다만	*마다부터	*마다까지
은/는	도는	?조차는	*마저는	마다는		만은	부터는	까지는
	는도	는조차	*는마저	*는마다		*는만	*는부터	*는까지
만	*도만	*조차만	*마저만	*마다만	*은만		부터만	까지만
	만도	*만조차	*만마저	*만마다	만은		*만부터	*만까지
부터	*도부터	*조차부터	*마저부터	*마다부터	*은부터	*만부터		*까지부터
	부터도	*부터조차	*부터마저	*부터마다	부터는	부터만		*부터까지
까지	*도가찌	*조차까지	*마저까지	*마다까지	*는까지	*만까지	*부터까지	
	가찌도	*까지조차	까지마저	*까지마다	까지는	까지만	*까지부터	

02

도움토씨의 통어 제약 원리

이음법은 앞마디와 뒷마디를 의미 관계로 이어주는 문법 범주로 "그 통어적 관계는 매우 복잡하기 때문에 그에 따라 이 씨끝들은 매우 다양하게 발달되어 있고, 한 씨끝의 용법은 뭇뜻을 가진 것"(허웅, 1883 : 230)이다. 따라서 이음씨끝과 뒷마디의 도움토씨는 자연스럽게 호응하는 경우도 있고 호응이 제약되는 경우도 있다. 호응이 제약되는 이유는 이음씨끝의 의미와 뒷마디의 도움토씨의 의미 사이에 모순이 생기거나 중복이 생기기 때문으로 보인다. 따라서 이음씨끝과 뒷마디의 도움토의 호응 관계를 살피면 도움토씨의 의미를 구체화하고 객관화하는 데에 도움을 줄 수 있을 것으로 기대된다. 이 장에서는 도움토씨의 의미를 객관화하고 구체화하기 위해 이음씨끝과의 호응관계를 살피도록 한다.

도움토씨는 다양하게 발달되어서 일관되게 체계를 세우기 쉽지 않다. 학자들에 따라 분류하는 기준도 다르고 씨끝에 대한 의미도 일관되지 않다. 이 연구를 위해서 허웅(1983)의 체계를 따르도록 한다.

〈이음씨끝 일람표〉
제약법(구속법) : -으면, -거든, -으니까, -으므로, -어서, -어야
불구법(양보법) : -더라도, -지마는, -을지언정
벌임법(나열법) : -으면서, -어서, -으며, -고
가림법(선택법) : -거나, -든지
의도법 : -으려, -으러, -고자
전환법 : -다가, -으락
동시법 : -자
설명법 : -는데, -되, -(더)니
비례법 : -을수록
가치법 : -음직
더보탬법 : -을뿐더러
힘줌법 : -으나, -디
연결법 : -어/아, -지, -고

2.1. '-도'

2.1.1. '-도'의 통어적 특성

도움토씨 '-도'는 [동일], 또는, [강조, 감탄, 정도, 느낌, 첨가, 대조, 포함] 등의 의미로 쓰이는데 통어적 특성은 다음과 같다.

첫째, 임자말, 부림말, 위치말, 방편말, 견줌말, 어찌말에 두루 쓰인다. (허웅, 1995 : 1388~1392)

(1) ㄱ. 폐하께서도 빈도를 잊지 말아 주시옵소서.[임자말]
    ㄴ. 똥오줌도 못 가렸다.[부림말]

ㄷ. 그는 대학 문앞에도 가 보지 못했다. [위치말]

ㄹ. 말로도 할 수 있는 일을 왜 폭력을 쓰느냐? [방편말]

ㅁ. 군중의 힘은 커다란 물결과도 같다. [견줌말]

ㅂ. 그것은 그런 듯도 하다. [어찌말]

둘째, 동일어구 반복이나 부사어형, 용언 어미 등에 첨가될 때의 '–도'
는 그 대부분이 말할이의 강한 감정적 요소에 의한 강조적 첨의 기능을
나타내게 된다.(홍사만, 1983 : 163)

(2) ㄱ. 너도 가고 나도 가야지.

ㄴ. 그것은 부엌도 울타리도 없는 방 칸의 움집이었다.

ㄷ. 돈도 사랑도 자유만 못하더라.

ㄹ. 그는 밑도 끝도 없는 말을 독백처럼 뇌까렸다.

셋째, 여러 가지 언어형태에 의지할 수 있으며, 자리토와 또는 다른
도움토와도 어울릴 수 있다.(허웅, 1995 : 1388)

(3) ㄱ. 얼굴도 깨끗하다.[명사에]

ㄴ. 복도 더럽게도 없다.[어미에]

ㄷ. 그놈은 보기도 싫다.[어미에]

ㄹ. 고양이까지도 좋아했다.[조사에]

ㅁ. 보도 듣도 못했다.[어간에]

2.1.2. 구성으로 살핀 한국어의 특징

2.1.2.1. [-도 ~~ -도] 구성으로 살핀 특성

(4) ㄱ. 산도 좋고 물도 좋다.
　　ㄴ. ?산도 좋고 물 좋다.
　　ㄷ. 산 좋고 물도 좋다.

(4ㄱ)은 도움토씨 '-도'에 의한 이음월(접속문)인데 [함께]라는 의미를 지닌다. 그러나 뒷마디에서 '-도'가 생략된 (4ㄴ)은 어색한 문장이 되거나 비문처럼 느껴지지만, 앞마디에서 '-도'가 생략된 (4ㄷ)은 적격문이 된다. 그러나 (4ㄱ)과 (4ㄷ) 사이에는 의미 차이가 있다. (4ㄱ)의 '산도'에는 앞에 좋은 것이 더 있다는 뜻을 포함하고 있으나 (4ㄷ)의 '산 좋고'에는 다른 내용이 전제되거나 포함되지 않는다.

(5) ㄱ. 돈도 사랑도 자유만 못하더라.
　　ㄴ. *돈도 사랑 자유만 못하더라.
　　ㄷ. *돈 사랑도 자유만 못하더라.

이름씨로만 접속된 (5ㄱ-ㄷ)의 경우 앞에서든 뒤에서든 도움토씨가 생략되면 비문이 된다.

(6) ㄱ. 돈도 자유만 못하고 사랑도 자유만 못하더라.
　　ㄴ. *돈도 자유만 못하고 사랑 자유만 못하더라.
　　ㄷ. *돈 자유만 못하고 사랑도 자유만 못하더라.

(6ㄱ-ㄷ)은 (6ㄱ-ㄷ)이 속구조인데 역시 '-도'를 생략하면 비문이다.

    (7) ㄱ. 죽도 밥도 아니다.
       ㄴ. 죽도 밥 아니다.
       ㄷ. 죽 밥도 아니다.

    (8) ㄱ. 재주도 있고, 몸도 튼튼하다.
       ㄴ. 재주 있고, 몸도 튼튼하다.
       ㄷ. 재주도 있고, 몸 튼튼하다.

    (9) ㄱ. 강욱에게도 영이에게도 내일의 근심은 있을 수 없었다.
       ㄴ. *강욱에게 영이에게도 내일의 근심은 있을 수 없었다.
       ㄷ. *강욱에게도 영이에게 내일의 근심은 있을 수 없었다.

(9ㄱ-ㄷ)은 어찌토씨 '-에게'에 '-도'를 결합시킨 문장인데 '-도'를
생략할 경우 비문이 된다.

    (10) ㄱ. 거기엔 더도 덜도 에누리가 없다.
        ㄴ. *거기엔 더 덜도 에누리가 없다.
        ㄷ. *거기엔 더도 덜 에누리가 없다.
        ㄹ. *거기엔 더도 덜도 에누리가 없다.

(10ㄱ-ㄷ)은 어찌말(부사어)에 결합된 문장인데 도움토씨 '-도'가 하나
라도 생략되면 비문이 된다. 어찌말의 경우 같은 어찌씨가 아니라도 적
격문이 된다. '-도'가 어찌말에 결합된 경우에는 어찌말의 의미가 대립
된 낱말이어야 적격문이 된다.

(11) ㄱ. 더도 말고 덜도 말고 팔월 한가위만 같아라.
　　ㄴ. *더 말고 덜도 말고 팔월 한가위만 같아라.
　　ㄷ. *더도 말고 덜 말고 팔월 한가위만 같아라.

(11ㄱ-ㄷ)은 어찌말이 임자말로 된 문장이 접속되었는데 역시 도움토씨를 생략하면 비문이 된다.

(12) ㄱ. 춥지도 덥지도 않다.
　　ㄴ. *춥지 덥지도 않다.
　　ㄷ. *춥지도 덥지 않다.

(12ㄱ-ㄷ)은 씨끝에 결합된 문장인데 도움토씨 '-도'가 생략되면 비문이 된다. 이 경우 '-도'의 의미는 [함께]라는 의미가 아니고 [나열]이라는 의미를 가진다.

(13) ㄱ. 무거우니 가벼우니 하여 굽도 접도 못하게 한다.
　　ㄴ. *무거우니 가벼우니 하여 굽 접도 못하게 한다.
　　ㄷ. *무거우니 가벼우니 하여 굽도 접 못하게 한다.

줄기에 결합된 것이다. 굽도 접도는 관용적 표현으로 적격문이 된다. (13ㄴ-ㄷ)은 비문이 된다. 토씨는 줄기(어간)에 붙을 수 없기 때문이다.

(14) ㄱ. 보도 듣도 못하던 사람이 찾아왔다.
　　ㄴ. *보 듣도 못하던 사람이 찾아왔다.
　　ㄷ. *보도 듣 못하던 사람이 찾아왔다.

(15) 오도 가도 못하고 있다.

(14ㄱ), (15)과 같은 관용적 표현이 아니면 토씨가 줄기에 직접 결합되는 예는 없다.

(14ㄱ)은 도움토씨 '-도'가 줄기에 결합된 문장인데 '도'가 결합되면 적격문이 되나 '-도'가 생략되면 비문이 된다. 이 경우도 '-도'의 의미는 [나열]이 된다. 토씨는 본래 자립형태소에 결합되어야 하는데 구속형태소인 줄기에 결합되는 것은 문법상 옳지 않다. '-도'가 구속형태소에 결합되어 쓰인 예는 다소 있는데 이 경우 모두 관용적 표현으로 굳어졌다고 보아야 한다.

(16) ㄱ. 마음대로 죽지도 살지도 못한다.
　　 ㄴ. *마음대로 죽도 살도 못한다.
　　 ㄷ. 앉지도 서지도 못한다.
　　 ㄹ. *앉도 서도 못한다.

(16ㄴ,ㄹ)은 '-도'를 줄기에 결합시킨 문장인데 모두 비문이 된다. 이 문장이 비문이 되는 이유는 관용적 표현이 아니기 때문이다.

(17) ㄱ. 그것은 부엌도 울타리도 없는 방 한 칸의 움집이었다.
　　 ㄴ. 그것은 부엌 울타리도 없는 방 한 칸의 움집이었다.
　　 ㄷ. ?그것은 부엌도 울타리 없는 방 한 칸의 움집이었다.

(17ㄱ-ㄷ)은 도움토씨 '-도'를 생략된 어색하지 않고 적격문이 된다.

(18) ㄱ. 백도 천도 더 되는 사람들이 모였다.
　　 ㄴ. *백도 천 더 되는 사람들이 모였다.
　　 ㄷ. 백 천도 더 되는 사람들이 모였다.

(18ㄱ)에서 뒤에 오는 '-도'를 생략한 (18ㄴ)은 비문이 된다. 그러나 앞에 오는 ' -도'를 생략한 (18ㄷ)은 비문이 되지 않는다.

(19) ㄱ. 그 꽃이 붉은 지도 흰 지도 모르면서 무슨 소리를 하는 게야?
      ㄴ. 그 꽃이 붉은 지 흰 지 모르면서 무슨 소리를 하는 게야?
      ㄷ. ?그 꽃이 붉은 지 흰 지도 모르면서 무슨 소리를 하는 게야?
      ㄹ. *그 꽃이 붉은 지도 흰 지 모르면서 무슨 소리를 하는 게야?

(19ㄱ)은 '-도'가 안옹근이름씨(의존명사)에 결합되어서 이루어진 이음 월인데 '-도'를 생략한 (19ㄴ)은 적격문이 된다. 그러나 '-도'가 생략되었을 경우 [강조]의 의미는 없다. (19ㄷ)은 앞마디에서 '-도'를 생략한 문장인데 비문은 아니나 어색하게 느껴진다. 의미에서는 (19ㄱ)과 다르지 않은 것으로 보인다. 그러나 '-도'를 (19ㄹ)과 같이 뒷마디에서 생략하면 비문이 된다.

(20) ㄱ. 그는 얼굴도 깨끗하고 체구도 좋고, 직업도 천하지 않다.
      ㄴ. 그는 얼굴 깨끗하고 체구도 좋고, 직업도 천하지 않다.
      ㄷ. 그는 얼굴도 깨끗하고 체구 좋고, 직업도 천하지 않다.
      ㄹ. ?그는 얼굴도 깨끗하고 체구도 좋고, 직업 천하지 않다.

(20ㄱ-ㄷ)은 모두 적격문으로 보인다. 그러나 (20ㄱ)에 비해 (20ㄴ)은 약간 어색해 보이고 (20ㄷ)은 (20ㄴ)보다 더 어색해 보이며 (20ㄹ)은 어색한 문이거나 비문이 된다. 이로 보아 '-도'는 맨 뒤에 오는 뒷마디에서는 생략되지 않는 것으로 보인다. '-도'가 맨 뒤에 오는 뒷마디에서 생략되지 않는 것은 [함께]라는 의미를 가지고 있기 때문인 것 같다.

〈요약〉

도움토씨 '-도'는 다른 도움토씨와 달리 '-도∼-도' 구문을 이루는 경우가 있는데 (4)∼(20)이 그 보기들이다. (4)∼(20)은 '-도∼-도' 구문의 여러 모습을 예로 든 것인데 이를 통해 다음과 같은 결론을 얻을 수 있었다.

첫째, '-도∼-도' 구문에서 '-도'는 절대로 생략되지 않으며 생략되면 비문이 된다.

둘째, '-도∼-도' 구문에서 '-도'가 생략된 것처럼 보이는 것이 있는데 이는 '-도∼-도' 구문과 다른 의미로 쓰인다.

셋째, '-도∼-도' 구문에서 '-도'는 풀이말의 어간 뒤에 오기도 하는데 '-도'가 풀이말 뒤에 붙어서 '-도∼-도' 구문을 이룰 경우, 이 구문은 관용 구문이다.

2.1.2.2. 이음씨끝과의 제약 원리

앞마디를 앞에 제시한 씨끝으로 하고 뒷마디에 도움토씨를 넣으면 자연스런 문장이 되기도 하고 비문이 되기도 한다.

(21) ㄱ. 철수가 가면 영희도 간다.
　　 ㄴ. *철수가 가면 영희만 간다.
　　 ㄷ. 철수가 가면 영희조차 간다.

(21ㄱ-ㄷ)은 앞마디의 이음씨끝이 '-면'인데 뒷마디의 임자말에 도움토씨 '-도', '-만', '-조차'를 대입시킨 결과 (21ㄱ,ㄷ)은 적격문인데 (21ㄴ)은 비문이 된다. (21ㄴ)이 비문이 되는 이유는 '-도'의 의미와 관련이 있는 것으로 추정된다.

(가) 제약법(구속법)

제약법은 뒷마디에 대한 [가정]의 의미로 이어주는 '-으면', '-거든'과 뒷마디에 대한 [이유], [조건], [원인]의 의미로 이어주는 '-으니(까)', '-으므로', [이유], [조건]의 의미 관계로 이어주는 '-어(서)', [꼭 필요함]의 의미로 이어주는 '-어야' 등이 있다.

> (22) ㄱ. 날이 추우<u>면</u> 먹는 것<u>도</u> 귀찮다.
> ㄴ. 비가 오<u>거든</u> 너<u>도</u> 떠나라.
> ㄷ. 비가 오<u>니까</u> 너<u>도</u> 조심해라.
> ㄹ. 비가 <u>와서</u> 나<u>도</u> 못 갔다.
> ㅁ. 날이 좋아<u>야</u> 할머니<u>도</u> 가신다.
> ㅂ. 습도가 높<u>으므로</u> 건강<u>도</u> 나빠졌다.

앞마디가 제약법의 씨끝으로 끝나고 뒷마디의 임자자리가 '-도'인 경우 자연스럽게 호응된다.

(나) 불구법(양보법)

불구법은 "불구나 양보, 앞의 사실을 긍정하기는 하나 뒤에 부정적인 사실을 함축하는, 제약법과는 반대되는 뜻(허웅, 1983 : 231)"을 나타내는 씨끝으로, "가정해 보아도 결과는 뜻과 어긋남(허웅, 1983 : 231)"의 의미로 쓰이는 '-더라도', "사실이기는 하나, 결과는 예상과 반대(허웅, 1983 : 231)"의 뜻으로 쓰이는 '-지마는', '-어도', '-으나'와 [양보]의 관계로 이어주는 '-을지언정' 등이 있다.

> (23) ㄱ. *비가 오<u>더라도</u> 너<u>도</u> 가라.

    ㄴ. 비가 오<u>지만</u> 철수<u>도</u> 떠났다.
    ㄷ. *밥을 먹<u>어도</u> 기운<u>도</u> 안 생긴다.
    ㄹ. *비가 올<u>지언정</u> 바람<u>도</u> 안 불었다.

(23ㄴ)의 '-지만'은 뒷마디의 '-도'와 자연스럽게 호응되지만 (23ㄱ,ㄷ, ㄹ)의 '-더라도', '-어도', '-을지언정'은 호응되지 않고 비문이 된다. '-더라도'가 '-도'와 호응되지 않는 이유는, '-더라도'의 의미가 [결과는 뜻과 어긋남]인데 반해 '-도'는 [역시], [한가지]의 뜻이기 때문에 두 형태소는 의미에 모순이 오기 때문에 비문이 된다. '-어도'가 '-도'와 호응하지 않는 이유도, '-어도'가 [결과는 예상과 반대]인데 '-도'는 앞에 것과 [한 가지]의 뜻이기 때문으로 보인다. '-지언정'은 [양보]의 뜻이기 때문에 [한 가지]인 '-도'와 결합하지 못한다.

(23ㄴ)의 '-지만'이 '-도'와 호응되는 이유는 '일반적으로는 비가 오면 떠날 수 없는데 떠나는 것'은 일반적인 생각과 반대되기 때문에 호응되는 것이며, '-으나'와 호응되는 것은 '오나 오나'가 [한결같은]의 뜻이기 때문에 [한 가지]의 뜻이 '-도'와 자연스럽게 호응될 수 있다.

(다) 벌임법(나열법)

벌임법에는 [두 움직임이 동시에 일어남[1]]의 의미로 이어주는 '-으면서'와 [그 상태를 유지한 채]의 뜻으로 이어주는 '-어(서)', [둘 이상의 일이 함께 일어남]의 뜻으로 이어주는 '-으며', '-고' 등이 있다.

    (24) ㄱ. 비가 오<u>면서</u> 바람<u>도</u> 분다.
        ㄴ. 산에 올라<u>서</u> 도시락<u>도</u> 먹었다.

---

1) 허웅(1983)에서 인용한 것으로 이하는 인용 표지를 생략하기로 한다.

ㄷ. 비가 오며 바람도 본다.
ㄹ. 비가 오고 바람도 분다.

벌임법은 앞마디와 뒷마디를 [두 움직임이 동시에 일어남]의 관계로 이어주기 때문에 [한 가지]의 의미로 쓰이는 '-도'와 자연스럽게 호응된다.

(라) 가림법(선택법)

가림법은 [여러 가지 중에서 아무 것이나 상관없이 가림(허웅, 1983 : 232)]의 관계로 이어주는 씨끝인데 [여러 가지 중에서 아무 것이나 상관없이 가림]의 관계로 이어주는 '-거나', '-든지'가 있다.

(25) ㄱ. *철수가 오거나 영수도 온다.
ㄴ. *서울에 가든지 부산도 가라.

가림법은 둘 가운데 하나를 [선택]하는 관계인데 '-도'는 [한 가지]의 뜻이기 때문에 의미의 모순이 발생한다.

(마) 의도법

의도법에는 [의도]의 뜻으로 이어주는 '-으려'와 [목적]의 뜻으로 이어주는 '-으러', 그리고 [희망]의 뜻으로 이어주는 '-고자'가 있다.

(26) ㄱ. 고기를 잡으러 바다도 갔다.
ㄴ. 고기를 잡으려고 바다도 갔다.
ㄷ. 공부를 하고자 학원도 다녔다.

[목적], [희망]의 관계로 이어주는 '-으러'와 '-으려', 또한 '-고자'는 '-도'와 자연스럽게 호응한다. '-도'의 쓰이는 장소는 임자말 자리, 부림말 자리, 장소를 나타내는 어찌말 자리 모두 가능하다.

(바) 전환법

전환법은 "한 움직이나 상태에서 다른 움직임이나 상태로 전환함(허웅, 1983 : 232)"을 나타내는 씨끝인데 [다른 일로 옮아감]의 뜻으로 이어주는 '-다가'와 [서로 바뀌어 되풀이됨]의 뜻으로 이어주는 '-으락'이 있다.

(27) ㄱ. 서울에 가다가 천안도 들렀다.
ㄴ. 아이들이 들락 날락 잘도 논다.
ㄷ. 붉으락 푸르락 흥분도 잘 한다.

[다른 일로 옮아감]의 뜻으로 이어주는 '-다가'와 '-도'는 호응이 자연스럽다. [서로 바뀌어 되풀이됨]의 뜻으로 이어주는 '-으락'은 '~으락 ~으락'의 구조로 쓰이는데 뒷마디의 '-도'는 [강조]나 [느낌]의 뜻으로만 호응된다.

(사) 동시법

동시법은 [일이 끝나자마자 동시에 일어남]의 뜻으로 이어주는 씨끝인데 '-자'가 있다.

(28) 철수가 떠나자 영희도 떠났다.

[일이 끝나자마자 동시에 일어남]의 관계로 이어주는 '-자'는 [역시]의 의미로 쓰이는 '-도'와 자연스럽게 호응한다.

(아) 설명법

설명법은 설명, 인용의 관계로 이어주는 씨끝인데 [그 상황을 계속 설명함]의 뜻으로 이어주는 '-는데/-은데', [상황의 설명과 인용]의 뜻으로 이어주는 '-되', [상황의 설명]으로 이어주는 '-(더)니' 등이 있다.

> (29) ㄱ. 눈이 많이 왔는데 바람도 많이 분다.
> ㄴ. 일본에 가더니 미국에도 간단다.
> ㄷ. 비가 오되 많이도 온다.

[상황의 계속 설명]의 관계로 이어주는 '-는데'는 [한 가지]의 뜻으로 쓰이는 '-도'와 호응이 자유로우며, 계속이 아닌 [상황의 설명]으로 이어주는 '-더니', '-되'도 [추가]의 뜻인 '-도'(29ㄴ)나 [강조]의 뜻인 '-도' (29ㄷ)와 호응된다.

(자) 비례법

비례법에는 "앞일이 되어 가는 정도에 비례해서 뒷일도 되어 가는" 뜻으로 이어주는 '-을수록'이 있다.

> (30) 단 것은 많이 먹을수록 건강도 나빠진다.

[앞일이 되어 가는 정도에 비례해서 뒷일도 되어 가는]의 뜻으로 이

어주는 '-을수록'은 [역시]의 뜻인 '-도'와 자연스럽게 호응한다.

(차) 가치법

허웅(1983 : 234)에서는 가치법을 "그렇게 할 만한 가치, 또는 그러한 자격이 있음"의 뜻으로 이어주는 씨끝이라 정의했는데 가치법에는 '-음 직'이 있다. 그러나 이 논문에서는 '-음직'을 씨끝으로 보지 않고 도움 그림씨(보조형용사) '직하다'로 처리하기로 한다.

(카) 더보탬법

    (31) ㄱ. 얼굴이 <u>예쁠뿐더러</u> 마음씨<u>도</u> 곱다.
        ㄴ. 비가 <u>올뿐더러</u> 바람도 불어서…

[더보탬]의 의미로 이어주는 '-뿐더러'는 [역시], [한 가지]의 뜻으로 쓰이는 '-도'와 자연스럽게 호응한다.

(타) 힘줌법

    (32) ㄱ. <u>높으나</u> 높은 나무
        ㄴ. 차<u>디</u> 찬 방

힘줌을 나타내는 '-으나'와 '-디'는 그림씨에만 결합되는 씨끝으로 같은 어휘의 반복으로 인해 말의 뜻을 강조하는 데에 쓰이는 씨끝이다. 따라서 앞마디의 씨끝과 뒷마디의 도움토씨의 호응관계로 의미·통어 관계를 살피려는 이 연구의 목적과 맞지 않기 때문에 이 연구에서는 대상에서 제외시킨다.

㈜ 연결법

이 씨끝은 자체적으로 일정한 의미를 가지지 않고 뒤에 오는 매인풀이씨와 보조적으로 이어주는 씨끝이기 때문에 앞마디의 이음씨끝과 뒷마디의 도움토씨의 호응관계를 살펴 도움토씨의 의미·통어 관계를 살피려는 연구 목적과 합치되지 않는다. 따라서 이 씨끝들도 연구 대상에서 제외시킨다.

2.1.3. 정리

(21)~(32)은 도움토씨 '-도'가 뒷마디에 올 때 앞마디의 이음씨끝과 호응관계를 살피고 호응이 제약되는 이유를 밝힌 것이다. 호응이 제약되는 것은 대체로 이음씨끝과 도움토씨의 의미가 중복되거나 모순될 때라는 것을 확인할 수 있었다. '-도'와 이음씨끝의 호응관계를 호응이 되는 씨끝, 어색한 씨끝, 호응이 제약되는 씨끝로 분류하면 다음과 같다.

- 호응이 되는 이음씨끝 :
  -으면, -거든, -으니까, -어서, -어야, -으므로, -지만, -으나, -으면서, -어서, -으며, -고, -으려, -으러, -고자, -다가, -을락, -자, -는데, -더니, -되, -을수록, -을뿐더러

- 호응이 어색한 이음씨끝 :
  없음

- 호응이 안 되는 이음씨끝 :

-더라도, -어도, -을지언정, -거나, -든지

위의 내용을 표로 정리하면 다음의 <표 11>과 같다.

<표 11> '-도'와 씨끝과의 결합

토씨 / 이음씨끝	호응이 되는 이음씨끝	어색한 이음씨끝	안 되는 이음씨끝
-도	-으면, -거든, -으니까, -어서, -어야, -으므로, -지만, -으나, -으면서, -어서, -으며, -고, -으려, -으러, -고자, -다가, -을락, -자, -는데, -더니, -되, -을수록, -을뿐더러		-더라도, -어도, -을지언정, -거나, -든지

<표 12> 도움토씨 '-도'와 이음씨끝의 호응관계

연결어미	-도
-거나	×
-으면	○
-거든	○
-으니까	○
-어서	○
-어야	○
-으므로	○
-더라도	×
-지만	○
-어도	×
-으나	v
-을지언정	×
-으면서	○
-어서	○
-으며	○
-고	○

연결어미	-도
-든지	×
-으려	○
-으러	○
-고자	○
-다가	○
-을락	○
-자	○
-는데	○
-더니	○
-되	○
-을수록	○
-을뿐더러	○

2.2. '-조차'

2.2.1. '-조차'의 의미·통어적 특징

'-조차'는 체언 뒤에 붙어서 [더함]의 뜻을 나타내는 씨끝인데 [극단의 경우까지 양보]의 뜻으로 쓰인다. 이에 대해 김석득(1992 : 356)에서는 [잇달아 보탬]이라 하였고 서정수(1996)에서는 [본디 그 앞말이 각별한 마지막 대상임]을 나타낸다고 보았다. 또한 정동환(1993)에서는 [무엇에다가 더함], [덧보탬], [최후 마지막까지], [따름], [추종], [확장], [축소] 또한 [강조]로 정리하였으며 정인승(1956)은 [따름(추종)]으로, 학교문법에서(2008)에서는 [극단]이라고 하였다.

통어적 특성은 여러 가지 자리토에 붙기도 하고, 다른 도움토와 어울

리기도 하며, 반복해서 사용되는 경우는 없다.

2.2.2. 이음씨끝과의 제약 원리

(가) 제약법

> (33) ㄱ. 철수가 오면 거지조차 안 온다.
>   ㄴ. 철수가 오니까 강아지조차 마중 나갔다.
>   ㄷ. *철수가 오거든 거지조차 안 온다.
>   ㄹ. 태풍이 와서 풀뿌리조차 쓸어 갔다.
>   ㅁ. *그가 믿음직한 사람이라야 일조차 맡길 수 있지.
>   ㅂ. 심하게 가물었으므로 샘물조차 끊어졌다.

(33ㄴ) '-거든'은 [가정하여 말하는 내용이 뒤의 말의 조건이 됨(동아 새국어사전, 1989)]의 관계로 이어주는 씨끝인데 '-조차'는 [극단], [추종] 의 의미를 지닌 도움토씨로 부정적인 내용을 가진 어휘가 뒤따르는 것 이 일반적이다. 따라서 어떤 일이나 행동이 이루어지는 [조건], [가정]의 의미로 쓰이는 '-거든'과는 호응하지 못한다. (33ㅁ)이 비문이 되는 것 은, '-어야/-라야'가 어떤 일을 이루기 위해서 [꼭 필요함]의 관계로 이 어주는 씨끝이기 때문에 [더함], [추종]의 뜻은 '-조차'와는 호응하지 못 한다.

(나) 불구법

> (34) ㄱ. 꾸지람을 듣더라도 얼굴빛조차 안 변하더라.
>   ㄴ. 꾸지람을 들었지만 얼굴빛조차 안 변하더라.

ㄷ. 대학에는 못 갈<u>지언정</u> 의지<u>조차</u> 꺾을소냐?
ㄹ. 깡패가 <u>와도</u> 겁<u>조차</u> 나지 않는다.
ㅁ. 겁을 주었<u>으나</u> 얼굴빛<u>조차</u> 변치 않더라.

불구법 씨끝과는 자연스럽게 호응하는데, 불구법은 [많은 조건을 주었으나 결과는 반대]의 관계로 이어주는 씨끝이기 때문에 [마지막], [극단]의 조건에도 이룰 수 없는 부정적인 문장과 자연스럽게 호응된다. 만일 뒷마디가 긍정적인 내용으로 끝나면 비문이 된다.

(다) 벌임법

(35) ㄱ. 얼굴도 예쁘<u>면서</u> 마음씨<u>조차</u> 착하다.
ㄴ. 서울에 가<u>서</u> 죽<u>조차</u> 못 먹었다.
ㄷ. 친구가 떠나<u>고</u> 선배<u>조차</u> 떠났다.
ㄹ. 바람이 부니까 가로수가 부러지<u>며</u> 간판<u>조차</u> 떨어졌다.

(35ㄱ,ㄷ,ㄹ) '-으면서', '-으며', '-고'는 [두 움직임이 동시에 일어남]의 관계로 이어주기 때문에 [일어남의 끝]을 의미하는 '-조차'와 자연스럽게 호응한다. 이 경우 앞마디의 풀이말(서술어)과 뒷마디의 풀이말은 같은 의미이거나 비슷한 의미여야 한다. (35ㄴ)의 '-어서'는 두 움직임을 동시 또는 시간차로 이어주는 씨끝이기는 하지만 [이유], [조건]의 의미가 덧붙어 있기 때문에 뒷마디가 부정적인 내용으로 끝난다.

(라) 가림법

(36) ㄱ. *영수가 오<u>거나</u> 철수<u>조차</u> 온다.
ㄴ. *서울에 가<u>든지</u> 부산<u>조차</u> 간다.

가림법은 둘 가운데 하나를 [선택]하는 관계로 이어주기 때문에 [추가],
[극단]의 뜻으로 쓰이는 '-조차'와 함께 오면 의미의 모순이 발생한다.

(마) 의도법

> (37) ㄱ. 범인을 잡으려고 장독조차 뒤졌다.
>   ㄴ. 밥을 찾으러 쓰레기통조차 뒤졌다.
>   ㄷ. 서울에 가고자 밀항조차 시도했다.

[의도], [목적]의 관계로 이어주는 '-으려고', '-으러', '-고자'와 [의
도나 목적의 끝]이라는 의미를 지닌 '-조차'와는 자연스럽게 호응된다.

(바) 전환법

> (38) ㄱ. 서울에 가다가 천안조차 들렀다.
>   ㄴ. 비가 올락 말락 하늘조차 변덕을 부린다.

'-다가'는 하던 일을 중지하고 다른 일로 전환하거나 더하는 관계로
이어주는 씨끝이기 때문에 [더함], [추가]의 뜻을 지닌 '-조차'와는 자연
스럽게 호응한다.
'-으락'은 [서로 바뀌어 되풀이됨]의 관계로 '~락~락'과 같이 반복
구조로 쓰이기 때문에 뒷마디의 의미가 두 가지로 대립된 경우에 자연
스러운 문장이 된다.

(사) 동시법

> (39) 까마귀 날자 까치조차 달아났다.

[잇달아]의 관계로 이어주는 '-자'는 [추가], [더함]의 뜻으로 쓰이는 '-조차'와는 자연스럽게 호응된다.

(아) 설명법

> (40) ㄱ. 아기가 우는데 개조차 짖어댄다.
> ㄴ. 바람이 불더니 천둥조차 요란하다.
> ㄷ. *비가 오되 바람조차 분다.

[상황의 계속 설명]의 관계로 이어주는 '-는데'는 [추가], [더함]의 뜻으로 쓰이는 '-조차'와 자연스럽게 호응되고, [상황의 설명]으로 이어주는 '-더니'도 [극단]의 뜻으로 쓰이는 '-조차'와 자연스럽게 호응한다. 그러나 (40ㄷ)의 '-되'는 "[위의 사실을 시인하면서, 아래에서 그것을 더 부연 설명]하거나 [위의 사실을 인정하면서, 그러나 뒤의 사실이 이에 매이지 아니함을 나타냄]"(동아 새국어사전, 1989)의 관계로 이어주는 씨끝이기 때문에 앞마디에 얽매여 쓰이는 씨끝인 '-조차'와는 호응할 수 없다.

(자) 비례법

(41) 날이 추울수록 짐승조차 보이지 않았다.

[정도에 비례해서 뒷일도 되어 가는]의 의미로 이어주는 '-을수록'과 [더함], [추가], [극단]의 뜻으로 쓰이는 '-조차'는 자연스럽게 호응된다.

(차) 더보탬법

(42) 밥을 못 먹었을뿐더러 물조차 못 먹었다.

[더보탬]의 의미 관계로 이어주는 '-을뿐더러'와 [더함], [추가], [극단]의 뜻으로 사용되는 '-조차'는 의미상 자연스럽게 호응된다.

2.2.3. 정리

(33)~(42)은 한국어 도움토씨 '-조차'와 '-조차'에 해당하는 접속문이 뒷마디에 올 때 앞마디의 이음씨끝과 호응관계를 살피고 호응이 제약되는 이유를 밝힌 것이다. 호응이 제약되는 것은 대체로 이음씨끝과 도움토씨의 의미가 중복되거나 모순될 때라는 것을 확인할 수 있었다. 도움토씨 '-조차'와 이음씨끝과의 호응관계를 호응이 되는 씨끝, 호응은 되나 어색한 씨끝, 호응이 제약되는 씨끝로 나누어 분류하면 다음과 같다.

- 호응이 되는 이음씨끝 :
  -으면, -으니까, -어서, -으므로, -더라도, -지만, -어도, -으나, -으면서, -어서, -으며, -고, -으려, -으러, -고자, -다가, -을락, -자, -는데, -더니, -을수록, -을뿐더러

- 호응이 어색한 이음씨끝 :
  없음

- 호응이 안 되는 이음씨끝 :
  -거든, -어야, -거나, -되

위의 호응관계를 대비한 것이 <표 13>이다.

<표 13> '-조차'와 이음씨끝의 호응관계 비교표

어미 토씨	호응이 되는 어미	어색한 어미	안 되는 어미
-조차	-으면, -으니까, -어서, -으므로, -더라도, -지만, -어도, -으나, -으면서, -어서, -으며 -고, -으려, -으러, -고자, -다가, -을락, -자, -는데, -더니, -을수록, -을뿐더러		-거든, -어야, -거나, -되

<표 14> 도움토씨 '-조차'와 연결어미의 호응관계

한국어	
연결어미	-조차
-으면	○
-거든	×
-으니까	○
-어서	○
-어야	×
-으므로	○
-더라도	○
-지만	○
-어도	○
-으나	○
-을지언정	○
-으면서	○
-어서	○
-으며	○
-고	○
-거나	×
-든지	×
-으려	○
-으러	○
-고자	○

한국어	
연결어미	−조차
−다가	○
−을락	○
−자	○
−는데	○
−더니	○
−되	×
−을수록	○
−을뿐더러	○

2.3. '−마저'

2.3.1. '−마저'의 의미 특성

'−마저'는 "체언 뒤에 붙어 이미 어떤 것이 포함되고 그 위에 더함의 뜻을 나타내는 보조사(표준국어대사전, 1999)"인데 [하나 남은 마지막]이란 뜻을 나타낸다. 따라서 [한계], [극단], [극한]이라는 부수적 의미를 포함하고 있다.

2.3.2. 이음씨끝과의 제약 원리

(가) 제약법

(43) ㄱ. 네가 열심히 공부하면 하버드 대학교마저 들어갈 수 있다.

ㄴ. 날씨가 좋<u>거든</u> 철수<u>마저</u> 보내세요.

ㄷ. 날씨가 좋<u>으니까</u> 철수<u>마저</u> 보내세요.

ㄹ. 날씨가 좋아<u>서</u> 철수<u>마저</u> 보냈다.

ㅁ. 날씨가 좋<u>으므로</u> 철수<u>마저</u> 보내자.

[가정]이나 [이유], [조건]의 관계로 이어주는 제약법 씨끝들과 '-마저'는 자연스럽게 호응된다.

(나) 불구법

(44) ㄱ. *바람이 불<u>더라도</u> 호박<u>마저</u> 안 떨어졌다.

ㄴ. *바람이 불<u>지만</u> 호박<u>마저</u> 안 떨어졌다.

ㄷ. *바람이 불<u>어도</u> 호박<u>마저</u> 안 떨어졌다.

ㄹ. *바람이 불었<u>으나</u> 호박<u>마저</u> 안 떨어졌다.

ㅁ. *바람이 불<u>지언정</u> 호박<u>마저</u> 안 떨어진다.

[가정해 보아도 결과는 뜻과 어긋남] 또는 [사실이기는 하나, 결과는 예상과 반대]의 관계로 이어주는 불구법 씨끝들은 [역시], [덧보탬]의 뜻을 가진 '-마저'와 앞·뒷마디로 이어질 경우 의미의 모순이 발생하기 때문에 호응할 수 없다.

(다) 벌임법

(45) ㄱ. 축구를 우승하<u>면서</u> 배구<u>마저</u> 우승했다.

ㄴ. 산에 올라<u>서</u> 도시락<u>마저</u> 먹었다.

ㄷ. 비가 오<u>며</u> 바람<u>마저</u> 분다.

ㄹ. 비가 오<u>고</u> 바람<u>마저</u> 분다.

(171ㄱ,ㄷ,ㄹ)은 [두 움직임이 동시에 일어남], [둘 이상의 일이 함께 일어남]의 관계로 이어주는 씨끝이기 때문에 [덧보탬], [역시]의 뜻을 지닌 '-마저'와 함께 쓰일 경우 의미상 호응이 자연스럽다. 그리고 (171ㄴ)의 '-어서'는 시간차로 나열하기 때문에 '산에 오른 다음에 마지막으로 도시락을 먹었다'는 뜻으로 호응이 자연스럽다.

(라) 가림법

> (46) ㄱ. *철수가 오거나 영수마저 온다.
>　　ㄴ. *철수가 오든지 영수마저 와라.

'-거나'나 '-든지'는 [여러 개 중에서 하나를 선택]하는 관계로 이어주는 씨끝이기 때문에 [역시], [덧보탬]의 뜻으로 쓰이는 '-마저'와 앞·뒷마디의 관계로 이어주면 의미의 모순이 발생하기 때문에 함께 쓰일 수 없다.

(마) 의도법

> (47) ㄱ. 범인을 잡으려고 현상금마저 걸었다.
>　　ㄴ. 고기를 잡으러 영수마저 떠났다.
>　　ㄷ. 대학에 들어가고자 고액과외마저 받았다.

[의도], [목적], [희망]의 관계로 이어주는 의도법 씨끝들은 [최종], [역시]의 뜻으로 쓰이는 '-마저'와 자연스럽게 호응된다.

(바) 전환법

> (48) ㄱ. 부산에 가다가 경주마저 구경했다.

　　ㄴ. 쥐는 들락 날락 고양이마저 들락 날락.

　(174ㄱ)의 '-다가'는 [다른 일로 옮아감]의 관계로 이어주는 씨끝이기 때문에 [마지막], [역시], [덧보탬]의 뜻으로 쓰이는 '-마저'와 자연스럽게 호응된다. (174ㄴ)의 '-을락'은 [서로 바뀌어 되풀이됨]의 관계로 이어주는 씨끝으로 [역시], [극단]의 의미로 쓰이는 '-마저'와는 자연스럽게 호응된다. 그러나 '-을락'의 경우 뒷마디에 같은 어휘가 반복되면 더 자연스럽다.

(사) 동시법

　(49) 철수가 떠나자 영희마저 떠났다.

　(175)의 '-자'는 [일이 끝나자마자 동시에 일어남]의 관계로 이어주는 씨끝이기 때문에 [덧보탬], [첨가]의 뜻으로 쓰이는 '-마저'와 자연스럽게 호응된다.

(아) 설명법

　(50) ㄱ. 온도가 떨어졌는데 바람마저 분다.
　　　　ㄴ. 비가 오더니 바람마저 분다.
　　　　ㄷ. *비가 오되 바람마저 분다.

　(176ㄱ,ㄴ)의 '-는데', '-더니'는 [그 상황을 계속 설명함]의 관계로 이어주는 씨끝으로 [덧보탬], [역시]의 뜻으로 쓰이는 '-마저'와 자연스럽게 호응된다. 그러나 (176ㄷ)의 '-되'는 [상황의 설명이나 인용]의 관계

로 이어주는 씨끝이지만 [반전]의 뜻이 더해졌기 때문에 [역시], [끝남]의 뜻으로 쓰이는 '-마저'와는 의미의 모순이 발생하기 때문에 호응되지 않는다.

(자) 비례법

(51) 아이들이 떠날<u>수록</u> 교실<u>마저</u> 썰렁하다.

(177)은 [앞일이 되어 가는 정도에 비례해서 뒷일도 되어 가는] 관계로 이어주는 '-을수록'과 [첨가], [최종]의 뜻으로 쓰이는 '-마저'와 앞·뒷마디로 이어준 문장으로 호응이 매우 자연스럽다.

(차) 더보탬법

(52) 바람이 차가울<u>뿐더러</u> 세기<u>마저</u> 심하구나.

(52)의 '-을뿐더러'는 앞·뒷마디를 [더보탬]의 관계로 이어주는 씨끝이기 때문에 뒷마디에 [첨가], [역시], [최종]의 의미를 지닌 '-마저'와는 자연스럽게 호응된다.

2.3.3. 정리

(43)~(52)은 '-마저'가 이음월의 뒷마디에 올 때 앞마디의 이음씨끝과 호응되는 것과 어색한 것 그리고 제약되는 것을 밝히고 아울러 제약의 원인을 밝힌 것인데 제약의 원인은 다른 도움토씨와 같다.

● 호응이 되는 이음씨끝 :
-으면, -으니까, -거든, -어야, -어서, -으므로, -으면서, -어서, -으며, -고, -으려, -으러, -고자, -다가, -을락, -자, -는데, -더니, -을수록, -을뿐더러

● 호응이 어색한 이음씨끝 :
없음

● 호응이 안 되는 이음씨끝 :
-더라도, -지만, -어도, -으나, -거나, -든지, -되

위의 호응관계를 대비한 것이 <표 15>이다.

<표 15> '-마저'와 이음씨끝의 호응관계 비교표

토씨 \ 이음씨끝	호응이 되는 이음씨끝	어색한 이음씨끝	안 되는 이음씨끝
-마저	-으면, -으니까, -어서, -으므로, -더라도, -지만, -어도, -으나, -으면서, -어서, -으며, -고, -으려, -으러, -고자, -다가, -을락, -자, -는데, -더니, -을수록, -을뿐더러		-거든, -어야, -거나, -되

<표 16> 도움토씨 '-마저'와 연결어미의 호응관계

한국어	
연결어미	-마저
-으면	○
-거든	○
-으니까	○
-어서	○
-어야	○
-으므로	○
-더라도	×

한국어	
연결어미	-마저
-지만	×
-어도	×
-으나	×
-을지언정	×
-으면서	○
-어서	○
-으며	○
-고	○
-거나	×
-든지	×
-으려	○
-으러	○
-고자	○
-다가	○
-을락	○
-자	○
-는데	○
-더니	○
-되	×
-을수록	○
-을뿐더러	○

2.4. '마다'

2.4.1. '마다'의 의미 특성

'-마다'는 "체언 뒤에 붙어 [낱낱이 모두]의 뜻을 나타내는 보조사(표준국어대사전, 1999)"인데 학교문법(2008)과 정인승(1956)에서는 [균일]이라고 하였으며, 정동환(1993)은 [낱낱이 한 가지로], [하나하나], [각자]라 하였고, 허웅(1995)은 [한결같이 모두]라 하였다.

2.4.2. 이음씨끝과의 제약 원리

(가) 제약법

> (53) ㄱ. 해가 지면 집집마다 불을 켠다.
> ㄴ. 서울에 가거든 시장마다 둘러보아라.
> ㄷ. 고향에 오니까 친구마다 반겨주더라.
> ㄹ. 고향에 와서 집집마다 인사 다녔다.
> ㅁ. 돈이 있어야 나라마다 구경 간다.
> ㅂ. *비가 많이 오므로 개울마다 물이 넘쳤다.

(53ㄱ,ㄴ)의 '-으면', '-거든'은 뒷마디에 대한 [가정]의 의미로 이어주는 씨끝으로, [한결], [균일]의 뜻으로 쓰이는 '-마다'와 자연스럽게 호응되고, (53ㄷ,ㄹ)의 '-으니까', '-어서'도 [이유], [조건], [원인]의 뜻으로 이어주기 때문에 '-마다'와 호응이 자연스럽다. (53ㅁ)의 '-어야'는 [꼭 필요함]의 관계로 이어주기 때문에 역시 '-마다'와 자연스럽게 호응한다. 그런데 '-으니까', '-어서'와 같이 [이유], [조건], [원인]의 뜻으로 이어주는 '-으므로'가 쓰인 (53ㅂ)은 비문이 되는데 비문이 되는 이유는, "'-으므로'는 입말에서는 그 쓰임이 잘 나타나지 아니하고, 설명이나 논증의 월에서 논증이나 설명의 근거를 제시할 때에만 쓰이(조오현, 1991 : 72)"는 씨끝으로서 담화가 중요한 역할을 하는 시나리오. 희곡, 소설 등

에서는 그 용례가 거의 보이지 않는데 (53ㅂ)은 입말에 쓰였기 때문에 비문이 되는 것으로 추정된다.

(나) 불구법

    (54) ㄱ. 비가 오더라도 집집마다 다녀오너라.
        ㄴ. 비가 오지만 집집마다 다녀오너라.
        ㄷ. 몸이 피곤해도 사람마다 만났다.
        ㄹ. 비가 오나 눈이 오나 날마다 산에 올랐다.
        ㅁ. 꾸지람을 들을지언정 나쁜 일마다 다 해 보았다.

(54ㄱ)의 '-더라도'는 [가정해 보아도 결과는 뜻과 어긋남]의 의미 관계로 이어주는 씨끝이기 때문에 [한결], [균일]의 뜻으로 쓰이는 '-마다'와 자연스럽게 호응한다. 앞마디에 '비가 오더라도'는 다녀올 수 없는 조건이지만 그 조건과 관계없이 집집마다 빠짐없이 다녀오라는 뜻이다. (54ㄴ,ㄷ,ㄹ)의 '-지마는', '-어도', '-으나'는 [사실이기는 하나 결과는 예상과 반대]의 의미 관계로 이어주는 씨끝이기 때문에 '-마다'와 자연스럽게 호응된다. (54ㄴ,ㄷ,ㄹ)의 앞마디는 뒷마디를 이룰 수 없는 조건이지만 뒷마디는 그런 조건을 극복하고 이루었다는 뜻의 관계이다. (54ㅁ)의 '-을지언정'은 [양보]의 관계로 이어주는 씨끝이기 때문에 앞마디가 부정적이라 하더라도 뒷마디는 긍정적으로 끝나고 만일 앞마디가 긍정적이면 뒷마디는 부정적으로 끝난다.

(다) 벌임법

    (55) ㄱ. 서울에 가면서 도시마다 들러 보았다.
        ㄴ. 서울에 가서 백화점마다 둘러보았다.

ㄷ. 학교에 가며 집집<u>마다</u> 들러 보았다.
ㄹ. ?비가 오고 도랑<u>마다</u> 물이 흘렀다.

(55ㄱ,ㄷ)의 '-으면서', '-으며'는 일이나 행동이 시간적으로 뒷마디와 [동시]에 이루어지는 관계인데 앞마디의 일이나 행동이 시간적으로 오래 지속된다. 따라서 뒷마디의 일이나 행동이 여러 번 이루어지더라도 자연스런 호응이 된다. (55ㄴ)의 '-어서'는 앞마디의 일이나 행동이 끝난 다음에 뒷마디의 일이나 행동이 [여러 번(깡그리)] 이루어지기 때문에 호응이 자연스럽다. (55ㄹ)은 비문은 아니나 어색한 문장이다. 이 문장이 어색하게 느껴지는 것은 '-고'는 [둘 이상의 일이 함께 일어남]의 관계로 이어주는 씨끝인데 뒷마디의 일이나 행동은 하나여야 한다. 그런데 '-마다'는 [함께]라는 의미가 있어서 하나라는 조건에 어긋나기 때문에 어색한 것처럼 느껴진다. "비가 오고 바람이 불고 도랑물이 넘치고 홍수가 났다."처럼 '-고'의 쓰임은 계기적이고 연속적이며 하나의 일이나 행동으로 이어지는 특성을 지닌다.

(라) 가림법

(56) ㄱ. 설악산에 <u>오르거나</u> 강<u>마다</u> 가거나 네 마음대로 해라.
ㄴ. 설악산에 <u>오르든지</u> 강<u>마다</u> 가든지 네 마음대로 해라.

가림법 씨끝 '-거나', '-든지'는 도움토씨 '-마다'와 자연스럽게 호응한다. 가림법 씨끝들이 '-도', '-조차', '-마저'와 호응하지 못하면서 '-마다'와 호응하는 이유는, '-도', '-조차', '-마저'가 한 가지로 뭉뚱그리는 의미 특성을 지닌데 비해 '-마다'는 [각자]라는 의미가 담겨 있어서 여러 개 가운데 하나를 가리는 가림법 씨끝과 호응이 자연스럽다.

(마) 의도법

(57) ㄱ. 물건을 팔려고 마을마다 가 보았다.
     ㄴ. 물건을 팔러 마을마다 가 보았다.
     ㄷ. 좋은 대학에 가고자 대학마다 조사해 보았다.

(57ㄱ~ㄷ)의 의도법 씨끝들은 [의도], [목적], [희망]의 관계로 이어주기 때문에 [의도], [목적], [희망]을 이루기 위해서 할 수 있는 모든 일을 다 해야 하므로 [한결(깡그리)]의 의미를 지닌 '-마다'와 자연스럽게 호응한다.

(바) 전환법

(58) ㄱ. 부산에 가다가 휴게소마다 들렀다.
     ㄴ. 산봉우리들이 보일락 말락 봉우리마다 구름으로 뒤덮였다.

(58ㄱ)의 '-다가'는 [한 움직이나 상태에서 다른 움직임이나 상태로 전환]하는 관계로 이어주는 씨끝이기 때문에 전환할 수 있는 대상의 숫자에 제한을 받지 않는다. 따라서 들르는 휴게소는 한 개일 수도 있고 두 개일 수도 있고 모두 일 수도 있다. (58ㄴ)의 '-을락'도 숫자에 제한 받지 않는다. "대청봉이 보일락 말락 구름으로 뒤덮었다."는 임자말이 단수인데도 자연스런 문장이 되는 것은 숫자에 제한을 받지 않기 때문이다.

(사) 동시법

(59) 고향에 돌아오자 친구들마다 반겨주었다.

동시법은 [일이 끝나자마자 동시에 일어남]의 관계로 이어주는 씨끝이기 때문에 뒷마디의 임자말는 단수이든 복수이든 가리지 않는다.

(아) 설명법

> (60) ㄱ. 길에서 담배를 피웠는데 사람마다 욕하더라.
> ㄴ. 해일이 일더니 배마다 휩쓸려 갔다.
> ㄷ. 관광을 많이 했으되 고궁마다 간 것은 아니다.

설명법은 [상황을 계속 설명]하는 관계로 이어주는 씨끝이기 때문에 뒷마디의 임자말이 단수이든 복수이든 가리지 않기 때문에 [여러 개 모두]를 의미하는 '-마다'와도 자연스럽게 호응하며 '사람마다'를 '사람이'로 바꾸어도 자연스럽고 '배마다'를 '배가'로 바꾸어도 자연스러우며 '고궁마다'를 '고궁에'로 바꾸어도 자연스런 문장이 된다.

(자) 비례법

> (61) 의심은 할수록 사람마다 관계가 멀어진다.

(61)의 '-을수록'은 [앞 일이 되어 정도에 비례해서 뒷일도 되어 가는] 관계로 이어주기 때문에 [한결]의 의미로 쓰이는 '-마다'와 자연스럽게 호응한다.

(차) 더보탬법

> (62) 공부를 잘 할뿐더러 하는 일마다 마음에 들더라.

(62)의 '-을뿐더러'는 [더보탬]의 관계로 이어주는 씨끝이기 때문에 [역시], [여러 개]의 의미를 지니는 '-마다'와 자연스럽게 호응한다.

2.4.3. 정리

(53)-(68)은 한국어 도움토씨 '-마다'가 뒷마디에 올 때 앞마디의 이유 씨끝과 호응관계를 살피고 호응이 제약되는 이유를 밝힌 것이다. 호응이 제약되는 것은 대체로 이유씨끝과 도움토씨의 의미가 중복되거나 모순 될 때라는 것을 확인할 수 있었다. 도움토씨 '-마다'와 이유씨끝과의 호 응관계를 호응이 되는 씨끝, 호응은 되나 어색한 씨끝, 호응이 제약되는 어미로 나누어 분류하면 다음과 같다.

- 호응이 되는 이유씨끝 :
  -으면, -으니까, -거든, -어서, -어야, -더라도, -지만, -어도, -으나, -으면서, -어서, -으며, -일지언정, -으려, -으러, -고자, -다가, -을 락, -자, -는데, -더니, -되, -을수록, -을뿐더러

- 호응이 어색한 이유씨끝 :
  -고

- 호응이 안 되는 이유씨끝 :
  -으므로,

위의 호응관계를 대비한 것이 <표 17>이다.

<표 17> '-마다'와 이유씨끝의 호응관계 비교표

어미 토씨	호응이 되는 어미	어색한 어미	안 되는 어미
-마다	-으면, -으니까, -거든, -어서, -어야, -더라도, -지만, -어도, -으나, -으면서, -어서, -으며, -일지언정, -으려, -으러, -고자, -다가, -을락, -자, -는데, -더니, 되, -을수록, -을뿐더러	-고	-으므로

<표 18> 도움토씨 '-마다'와 연결어미의 호응관계

한국어	
연결어미	-마다
-으면	○
-거든	○
-으니까	○
-어서	○
-어야	○
-으므로	×
-더라도	○
-지만	○
-어도	○
-으나	○
-을지언정	○
-으면서	○
-어서	○
-으며	○
-고	△
-거나	○
-든지	○
-으려	○
-으러	○
-고자	○

한국어	
연결어미	-마다
-다가	○
-을락	○
-자	○
-는데	○
-더니	○
-되	○
-을수록	○
-을뿐더러	○

2.5. '-은/는/ㄴ'

2.5.1. '-은/는/ㄴ'의 통어적 특징

'-는/은/ㄴ'은 [어떤 대상이 다른 것과 대조됨]을 나타내거나 [어떤 대상이 화제임]을 나타내거나 [강조의 뜻]으로 쓰이는 보조사인데 쓰이는 환경은 체언이나 부사어 합성동사의 선행 요소에 붙을 때는 [어떤 대상이 다른 것과 대조됨]의 의미로 쓰이고, 체언 뒤에 붙어서는 쓰일 때는 문장 속에서 어떤 대상이 [어떤 대상이 화제임]을 나타내며, 체언이나 일부 이유씨끝 뒤에 붙어서 [강조의 뜻]으로 쓰이기도 한다.(표준국어대사전, 1999) 학교문법(2008)에서는 [대조]로, 정인승(1956)에서는 [분간(구별)]이라 했고, 정동환(1993)에서는 [어떤 것이 다른 것과 서로 다름], [설명의 대상으로 앞에 내세움], [대조], [제한], [한정], [지정] 등으로 규정했다. 또 홍사만(1986)은 [화제], [대조]로, 채완(1979)는 [화제 표시], [대조]

로, 남기심·고영근(1993)에서는 [대조]로 의미를 규정하였다. 허웅(1995)에서는 [단독], [홀로], [특별함], [다름]의 뜻을 갖거나 [여럿 가운데서 하나를 가리는 뜻]을 가지고 있다고 하였다.

2.5.2. 이음씨끝과의 제약 원리

(가) 제약법

> (63) ㄱ. 봄이 오면 눈은 녹는다.
> ㄴ. 할머니께서 오시거든 너는 가라.
> ㄷ. 할머니께서 오시니까 너는 가도 된다.
> ㄹ. 할머니께서 오셔서 나는 기뻤다.
> ㅁ. 할머니께서 오셔야 우리 집은 온기가 돈다.
> ㅂ. ?서울은 추우므로 옷은 따뜻하게 입어야 한다.

(63ㅂ)이 어색하게 느껴지는 이유는, '-으므로'가 "설명이나 논증의 월에서 논증이나 설명의 근거를 제시할 때에만 쓰이(조오현, 1991 : 72)"는 씨끝인데 입말에 썼기 때문에 비문은 아니지만 어색하게 느껴진다. 이 문장에서는 '-으므로'보다 직접적인 [이유]를 나타내는 '-으니까'를 쓰는 것이 더 자연스럽다.

(나) 불구법

> (64) ㄱ. 비가 오더라도 너는 가야 한다.
> ㄴ. 비가 오지만 너는 가야 한다.
> ㄷ. 밥은 굶어도 공부는 해야 한다.

ㄹ. 비가 오<u>나</u> 눈이 오나 책<u>은</u> 읽어라.
ㅁ. 하늘이 무너질<u>지언정</u> 정신<u>은</u> 차려야 한다.

불구법은 앞마디의 조건과는 반대의 결과로 이어지는 씨끝이기 때문에 뒷마디에 [차이], [구별]을 뜻하는 '-는'이 올 경우에 자연스럽게 호응한다. 이때의 '-는'은 [구별]의 의미에 [강조]의 개념이 더해진다.

(다) 벌임법

(65) ㄱ. 술은 먹<u>으면서</u> 밥은 굶는다.
ㄴ. *산에 올라<u>서</u> 도시락은 먹었다.
ㄷ. *비가 오<u>면</u> 바람은 분다.
ㄹ. 비가 오<u>고</u> 바람은 멈추었다.

(65ㄱ)의 '-으면서'는 [두 움직임이 동시에 일어남]의 의미로 이어주는 씨끝이기 때문에 뒷마디는 앞마디와 같은 개념으로 이어주는 것이 일반적이다. '-은'은 앞마디와 [구별]을 나타내기 때문에 일반적으로는 호응이 자연스럽지 못하다. 그러나 뒷마디의 풀이말이 앞마디의 풀이말과 대립되는 개념이면 자연스럽게 호응한다. "*술은 먹으면서 밥은 먹는다."라는 문장이 비문이 되는 이유는, 앞마디의 풀이말과 뒷마디의 풀이말이 같기 때문이다.

(65ㄴ)이 비문이 되는 이유는, 앞마디의 풀이말이 긍정적인데 뒷마디의 풀이말도 긍정적이기 때문에 [구별]을 뜻하는 '-는'과 호응할 수 없기 때문으로 보인다. 만일 뒷마디의 풀이말을 '못 먹었다.'로 바꾸면 자연스러운 문장이 된다. (65ㄷ)이 비문이 되는 이유도, (65ㄴ)과 같이 [둘 이상의 일이 함께 일어남]의 관계여야 하는데 '-는'이 결합되었기 때문

이다. "비가 오며 바람은 멈추었다."로 풀이말을 부정적인 어휘로 바꾸면 자연스러운 문장이 된다. (65ㄹ)이 적격문이 되는 이유는, 뒷마디의 풀이말이 '멈추었다'로 앞마디의 풀이말 '오다'와 대립되는 개념이기 때문이다.

(라) 가림법

(66) ㄱ.*철수가 오거나 영수는 온다.
　　 ㄴ.*대전에 가든지 천안은 가라.

(66ㄱ,ㄴ)의 '-거나'나 '-든지'는 [여러 가지 중에서 아무 것이나 상관없이 가림]의 관계로 이어주는 씨끝이기 때문에 앞마디와 뒷마디는 대등한 관계여야 하는데 '-는'이 [차이], [구별]을 뜻하기 때문에 비문이 된다. "철수가 오거나 영수가 온다", "대전에 가든지 천안에 가라"가 적격문이 되는 이유는 앞마디와 뒷마디의 관계가 대등한 관계이기 때문이다.

(마) 의도법

(67) ㄱ. 밥을 먹으려고 식당은 간다.
　　 ㄴ. *고기를 잡으러 바다는 갔다.
　　 ㄷ. ?출세를 하고자 공부는 했다.

(67ㄴ)은 표면적으로 보아서는 자연스러운 문장 같다. 그러나 풀이말을 살필 때 '바다는'이 임자말이 될 수 없기 때문에 비문이 된다. '바다는'을 장소를 나타내는 어찌말 '바다에는'으로 교체하면 자연스러운 문장이 된다. (67ㄱ)의 "식당은 간다."는 다른 것은 하지 않았으나 식당에

는 갔다는 뜻이고, (67ㄷ)의 의미는 공부는 했는데, 출세는 못했다는 뜻인데 "출세를 하려고 공부는 했다."가 더 자연스러운 문장이 된다.

(바) 전환법

> (68) ㄱ. 공부를 하다가 먹기는 했다.
>   ㄴ. ?비가 오락가락 날씨는 변덕스럽다.

(68ㄱ)의 '-다가'는 [한 움직임이나 상태에서 다른 움직임이나 상태로 전환함]의 관계로 이어주는 씨끝이기 때문에 뒷마디는 '먹기를 했다'로 바꾸거나 토씨를 '-도'로 바꾸면 매우 자연스러운 문장이 된다. (68ㄱ)의 문장 의미는 공부를 하다가 아무것도 하지 않고 먹기만 했다는 뜻이다. (68ㄴ)은 '오락가락'과 '변덕스럽다'가 대립되는 의미가 아니기 때문에 '-는'이 들어가면 자연스럽지 못하다. 이 문장이 비문이 되지 않는 이유는, '-는'이 [차이]의 뜻보다 [강조]의 뜻이 더 강하기 때문으로 보인다.

(사) 동시법

> (69) 영희가 도착하자 철수는 떠났다.

(69)의 '-자'는 [일이 끝나자마자 동시에 일어남]의 관계로 이어주는 씨끝이기 때문에 앞마디와 뒷마디는 같은 의미가 순차적으로 일어나는 관계여야 한다. 만일 [차이]를 나타내는 도움토씨 '-는'이 올 경우 뒷마디의 풀이말(떠났다)은 앞마디의 풀이말(도착하다)과 의미상 대립되어야 한다.

(아) 설명법

(70) ㄱ. 눈이 많이 왔는데 바람은 안 분다.
　　 ㄴ. 일본에 가더니 미국은 안 간단다.
　　 ㄷ. 눈이 오되 날씨는 따뜻하다.

(70ㄱ)의 '-는데'는 [그 상황을 계속 설명함]의 관계로 이어주는 씨끝이기 때문에 뒷마디의 토씨가 [차이]를 나타내는 '-는'이 올 경우 뒷마디의 풀이말은 앞마디의 풀이말과 의미상 대립 되어야 한다. (70ㄴ, ㄷ)도 마찬가지다.

(자) 비례법

(71) 단 것을 많이 먹을수록 건강은 나빠진다.

'-을수록'은 [앞일의 되어 가는 정도에 비례해서 뒷일도 되어 가는]의 관계로 이어주는 씨끝이기 때문에 뒷마디의 풀이말은 진행상이어야 한다. 진행의 방향은 순행일 수도 있고 역행일 수도 있다.

(차) 더보탬법

(72) 얼굴은 예쁠뿐더러 마음씨는 나쁘다.

2.5.3. 정리

(63)~(72)는 한국어 도움토씨 '-는/은'이 뒷마디에 올 때 앞마디의 이

음씨끝과 호응관계를 살피고 호응이 제약되는 이유를 밝힌 것이다. 호응이 제약되는 이유는, 대체로 이음씨끝과 도움토씨의 의미가 중복되거나 모순될 때라는 것을 확인할 수 있었다. 도움토씨 '-는/은'과 이음씨끝과의 호응관계를 호응이 되는 씨끝, 호응은 되나 어색한 씨끝, 호응이 제약되는 씨끝으로 나누어 분류하면 다음과 같다.

- 호응이 되는 이음씨끝 :
  -으면, -으니까, -거든, -어야, -더라도, -지만, -어도, -으나, -으면서, -어서, -일지언정, -으려, -고, 거나, -든지, -다가, -자, -는데, -더니, -되, -을수록, -을뿐더러

- 호응이 어색한 이음씨끝 :
  -으므로, -고자, -을락

- 호응이 안 되는 이음씨끝 :
  -어서, -으며, -으러

위의 호응관계를 한국어 대비한 것이 <표 19>이다.

<표 19> '-는/은'과 이음씨끝의 호응관계 비교표

토씨 \ 어미	호응이 되는 어미	어색한 어미	안 되는 어미
-는/은	-으면, -으니까, -거든, -어야, -어서, -더라도, -지만, -어도, -으나, -으면서, -어서, -일지언정, -으려, -고, -거니, -든지, -으려, -다가, -자, -는데, -더니, -되, -을수록, -을뿐더러	-으므로, -고자, -을락	-어서, -으며, -으러

〈표 20〉 도움토씨 '-는/은'와 연결어미의 호응관계

한국어	
연결어미	-는/은
-으면	○
-거든	○
-으니까	○
-어서	○
-어야	○
-으므로	△
-더라도	○
-지만	○
-어도	○
-으나	○
-을지언정	○
-으면서	○
-어서	×
-으며	×
-고	○
-거나	○
-든지	○
-으려	○
-으러	×
-고자	△
-다가	○
-을락	△
-자	○
-는데	○
-더니	○
-되	○
-을수록	○
-을뿐더러	○

2.6. '-만'

2.6.1. '-만'의 통어적 특징

'-만'은 [다른 것으로부터 제한하여 어느 것을 한정]하거나 [무엇을 강조]하거나 [화자가 기대하는 마지막 선]을 나타내는 보조사인데, "집 채만한 파도가 몰려온다.", "청군이 백군만 못하다."와 같이 '하다', '못 하다'와 함께 쓰일 때는 [앞말이 나타내는 대상이나 내용 정도에 달함] 의 뜻으로 쓰이고 '-어도', '-으면'의 앞에 쓰이면 [어떤 것이 이루어지 거나 어떤 상태가 되기 위한 조건]을 나타내기도 한다.(표준국어대사전, 1999)

2.6.2. 이음씨끝과의 제약 원리

(가) 제약법

> (73) ㄱ. 몽골에 바람이 불면 먼지만 날린다.
> ㄴ. 초원이 푸르러지거든 사랑하는 사람만 오시오.
> ㄷ. 꽃이 피었으니까 님만 혼자 오소서.
> ㄹ. 바람이 불어서 나만 혼자 왔습니다.
> ㅁ. 사람들이 떠나야 둘이만 데이트할 수 있다.
> ㅂ. 사람들이 많으므로 둘이만 즐길 수 없었다.

[가정]이나 [이유], [조건], [원인], [꼭 필요함]의 의미로 이어주는 제 약법 씨끝들은 [홀로], [단독]의 뜻으로 쓰이는 도움토씨 '-만'과 자연스

럽게 호응한다. (73ㅂ)이 입말인데도 자연스러운 문장이 되는 것은 '둘이 만 즐길 수 없었던' 상황을 설명하였기 때문으로 보인다.

(나) 불구법

(74) ㄱ. 함께 오고 싶은 사람이 많<u>더라도</u> 님<u>만</u> 혼자 오소서.
ㄴ. 오고 싶은 사람이 많<u>지만</u> 당신<u>만</u> 오십시오.
ㄷ. 예쁜 사람이 많<u>아도</u> 나<u>만</u> 사랑해 주십시오.
ㄹ. 비가 오<u>나</u> 눈이 오<u>나</u> 님 오기<u>만</u> 기다립니다.
ㅁ. 좋은 것이 많<u>을지언정</u> 사랑<u>만</u> 하겠습니까?

불구법 씨끝들은 [가정해 보아도 결과는 뜻과 어긋남], [사실이기는 하나 결과는 예상과 반대]의 관계로 이어주는 씨끝이다. (74ㄱ,ㄴ,ㄷ)의 앞마디의 풀이말이 '많다'이기 때문에 뒷마디는 [단독], [홀로]의 뜻은 '-만'이 왔을 경우 자연스럽게 호응된다.

(74ㄹ)의 "비가 오나 눈이 오나"는 [선택]의 관계로 이어주는 구문이기 때문에 뒷마디에 [단독]의 뜻인 '-만'이 오는 것은 자연스러운 흐름이다. (74ㅁ)의 앞마디 '많을지언정'은 [양보]의 관계로 이어주는 씨끝이기 때문에 뒷마디에 [홀로]의 뜻으로 쓰이는 '-만'이 와서 자연스러운 문장이 된다.

(다) 벌임법

(75) ㄱ. 서울에 오<u>면서</u> 돈<u>만</u> 가지고 와라.
ㄴ. 서울에 가<u>서</u> 경복궁<u>만</u> 보았다.
ㄷ. 맥주를 마시<u>며</u> 땅콩<u>만</u> 먹었다.
ㄹ. 날이 어둡<u>고</u> 가로등<u>만</u> 희미하다.

(75ㄱ,ㄷ)은 동시적인 벌임 관계이고 (75ㄴ,ㄹ)은 순차적인 벌임 관계인데 모두 뒷마디에 '-만'이 자연스럽게 호응한다. 이 경우 '-만'의 의미는 [홀로]라는 의미 이외에 [강조]라는 의미가 더 강하게 드러나고 있다.

(라) 가림법

(76) ㄱ. 철수만 <u>오거나</u> 영수<u>만</u> 와라.
ㄴ. 서울만 <u>가든지</u> 부산<u>만</u> 가라.

(76ㄱ,ㄴ)의 '-거나', '-든지'는 [여러 가지 중에서 하나]를 선택하는 관계로 이어주는 씨끝이기 때문에 앞마디의 도움토씨가 '-만'이고 뒷마디의 도움토씨가 '-만'이면서 풀이말이 같으면 자연스러운 문장이 된다.

(마) 의도법

(77) ㄱ. 박사학위를 받으려고 공부<u>만</u> 했다.
ㄴ. 범인을 <u>찾으러</u> 강원도<u>만</u> 갔다.
ㄷ. *돈을 <u>벌고자</u> 일<u>만</u> 했다.

(77ㄱ,ㄴ)은 [목적]이나 [의도]의 관계로 이어주기 때문에 [목적]과 [의도]를 위해 한 가지 일에 집중했다는 의미로 자연스러운 문장이 된다. (77ㄴ)의 '-으러'는 방향성을 나타내기 때문에 뒷마디에는 장소와 관련된 내용이 와야 자연스러운 문장이 되는데 (77ㄱ)은 그러한 제한이 없다. (77ㄷ)의 '-고자'는 [희망]의 관계를 나타내기 때문에 '-고자'와 뒷마디의 풀이말 사이에 이름씨가 오면 비문이 되거나 어색한 문장이 된다.

(바) 전환법

(78) ㄱ. 일을 하<u>다가</u> 딱 한 번<u>만</u> 쉬었다.

　　ㄴ. 들<u>락</u> 날<u>락</u> 잘<u>만</u> 논다.

전환법의 뒷마디에 도움토씨 '-만'이 오면 어떤 일을 제한하는 의미로 쓰인다. (78ㄱ)의 경우 일하다가 쉬는 횟수가 여러 번일 수도 있으나 '-만'이 옴으로써 한 번 쉬는 것으로 제한된다. (78ㄴ)은 잘 놀지 못할 것으로 기대했으나 기대와 달리 잘 논다는 것을 [강조]하는 의미를 담고 있다.

(사) 동시법

(79) 철수가 떠나<u>자</u> 영희<u>만</u> 남았다.

'-자'는 [일이 끝나자마자 동시에 일어남]의 관계로 이어주는 씨끝이기 때문에 뒷마디의 도움토씨에 대한 선택 제약은 특별히 눈에 띄지 않는다. 다만, 뒷마디의 도움토씨가 '-도', '-조차', '-마저'일 경우 풀이말은 앞마디의 풀이말과 같아야 하고 뒷마디의 도움토씨가 '-는', '-만'일 경우 뒷마디의 풀이말은 앞마디의 풀이말과 대립적인 의미여야 한다.

(아) 설명법

(80) ㄱ. 가족이 다 모였<u>는데</u> 영희<u>만</u> 안 왔다.

　　ㄴ. 정선에 가<u>더니</u> 도박<u>만</u> 하더라.

　　ㄷ. 술을 마시<u>되</u> 독한 술<u>만</u> 마신다.

앞마디에 설명의 씨끝들은 뒷마디의 도움토씨 '-만'과 자연스럽게 호응한다. 다만 앞마디의 씨끝이 '-는데'이고 뒷마디의 도움토씨가 '-만'이면 뒷마디의 풀이말은 앞마디의 풀이말과 대립 관계가 되어야 하고 앞마디의 씨끝이 '-더니'이고 뒷마디의 도움토씨가 '-만'이면 행동이나 일의 전환이 되며 앞마디의 씨끝이 '-되'이고 뒷마디의 도움토씨가 '-만'이면 뒷마디의 의미 범위를 제한한다.

(자) 비례법

(81) 밥을 많이 먹<u>을수록</u> 살<u>만</u> 찐다.

앞마디가 [앞일이 되어 가는 정도에 비례해서 뒷일도 되어 가는]의 관계로 이어주는 '-을수록'이고 뒷마디의 도움토씨가 '-만'이면 뒷마디의 의미를 하나로 제한하여 [강조]하게 된다.

(차) 더보탬법

(82) ㄱ. *얼굴이 예쁠<u>뿐더러</u> 마음<u>만</u> 곱다.
　　　ㄴ. *얼굴이 예쁠<u>뿐더러</u> 마음씨<u>만</u> 나쁘다.

[더보탬]의 의미로 이어주는 '-을뿐더러'는 뒷마디에 '-만'이 오는 것을 제한한다. '-을뿐더러'에는 [더보탬]의 뜻이 담겨 있기 때문에 뒷마디의 도움토씨는 '-도', '-조차', '-마저'로 제한된다.

2.6.3. 정리

(73)~(82)은 한국어 도움토씨 '-만'과 '-만'에 해당하는 이음월의 뒷마디에 올 때 앞마디의 이음씨끝과의 호응관계를 살피고 호응이 제약되는 이유를 밝힌 것이다. 호응이 제약되는 이유는 대체로 이음씨끝과 도움토씨의 의미가 중복되거나 모순될 때라는 것을 확인할 수 있었다. 도움토씨와 이음씨끝과의 호응관계를 호응이 되는 씨끝, 호응은 되나 어색한 씨끝, 호응이 제약되는 씨끝로 나누어 분류하면 다음과 같다.

- 호응이 되는 이음씨끝 :
  -으면, -으니까, -거든, -어야, -어서, -더라도, -지만, -어도, -으나, -으면서, -으므로, -고자, -일지언정, -으려, -고, 거나, -든지, -으려, -으러, -다가, -을락, -자, -는데, -더니, -되, -을수록

- 호응이 어색한 이음씨끝 :
  없음

- 호응이 안 되는 어미 :
  -고자, -을뿐더러

위의 호응관계를 대비한 것이 <표 21>이다.

〈표 21〉 '-만'과 이음씨끝의 호응관계 비교표

토씨 ＼ 어미	호응이 되는 어미	어색한 어미	안 되는 어미
-만	-으면, -으니까 -거든, -어야, -어서, -더라도, -지만, -어도, -으나, -으면서, -일지언정, -으려, -으므로, -고자, -고, -거나, -든지, -으려, -으러, -다가, -을락, -자, -는데, -더니, -되, -을수록		-고자, -을뿐더러

〈표 22〉 도움토씨 '–만'와 연결어미의 호응관계

한국어	
연결어미	–만
–으면	○
–거든	○
–으니까	○
–어서	○
–어야	○
–으므로	○
–더라도	○
–지만	○
–어도	○
–으나	○
–을지언정	○
–으면서	○
–어서	○
–으며	○
–고	○
–거나	○
–든지	○
–으려	○
–으러	○
–고자	×
–다가	○
–을락	○
–자	○
–는데	○
–더니	○
–되	○
–을수록	○
–을뿐더러	×

2.7. '-부터'

2.7.1. '-부터'의 통어적 특징

'-부터'는 [어떤 일이나 상태 따위에 관련된 범위의 시작임]을 나타내는 보조사인데 흔히 뒤에는 끝을 나타내는 '까지'가 와서 짝을 이루는데 (표준국어대사전, 1999), '-까지'가 필수적인 요소가 되는 것은 아니다. 시간이나 공간 모두에 두루 쓰인다.

2.7.2. 이음씨끝과의 제약 원리

(가) 제약법

(83) ㄱ. 날씨가 추워지면 가축부터 챙겨라.
ㄴ. 비가 오거든 빨래부터 거두어라.
ㄷ. 비가 오니까 빨래부터 거두어라.
ㄹ. 바람이 불어서 창문부터 닫았다.
ㅁ. 돈이 많이 있어야 명품부터 사지.
ㅂ. ?위험한 곳이 많으므로 안전부터 생각해라.

[출발], [비롯함], [먼저]의 뜻으로 쓰이는 '-부터'는, 그것이 [가정], [이유], [조건], [원인], [꼭 필요함]의 관계로 이어주는 제약법 씨끝들과 자연스럽게 호응된다. 다만 (83ㅂ)은 비문은 아니지만 어색하게 느껴지는데 어색하게 느껴지는 이유는, '-으므로'가 논증이나 설명의 근거를 제시할 때 쓰이는 씨끝인데 입말에서 쓰기 때문에 어색하게 느껴진다.

이 문장에서 '-으므로'를 입말에 쓰이는 '-으니까'로 바꾸면 자연스러운 문장이 된다.

(나) 불구법

    (84) ㄱ. 아무리 위험한 곳이라도 너부터 가라.
         ㄴ. 위험한 곳이지만 너부터 가라.
         ㄷ. 먹을 것이 많아도 물부터 마셔라.
         ㄹ. 떠날 사람은 많으나 너부터 떠나거라.
         ㅁ. ?세상이 어지러울지언정 신의부터 지켜라.

[가정해 보아도 결과는 뜻과 어긋남] 또는 [사실이기는 하나, 결과는 예상과 반대]의 관계로 이어주는 '-더라도', '-지만', '-어도', '-으나'는 '-부터'와 자연스럽게 호응한다. 호응의 조건은 앞마디의 환경과 뒷마디의 결과는 반대의 관계여야 한다. (84ㅁ)은 비문은 아니나 어색한 문장이 되는데 [양보]의 씨끝인 '-을지언정'은 뒷마디의 [특별함]의 뜻으로 쓰이는 '-이야'가 왔을 때 가장 자연스럽다.

(다) 벌임법

    (85) ㄱ. *비가 오면서 바람부터 불었다.
         ㄴ. 남한산성에 올라서 롯데월드부터 보았다.
         ㄷ. *비가 오면 바람부터 불었다.
         ㄹ. ?눈이 오고 영희부터 왔다.

(85ㄱ)이 비문이 되는 이유는, '-면서'는 [두 움직임이 동시에 일어남]의 뜻인데 '-부터'는 [시작], [먼저]를 나타내는 뜻이기 때문에 호응하지

않는다. 또 (85ㄷ)은 [둘 이상의 일이 함께 일어남]의 관계로 이어지기 때문에 [시작], [먼저]의 뜻을 가진 '-부터'와 호응할 수 없다. (85ㄹ)의 '-고'는 중의적인 의미로 사용되는데 '-고'가 [동시]의 관계로 이어줄 때는 비문이 되지만 '-고'의 시간 관계가 [동시]의 관계가 아닌 [시차]의 관계로 이어질 때는 '-부터'와 호응이 자연스럽다. (85ㄴ)이 적격문이 되는 이유는, [시차]의 관계로 이어주기 때문이다. (85ㄴ)의 의미는 '남한산성에 오른 다음에 롯데월드부터 보았다'는 뜻이다.

(라) 가림법

(86) ㄱ. *홍콩에 가거나 올란바타르부터 간다.
　　 ㄴ. *홍콩에 가든지 올란바타르부터 가라.
　　 ㄷ. 홍콩부터 가거나 올라바타르부터 가라.
　　 ㄹ. 홍콩부터 가든지 올란바타르부터 가라.

(86ㄱ,ㄴ)의 '-거나', '-든지'는 [여러 가지 중에서 아무 것이나 상관없이 가림]의 관계로 이어주는 씨끝이기 때문에 [시작], [출발]의 의미인 '-부터'와 호응하지 않는다. 다만 (86ㄷ,ㄹ)과 같이 '-부터'가 앞마디와 뒷마디 모두에 붙어서 어느 것부터인가를 [선택]하는 경우는 호응이 자연스럽다.

(마) 의도법

(87) ㄱ. 밥을 하려고 쌀부터 닦았다.
　　 ㄴ. 밥을 먹으러 식당부터 갔다.
　　 ㄷ. ?공부를 하고자 책부터 샀다.

(87ㄴ)의 '-으러'는 [목적]의 관계로 이어주는 씨끝인데 [방향성]을 포함하고 있기 때문에 뒷마디에는 장소가 필연적인 조건이 된다. 그러나 (87ㄱ)의 '-려고'는 [의도]의 관계로 이어주는 씨끝이기 때문에 뒷마디의 의미를 제한하지 않는다. (87ㄷ)의 '-고자'는 '하다'와 직접 이어줄 때만 자연스러운 문장이 되고 '-고자'와 '하다' 사이에 다른 어휘가 결합되거나 '하다' 이외의 풀이말이 오면 비문이 되거나 어색한 문장이 된다.

(바) 전환법

> (88) ㄱ. 신혼여행을 가다가 약방부터 들렀다.
> ㄴ. ?꽃망울이 터질락 붉은 색부터 보였다.

(88ㄱ)의 '-다가'는 [다른 일로 옮아감]의 뜻으로 이어주는 씨끝이기 때문에 뒷마디의 도움토씨를 제약하지 않는다. 그러나 '-을락'은 [서로 바뀌어 되풀이됨]의 의미로 쓰이기 때문에 [시작]의 의미로 쓰이는 '-부터'나 [끝마침]의 의미로 쓰이는 '-까지'가 오면 비문이 되거나 어색한 문장이 된다.

(사) 동시법

> (89) 호랑이가 떠나자 멧돼지부터 나타났다.

'-자'는 [일이 끝나자마자 동시에 일어남]의 뜻으로 쓰인다. 따라서 (89)는 '호랑이가 떠나자마자 여러 가지 동물 중에서 멧돼지가 제일 먼저 나타났다'는 뜻으로 매우 자연스러운 문장이 된다.

(아) 설명법

(90) ㄱ. 도적이 나타났<u>는데</u> 경찰<u>부터</u> 도망갔다.
    ㄴ. 고향에 가<u>더니</u> 친구<u>부터</u> 찾더라.
    ㄷ. ?갈 곳이 많<u>되</u> 올란바타르<u>부터</u> 가고 싶다.

'-는데'와 '-더니'는 상황을 설명할 때 쓰는 씨끝인데 '-는데'는 뒷마디와 시간적으로 동시적일 수도 있고 계기적(순차적)일 수도 있다. 따라서 뒷마디에 '-부터'가 오더라도 호응이 자연스럽다. (90ㄱ)은 완료의 '-았'이 결합되었기 때문에 '도적이 나타난 뒤에 제일 먼저 경찰이 도망갔다'는 뜻이지만, '나타났는데'에서 '-았-'을 빼고 '나타나는데'로 바뀌면 '도적이 나타나고 있는데 제일 먼저 경찰이 도망갔다'는 뜻이 된다. 그러나 '-더니'는 앞마디의 일이나 동작이 완료된 뒤에 뒷마디의 일이나 동작이 시작된다는 뜻으로 모두 도움토씨 '-부터'의 쓰임이 자연스럽다. (90ㄷ)의 '-되'는 '-지만'으로 바꾸는 것이 더 자연스럽다.

(자) 비례법

(91) 바쁠<u>수록</u> 건강<u>부터</u> 챙겨라.

'-을수록'은 [앞일이 되어 가는 정도에 비례해서 뒷일도 되어 가는]의 뜻이기 때문에 뒷마디에 [시작]의 뜻을 가진 '-부터'가 오면 자연스럽게 호응한다.

(차) 더보탬법

(92) *얼굴이 예쁠<u>뿐더러</u> 몸매<u>부터</u> 늘씬하다.

‘-을뿐더러’는 [더 보탬]의 뜻을 지니고 있는데 앞마디와 뒷마디는 동등한 조건 속에서 더 보탠다는 뜻이다. 따라서 뒷마디에 새로운 것을 시작하는 ‘-부터’가 오면 비문이 되고, 앞마디와 동등한 조건을 뜻하는 ‘-도’가 오면 자연스러운 문장이 된다.

2.7.3. 정리

(85)~(92)은 한국어 도움토씨 ‘-부터’ 뒷마디에 올 때 앞마디의 이음씨끝과의 호응관계를 살피고 호응이 제약되는 이유를 밝힌 것이다. 호응이 제약되는 것은 대체로 이음씨끝과 도움토씨의 의미가 중복되거나 모순될 때라는 것을 확인할 수 있었다. 호응관계를 호응이 되는 씨끝, 호응은 되나 어색한 씨끝, 호응이 제약되는 씨끝으로 나누어 분류하면 다음과 같다.

- 호응이 되는 이음씨끝 :
  -으면, -으니까, -거든, -어야, -어서, -더라도, -지만, -어도, -으나, -고자, -일지언정, -으려, -고, -으려, -으러, -다가, -을락, -자, -는데, -더니, -을수록

- 호응이 어색한 이음씨끝 :
  -으므로, -을지언정, -고, -고자, -을락, -되

- 호응이 안 되는 이음씨끝 :
  -으면서, -으며, -거나, -이든지, -을뿐더러

위의 호응관계를 대비한 것이 <표 23>이다.

<표 23> '-부터'와 이음씨끝의 호응관계 비교표

어미 토씨	호응이 되는 어미	어색한 어미	안 되는 어미
-만	-으면, -으니까, -거든, -어야, -어서, -더라도, -지만, -어도, -으나, -고자, -일지언정, -으려, -고, -으려, -으러, -다가, -을락, -자, -는데, -더니, -을 수록	-으므로, -을지언정, -고, -고자, -을락, -되	-으면서, -으며, -거나, -이든지, -을뿐더러

<표 24> 도움토씨 '-부터'와 연결어미의 호응관계

한국어	
연결어미	-부터
-으면	○
-거든	○
-으니까	○
-어서	○
-어야	○
-으므로	△
-더라도	○
-지만	○
-어도	○
-으나	○
-을지언정	△
-으면서	×
-어서	○
-으며	×
-고	△
-거나	×
	○

한국어	
연결어미	-부터
-든지	×
	○
-으려	○
-으러	○
-고자	△
-다가	○
-을락	△
-자	○
-는데	○
-더니	○
-되	△
-을수록	○
-을뿐더러	×

2.8. '-까지'

2.8.1. '-까지'의 통어적 특징

　'-까지'는 [어떤 일이나 상태 따위에 관련되는 범위의 끝]임을 나타내는 보조사인데 흔히 앞에는 시작을 나타내는 '-부터'나 출발을 나타내는 '에서'가 와서 짝을 이룬다(표준국어대사전, 1999). 번져 나간 뜻으로는 '강조', '포함', '그 밖에 더'와 같은 뜻을 나타내기도 한다(허웅, 1995).

2.8.2. 이음씨끝과의 제약 원리

(가) 제약법

(93) ㄱ. 만일 뉴욕에 가면 나이아가라 폭포까지 구경하고 와라.
 ㄴ. 만일 뉴욕에 가거든 나이아가라 폭포까지 구경하고 와라.
 ㄷ. 뉴욕에 가니까 나이아가라 폭포까지 구경하고 와라.
 ㄹ. 워싱턴에 가서 대통령까지 만났다.
 ㅁ. 오래 살아야 증손자까지 볼 수 있다.
 ㅂ. *돈이 많으므로 대통령까지 출마했다.

　[가정]의 뜻으로 쓰이는 '-으면', '-거든'과 [이유], [조건], [원인]의 뜻으로 쓰이는 '-으니까', [이유], [조건]의 뜻으로 쓰이는 '-어서' 그리고 [꼭 필요함]의 뜻으로 쓰이는 '-어야'는 뒷마디의 도움토씨 '-까지'와 자연스럽게 호응한다. 그러나 [이유], [조건], [원인]의 뜻은 '-으므로'는 설명이나 논증의 월에서 논증이나 설명의 근거를 제시할 때에만 쓰이는 씨끝이기 때문에 입말에서는 비문이 되거나 어색한 문장이 된다. (93ㅂ)은 "돈이 많으니까 대통령까지 출마했다."로 쓰거나 "돈이 많기 때문에 대통령까지 출마했다."로 바꾸는 것이 자연스럽다.

(나) 불구법

(94) ㄱ. 비가 오더라도 정상까지 올라가자.
 ㄴ. 비가 오지만 정상까지 올라가자.
 ㄷ. 비가 와도 정상까지 올라가자.
 ㄹ. *비가 오나 정상까지 올라가자.
 ㅁ. 비가 올지언정 정상까지 올라가자.

　　(94ㄱ~ㅁ)의 씨끝들은 [결과는 예상과 반대]의 뜻이기 때문에 앞마디는 등산할 수 없는 조건(비가 옴)이 오고 뒷마디는 비가 오는 것을 무릅쓰고 정상까지 오른다는 뜻이기 때문에 자연스러운 문장이 된다. (94ㄹ)이 비문이 되는 이유는 '-으나'와 '-까지' 자체가 호응되지 않는 것이 아니고 시제가 맞지 않기 때문으로 보인다. (94ㄹ)을 지난 시제로 바꾸어 "비가 왔으나 정상까지 올라갔다."로 바꾸면 자연스러운 문장이 된다. (94ㄹ)은 "비가 오지만 정상까지 올라가자."로 바꾸면 자연스러운 문장이 된다.

(다) 벌임법

　　(95) ㄱ. 비가 <u>오면서</u> 바람<u>까지</u> 분다.
　　　　ㄴ. 관악산에 올라<u>서</u> 인천앞바다<u>까지</u> 보았다.
　　　　ㄷ. 비가 <u>오면</u> 바람<u>까지</u> 분다.
　　　　ㄹ. 비가 <u>오고</u> 바람<u>까지</u> 분다.

　　(95ㄱ,ㄷ)은 앞마디와 뒷마디의 일이 동시에 일어나는데 반해 (95ㄴ)은 앞마디의 일이 끝나고 뒷마디의 일이 시작되거나 끝나는 때에 해당된다. 그러나 (95ㄹ)은 앞마디와 뒷마디의 시간 관계가 동시적일 수도 있고 순차적일 수도 있다.

(라) 가림법

　　(96) ㄱ. *서울에 <u>가거나</u> 부산<u>까지</u> 가라.
　　　　ㄴ. *서울에 <u>가든지</u> 부산<u>까지</u> 가라.
　　　　ㄷ. 서울<u>까지</u> <u>가거나</u> 부산<u>까지</u> 가거나 네 마음대로 해라.
　　　　ㄹ. 서울<u>까지</u> <u>가든지</u> 부산<u>까지</u> 가든지 네 마음대로 해라.

(96ㄱ,ㄴ)이 비문이 되는 이유는, '-거나'와 '-든지'는 두 가지 중에서 한 가지를 선택하는 씨끝이기 때문에 앞마디의 구문과 뒷마디의 구문이 대등한 관계여야 하는데 대등하지 않기 때문에 비문이 된다. "*서울에 가거나 부산까지 가라."를 "서울에 가거나 부산에 가라."로 바꾸어 앞마디와 뒷마디를 대등 구조로 만들면 자연스러운 문장이 된다. 마찬가지로 (96ㄴ)의 "*서울에 가든지 부산까지 가라."를 "서울에 가든지 부산에 가라."로 바꾸면 자연스러운 문장이 된다.

(96ㄷ)의 '-까지~-거나, ~까지 ~-거나' 구문과 (96ㄹ)의 '~까지 ~든지, ~까지 ~든지' 구문은 앞마디와 뒷마디가 대등한 구조이기 때문에 '-거나'와 '-든지'가 [여러 가지 중에서 아무 상관없이 가림]이라는 조건을 충족시켰기 때문에 자연스러운 문장이 된다.

(마) 의도법

> (97) ㄱ. 고기를 잡<u>으려고</u> 바다<u>까지</u> 갔다.
>   ㄴ. 돈을 벌<u>러</u> 서울<u>까지</u> 왔다.
>   ㄷ. ?나라를 지키<u>고자</u> 목숨<u>까지</u> 내던졌다.

(97ㄱ,ㄴ)의 '-으려고', '-으러'는 [목적], [의도]의 뜻이기 때문에 뒷마디에 목적을 이루려는 행위가 오는 것이 자연스러운 현상이다. 그러나 (97ㄷ)의 '-고자'는 [희망]을 뜻하기 때문에 뒷마디의 행위나 일이 오면 자연스럽지 못하다. 따라서 '-고자'는 '하다'와 직접 결합하여 '-고자 한다'의 구문으로 쓰이는 것이 일반적이다. 한 구문처럼 쓰이는 '-고자'와 '하다' 사이에 다른 말이 들어가면 비문이 되거나 어색한 문장이 된다.

(바) 전환법

(98) ㄱ. 이차 방적식을 공부<u>하다가</u> 삼차방적식<u>까지</u> 알았다.
　　ㄴ. ?꽃망울이 터질<u>락</u> 붉은 색<u>까지</u> 보였다.

'-을락'은 [서로 바뀌어 되풀이 됨]의 뜻이기 때문에 '~-을락~~-을락'의 구조로 쓰이어 두 가지 일이나 행동이 서로 바뀌면서 되풀이 되는 구문이 되는 것이 일반적인 현상인데 (98ㄴ)은 이러한 조건을 어기었기 때문에 어색한 문장이 되거나 비문이 된다.

(사) 동시법

(99) 철수가 떠나<u>자</u> 영수<u>까지</u> 떠났다.

(99)는 "철수가 떠나고 나서 거의 같은 시간에 최종적로 영수가 떠났다"는 뜻으로 자연스러운 문장이 된다.

(아) 설명법

(100) ㄱ. 비가 많이 왔<u>는데</u> 바람<u>까지</u> 심하게 분다.
　　ㄴ. 대학에 가<u>더니</u> 대학원<u>까지</u> 간단다.
　　ㄷ. ?대학에 가<u>되</u> 대학원<u>까지</u> 안 간다.

'-되'는 "비가 오되 조금 올 것이다"와 같이 [위의 사실을 시인하면서 아래에서 그것을 더 부연 설명하는 뜻을 나타내]거나, "가진 것은 없으되 마음은 한가롭다"처럼 [위의 사실을 인정하면서 그러나 뒤의 사실이 이에 매이지 아니함을 나타내(동아 새국어사전, 1989)]는 씨끝이다. (100ㄷ)

은 뒤의 사실에 매이지 않는 관계이기 때문에 앞마디와 차이를 나타내는 '-는'이 와야 자연스럽다. 그런데 '-까지'는 앞마디의 일이나 행동이 [마지막]으로 실현되는 관계이기 때문에 [뒤의 사실이 앞의 사실에 매이지 아니함]의 조건을 어겼기 때문에 비문이 되거나 어색한 문장이 된다.

(자) 비례법

(101) 돈이 많<u>을수록</u> 권력<u>까지</u> 욕심내는 것이 사람의 본론이다.

'-을수록'은 [앞일에 비례해서 뒷일이 되어 가는]의 뜻이기 때문에 뒷일의 [최종]을 뜻하는 '-까지'와 자연스럽게 호응한다.

(차) 더보탬법

(102) 얼굴이 예<u>쁠뿐더러</u> 교양<u>까지</u> 갖추었다.

[더보탬]의 뜻인 '-을뿐더러'와 [최종]의 뜻인 '-까지'가 자연스럽게 호응하는 까닭도 (102)와 같다.

2.8.3. 정리

(93)~(102)은 한국어 도움토씨 '-까지'가 뒷마디에 올 때 앞마디의 이음씨끝과의 호응관계를 살피고 호응이 제약되는 이유를 밝힌 것이다. 호응이 제약되는 이유는 대체로 이음씨끝과 도움토씨의 의미가 중복되거나 모순될 때라는 것을 확인할 수 있었다. 도움토씨 '-까지'와 이음씨끝

과의 호응관계를 호응이 되는 씨끝, 호응은 되나 어색한 씨끝, 호응이
제약되는 씨끝로 나누어 분류하면 다음과 같다.

- 호응이 되는 이음씨끝 :
  -으면, -으니까, -거든, -어야, -어서, -더라도, -지만, -어도, -일지
  언정, -으려, -고, -으려, -으러, -다가, -자, -는데, -더니, -을수록

- 호응이 어색한 이음씨끝 :
  -고자, -을락, -되

- 호응이 안 되는 이음씨끝 :
  -으므로, -으나, -거나, -든지

위의 호응관계를 대비한 것이 <표 25>이다.

<표 25> '-까지'와 이음씨끝의 호응관계 비교표

토씨＼어미	호응이 되는 어미	어색한 어미	안 되는 어미
-만	-으면, -으니까, -거든, -어야, -어서, -더라도, -지만, -어도, -일지언정, -으려, -고, -으려, -으러, -다가, -자, -는데, -더니, -을수록	-고자, -을락, -되	-으므로, -으나, -거나, -든지

<표 26> 도움토씨 '-까지'와 이음씨끝의 호응관계

한국어	
연결어미	-까지
-으면	○
-거든	○
-으니까	○
-어서	○

한국어	
연결어미	-까지
-어야	○
-으므로	×
-더라도	○
-지만	○
-어도	○
-으나	×
-을지언정	○
-으면서	○
-어서	○
-으며	○
-고	○
-거나	×
	○
-든지	×
	○
-으려	○
-으러	○
-고자	△
-다가	○
-을락	△
-자	○
-는데	○
-더니	○
-되	△
-을수록	○
-을뿐더러	○

▮ 참고문헌

강건기(1988), 「보조사상의 현대적 의미」, 『보조사상』 제2집, 보조사상연구소.

강기진(1985), 「국어 접속어미 '-니'와 '-니까'의 연구」, 『국어학』 14, 국어학회.

고경환(1986), 『국어 동사 의미론』, 한신문화사

고석주(2000), 「한국어 조사의 연구」, 연세대학교 대학원 박사학위논문.

고영근(1974), 「현대 국어의 종결어미에 대한 연구」, 어학연구10-1, 서울대학교 어학
　　　　연구소.

고영근(1978), 「형태소 분석의 한계」, 『언어학』 3, 한국언어학회.

고영근·구본관(2008), 『우리말 문법론』, 집문당.

구현정(1988), 「현대 국어의 조건월 연구」, 건국대학교 대학원 박사학위논문.

국립국어연구원(1999), 『표준국어대사전』, 두산동아.

권재일 외(2008), 『사라져가는 알타이 언어를 찾아서』, 태학사.

권재일(1980), 「현대국어 관형화내포문 연구」, 『한글』 167호, 한글학회.

권재일(1983), 「현대 국어의 접속문 어미 연구」, 『언어학』 6, 한국언어학회.

권재일(1984), 「접속문 구성에서의 의향법」, 『언어학』 7, 한국언어학회.

권재일(1985), 『국어의 복합문 구성 연구』, 집문당.

권재일(1994), 『한국어 문법의 연구』, 도서출판 박이정.

권재일(1994), 『한국어 통사론』, 민음사.

권재일(1998), 『한국어 문법사』, 박이정.

김광해(1983), 「국어의 의문사에 대한 연구」, 『국어학』 12, 국어학회.

김규하(1987), 「도움토씨 '-도'의 연구」, 동아대학교 대학원 석사학위논문.

김기혁(1995), 『국어 문법 연구』, 박이정 출판사.

김명광(2011), 「보조사 '-도'와 '-까지'의 의미 분화에 대한 일고찰」, 『국어교육』 135,
　　　　한국어교육학회.

김방한(1983), 「한국어의 계통」, 민음사.

김석득(1971), 『국어 구조론－한국어의 형태 통사 구조론 연구』, 연세대학교 출판부.

김석득(1991), 「토씨의 상위 분류론－유동형태 처리를 겸하여」, 『동방학지』 71～72합

집, 연세대학교 국학연구원.

김송룡(1987), 「토씨[-의]의 문법적 성격」, 『겨레어문학』 11권, 겨레어문학회.

김송원(1992), 「합성토씨의 조어론적 고찰」, 『논문집』 11권, 건국대학교 부설 중원인 문연구소.

김승곤(1978), 「연결어미 「-니까」, 「-아서」, 「-므로」, 「-매」의 말 쓰임에 대하여」, 『인 문과학논총』 11, 건국대학교 인문과학연구소.

김승곤(1981 ㄱ), 「상태지속 연결어미 「-아」에 대하여」, 『국어학 자료 논문집』 제3집, 대제각.

김승곤(1981 ㄴ), 「한국어 연결형 어미의 의미 분석 연구(Ⅰ)」, 『한글』 173~174, 한글 학회.

김승곤(1984), 「한국어 이음씨끝의 의미 및 통어기능(Ⅰ)」, 『한글』 186, 한글학회.

김승곤(1985), 『한국어 통어론』, 아세아문화사.

김승곤(1986), 「풀이자리토씨 '이다'에 대한 한 고찰」, 『한글』 191호, 한글학회.

김승곤(1988) 「자리토씨의 이름에 대한 한 고찰」, 『한글』 199호, 한글학회.

김승곤(1989), 『우리말 토씨 연구』, 건국대학교출판부.

김승곤(2004), 「자리토씨의 복합토씨 형성에 관한 연구」, 『한말연구』 14호, 한말연구 학회.

김승곤(2009), 『21세기 우리말본 연구』, 도서출판 경진문화.

김용경(1997), 「높임의 토씨 '요'에 대한 연구」, 『한말연구』 3호, 한말연구학회.

김원경·고창수(2008), 「격조사 '로'의 문법적 특성과 의미 기능」, 『한국어학』 45권, 한국어학회.

김일웅(1981), 「우리말 대용어 연구」, 부산대학교 박사학위 논문.

김재린(2004), 「국어 보조사 연구」, 충남대학교 교육대학원 석사학위논문.

김정민(1992), 「보조사 {도}에 대한 연구」, 『한국어 의미학』 제35호, 한국어의미학회.

김정화(2008), 「관형격 조사 '의'의 교육 방안 연구」, 경희대학교 교육대학원 석사학위 논문.

김종택(1982), 『국어화용론』, 형설출판사.

김준희(1999), 「토씨 '-와/-'와 '-의' 구문의 중의성 연구」, 『겨레어문학』 23권, 겨레 어문학회.

김준희(2000), 「토씨 '와'의 기능 변화 연구」, 『겨레어문학』 25권, 겨레어문학회.

김진수(1989), 『국어 접속 조사와 어미 연구』, 탑출판사.

김현석(2006), 「특수조사의 의미 분석 '는, 도, 만'을 중심으로」, 서남대학교 교육대학원 석사학위논문

김홍수(1985), 「심리동사구문의 단어적 의미」, 『국어학』 14, 국어학회.

나찬연(2009), 『현대 국어 문법 이해』, 월인.

남기심(1978 ㄱ), 「「-아서」의 화용론」, 『말』 3, 연세대학교 한국어학당.

남기심(1978 ㄴ), 「국어 연결어미의 화용론적 기능」, 『연세논총』 15, 연세대학교 대학원.

남기심(1983), 『국어의 통사·의미론』, 탑출판사.

남기심(1985 ㄱ), 「접속어미와 부사형 어미」, 『말』 10, 연세대학교 한국어학당.

남기심(1985 ㄴ), 「국어 문법의 시제 문제에 관한 연구」, 『국어학연구총서』 6, 탑출판사.

남기심(1990), 「토씨 '와/과'의 쓰임에 대하여」, 『동방학지』 66권, 연세대학교 국학연구원.

남기심(1993), 『국어 조사의 용법』, 서광학술자료사.

남기심·고영근(1988), 『표준 국어문법론』, 탑출판사.

남성우(1981), 『의미론의 원리』, 탑출판사.

도수희(1987), 『국어 대용어의 연구』, 탑출판사.

류하나(2005), 「현대국어 조사의 배열 양상」, 성균관대학교 대학원 박사학위논문.

리의도(1987), 「주시경의 토씨 연구에 대한 고찰」, 『겨레어문학』 11권, 건국대학교 겨레어문학회.

리의도(1990), 「우리말 이음씨끝의 통시적 연구」, 건국대학교 대학원 박사학위논문.

민현식(2002), 「국어 사용 실태 조사 방법론 연구」, 『사회언어학』 10권 1호, 한국사회언어학회.

박동근(1996), 「토씨와 씨끝의 실현 층위에 대하여」, 『한말연구』 2호, 한말연구학회.

박만수(1983), 「토씨 [-을/를]에 대한 연구」, 『국어국문학』 5권, 동아대학교 국어국문학과.

박명옥(2008), 「보조사 '-도, -까지, -조차, -마저'에 대한 고찰」, 수원대학교 교육대학원, 석사학위논문.

박선자(1983), 「한국어 어찌말 연구」, 부산대학교 박사학위 논문.

박선자(1989), 「우리말 풀이씨의 뜻바탕 연구」, 『인문논총』 34점, 부산대학교.

박영철(1984), 「토씨 '-에'의 의미」, 『국어국문학지』 22권, 문창어문학회.

박지용(2004), 「현대국어 조사 간의 결합관계 연구」, 서울대학교 대학원 석사학위논문.

박지홍(1982), 『우리 현대말본』, 문성출판사.

배태영(1987), 『현대 언어학 개론』, 서린문화사.

백봉자(1980), 「연결어미 「-느라고, -느라니까, -느라면」의 의미와 기능」, 『말』 5, 연세대학교 한국어학당.

서광수(1979), 「국어 조사의 연구」, 형설출판사.

서정수(1971), 「국어의 용언 어미 「-어서」」, 『한글학회 50돌 기념 논문집』, 한글학회.

서정수(1985), 「국어의 접속어미 연구(Ⅰ)」, 『한글』 189, 한글학회.

서태룡(1979), 「국어 접속문에 대한 연구」, 『국어연구』 40, 국어연구회.

서태룡(1988), 『국어 활용 어미의 형태와 의미』, 탑출판사.

서태룡·민현식·안명철·김창섭·이지양·임동훈 공편(1998), 『문법 연구와 자료』, 태학사.

성광수(1995), 「외솔 문법 <우리 말본>의 토씨 분류 방법론」, 형설출판사.

성낙수(1978), 「이유 -원인을 나타내는 접속문 연구(Ⅰ)」, 『한글』 162, 한글학회.

성낙수(1979), 「이유 -원인을 나타내는 접속문 연구(Ⅱ)」, 『연세어문학』 11, 연세대학교 국어국문하과.

손기진(1995), 「-도/-까지/-마저/-조차의 연구」, 수원대학교 교육대학원 석사학위논문.

심재기(1982), 『국어어휘론』, 집문당.

안령군(2005), 「한국어 조사 '에'의 의미와 용법 연구」, 연세대학교 교육대학원 석사학위논문.

안주호(2011) 「현대국어 {-고}계열 조사의 문법화 연구」, 『한국어 의미학』 34권, 한국어의미학회.

양동휘(1980), 「기능적 대용화론」, 『한글』 170, 한글학회.

양선혜(2009), 「국어 보조사의 통사·의미론적 연구」, 경북대학교 대학원 석사학위논문.

엄정호(1997), 「국어 종결보조사 연구」, 동아대학교 대학원 석사학위논문.

오경숙(2003), 「국어 후치가 비교 구문 연구」, 서강대학교 대학원 박사학위논문.

오규환(2009), 「현대 국어 조사 결합형의 단어화에 대한 연구」, 서울대학교 대학원 석사학위 논문.

오현정(2011), 「보조사 {은/는}과 주격조사 {이/가}의 교수·학습 방법 연구」, 『한국어 의미학』 35권, 한국어의미학회.

우순조(2006), 「한국어 조사 기술과 관련된 쟁점과 대안」, 『우리말 연구』 18권, 우리말학회.

유목상(1985), 『연결서술어미 연구』, 집문당.

유현경(1987), 「국어 접속문의 통사론적 특질에 대하여」, 『한글』 191, 한글학회.

유형선(1995), 「국어의 주격 중출 구문에 대한 통사-의미론적 연구」, 고려대학교 대학원 박사학위논문.

윤경미(1995), 「토씨에 대하여」, 『동남어문논집』 5권, 동남어문학회.

윤평현(1989), 「국어 접속어미에 대한 연구」, 전남대학교 대학원 박사학위논문.

이 숙(1985), 「연결어미 「-느라고」의 의미적 · 통사적 분석」, 『말』 10, 연세대학교 한국어학당.

이강로(1971), 「현대국어의 토씨에 대한 기초연구」, 『논문집』 6권, 인천교육대학교.

이근영(1992), 「현대국어 임자자리토씨 연구」, 서광학술자료사.

이기문(1982), 『국어사 개설』, 탑출판사.

이기문(1989), 「동아국어사전」, 동아출판사.

이상복(1978), 「국어 연결어미에 대하여」, 『말』 3, 연세대학교 한국어학당.

이상복(1981), 「연결어미 「-아서, -니까, -느라고, -므로」에 대하여」, 『배달말』 5, 배달말학회.

이상태(1983), 「도움토씨 연구」, 『언어과학연구』 3권, 언어과학회.

이상태(1988), 「국어 접속어미 연구」, 계명대학교 박사학위논문.

이서현(2009), 「한국어 학습자의 조사 · 어미 사용에 나타난 오류 유형 분석」, 단국대학교 대학원 석사학위논문.

이석규(1987), 「현대국어 도움토씨의 의미 연구」, 건국대학교 대학원 박사학위논문.

이소령(1995), 「토씨 생략과 관련 양상」, 『우리말 연구』 5권, 우리말학회.

이영숙(1989), 「연결 어미 「-느라고」의 선택제한」, 『제효 이용주박사 회갑기념논문집』, 한샘.

이우청(2000), 「현대국어의 자리토씨 연구」, 건국대학교 대학원 석사학위 논문.

이원근(1995), 「도움토씨 '나', '나마', '라도'에 대하여」, 『연세어문학』 27권, 연세대학교 국어국문학과.

이원근(1996), 「우리말 도움토씨 연구」, 연세대학교 대학원 박사학위논문.

이원근(1999), 「토씨의 하위 분류 재고」, 『한글』 제245호, 한글학회.

이은교(2008), 「현대국어 보조사 '를'에 대한 연구」, 한국외국어대학교 대학원 박사학위논문.

이정민 · 배영남(1989), 『언어학사전』, 박영사.

이지연(2006), 「한국어 보조사에 대한 연구」, 홍익대학교 대학원 석사학위논문.

이춘숙(1974), 「특수토씨의 처리」, 부산대학교 대학원 박사학위논문.

이춘숙(1988), 「서법적 도움토씨에 대한 고찰 {야}, {조차}, {마저}를 통해서」, 『국어
　　　국문학지』 25권, 문창어문학회.

이춘숙(1991), 「서법적 도움토씨의 기능」, 『우리말 연구』 1권, 우리말학회.

이춘숙(1992), 「도움토씨의 문법성」, 『우리말 연구』 2권, 우리말학회.

임규홍(1986), 「규범말본에서 본 토씨 '의'」, 『배달말 교육』 4권 1호, 배달말교육학회.

임동훈(2002), 「한국어 조사 연구의 현황과 전망」, 『한국어학』 16, 한국어학회.

임상미(2009), 「한국어 교육을 위한 '보조사' 연구」, 서울여자대학교 대학원 석사학위
　　　논문.

임혜원(1995), 「보조사 {-도/-만}의 분포와 인지 의미」, 상명여자대학교 대학원 석사
　　　학위논문.

임홍빈(1974), 「명사화의 의미 특성에 대하여」, 『국어학』 2, 국어학회.

임홍빈(1988), 「무슨과 어떤-의문에 대하여」, 『말』 13, 연세대학교 한국어학당.

장석진(1985), 『화용론 연구』, 탑출판사.

전정례(2005), 『언어변화이론』, 박이정.

정동환(1993), 『국어 복합어의 의미 연구』, 서광학술자료사.

정문수(1984), 「상적 특성에 따른 한국어 풀이씨의 분류」, 『문법연구』 5, 문법연구회.

정인승(1977), 『표준 고등 말본』, 광문사.

정인승(1986), 『인문계고등학교문법, 역대한국문법대계』, 탑출판사.

정충경(2004), 「우리말 토씨의 겹침 연구」, 부산대학교 대학원 석사학위논문.

정회정(1988), 「'에'를 중심으로 본 토씨의 의미」, 『국어학』 17권, 국어학회.

조규태(1982), 「위치자리토씨 '에'의 어원 연구」, 『배달말』 7권 1호, 배달말학회.

조오현(1987), 「'-이'파생명사에 대한 통어적 연구」, 『새 우리말 연구』, 과학사.

조오현(1990), 「「-아서」와 「-니까」에 대한 연구」, 『논문집』 30, 건국대학교 대학원.

조오현(1990), 「현대 국어의 이유 구문에 관한 연구」, 건국대학교 대학원 박사학위논문.

조오현(1991), 『국어의 이유구문 연구』, 한신문화사.

조오현·김용경·허재영·박동근(2008), 『한국어학의 이해』, 소통.

조현준(2010), 「경북 방언의 격조사 연구」, 대구가톨릭대학교 대학원 석사학위논문.

채　완(1977), 「현대국어 특수조사의 연구」, 『국어연구』 39, 국어연구회.

채　완(1979), 「명사화소 '-기'에 대하여」, 『국어학』 8, 국어학회.

최규수(2000), 「자리토씨의 형태론과 통어론에 대하여」, 『우리말 연구』 10권, 우리말

학회.

최규수(2008), 「전제와 함축에 기초한 보조조사의 의미분석」, 『한글』 제284호, 한글학회.

최기호(1977), 「16세기 자리토씨 연구」, 『연세어문학』 9~10합집, 연세대학교 국어국
　　　문학과.

최우혁(2002), 「현대 국어 특수조사 연구」, 영남대 교육대학원 석사학위논문.

최현배(1982), 『우리말본』, 정음사.

하치근(2002), 『현대 우리말본』, 한국문화사.

한영목(2005), 「국어 문법론 연구의 어제와 오늘」, 『어문연구』 50권, 어문연구학회.

한재현(1981), 「생략과 대용화 현상」, 한신문화사.

허　웅(1972), 「15세기 국어의 토씨 연구」, 『한글』 제150호, 한글학회.

허　웅(1975), 『우리 옛말본』, 샘문화사.

허　웅(1981), 『언어학』, 샘문화사.

허　웅(1983), 「국어학」, 샘문화사.

허　웅(1988), 「16세기 국어 토씨 연구」, 『동방학지』 59권, 연세대학교 국학연구원.

허　웅(1989), 『16세기 우리 옛말본』, 샘문화사.

허　웅(1995), 『20세기 우리말의 형태론』, 샘문화사.

허동진(2006), 『한국조사의 뜻과 쓰임』, 한국학술정보.

허원욱(2006), 「국어 자리토씨 변천」, 『한말연구』 23집, 한말연구학회.

홍기선(1984), 「한국어 풀이씨의 상적 특성」, 『문법연구』 5, 탑출판사.

홍사만(1984), 『국어 특수조사론』, 학문사.

홍사만(2002), 『국어 특수조사 신연구』, 도서출판 역락.

휘　하(2009), 「-이/가와 -은/는의 비교연구」, 인천대학교 대학원 석사학위논문.

Bloomfield, L.(1933), *Language*, New York : Holt, Rinehart and Winston.

Chomsky, N.(1965), *Aspect of the Theory of Syntax*, the M.I.T.Press, Cambridge,
　　　Massachusetts.

Chomsky, N.(1972), *Studies on Semantics in Generative Grammer*, The Hgue, Mouton.

Searle(1975), A taxonomy of illocutionary act, *Language, Mind, and knowledge*, ed. by
　　　K. Gunderson, Cambridge : University of Minnesota Press.

저자 ▌조오현

건국대학교 문과대학 국어국문학과를 졸업하고 건국대학교 대학원 국어국문학과에서 문학석사 학위와 문학박사 학위를 받고 건국대학교 교수로 재직하고 있다.
최근의 연구로는 「경상도 방언에서의 ㅆ발생 과정 연구」, 「17세기 초기의 표기법 단순화 연구」, 「ㄷ구개음화 발생의 역사적 전개 과정」 등이 있으며, 최근의 저서로 『자료로 찾아가는 국어사』, 『한국어학의 이해(공저)』 등이 있다.

벌로마(bolormaa Dashzeveg)

몽골에서 태어나다.
몽골 어르헌대학 영어영문학과를 졸업하고 몽골 군립대학교 대학원에서 경영학 석사학위를 받았으며 건국대학교 대학원 국어국문학과에서 문학석사학위와 문학박사학위를 받았다.
몽골 외무부장관 비서실장을 역임하고 현재 몽골 외무부에 근무하고 있다.

형태 통어 제약 원리

인 쇄 2012년 10월 20일
발 행 2012년 10월 30일
지은이 조오현 · 벌로마
펴낸이 이대현
편 집 박선주
디자인 이홍주
펴낸곳 도서출판 역락
　　　　서울시 서초구 동광로 46길 6-6(문창빌딩 2F)
　　　　전화 02-3409-2058(영업부), 3409-2060(편집부)
　　　　팩시밀리 02-3409-2059
　　　　이메일 youkrack@hanmail.net
　　　　등록 1999년 4월 19일 제303-2002-000014호
ISBN 978-89-5556-726-7 93710

정 가 20,000원

* 잘못된 책은 구입처에서 교환해 드립니다.